Hans Jellouschek
Im Irrgarten der Liebe

Hans Jellouschek

IM IRRGARTEN DER LIEBE

Dreiecksbeziehungen und andere Paarkonflikte

Kreuz Verlag

Alle in diesem Buch enthaltenen Angaben, Daten, Ergebnisse etc. wurden von der Autorin nach bestem Wissen erstellt und von ihr mit größtmöglicher Sorgfalt überprüft. Gleichwohl sind inhaltliche Fehler nicht vollständig auszuschließen. Daher erfolgen die Angaben etc. ohne jegliche Verpflichtung oder Garantie des Verlags oder der Autorin. Beide schließen deshalb jegliche Verantwortung und Haftung für etwaige inhaltliche Unrichtigkeiten aus, es sei denn im Falle grober Fahrlässigkeit.

5 6 7 8 9 03 02 01 00 99

Ein Unternehmen der Dornier Medienholding GmbH
Sonderausgabe in einem Band der Titel:
Der Froschkönig © Kreuz Verlag AG Zürich 1985
Semele, Zeus und Hera © Kreuz Verlag AG Zürich 1987
Die Froschprinzessin © Kreuz Verlag AG Zürich 1989
Umschlaggestaltung: Jürgen Reichert
Umschlagbild: Otto Karl Müller »Adam und Eva«,
© VG Bild-Kunst, Bonn 1995
Gesamtherstellung: Wilhelm Röck, Weinsberg
ISBN 3 268 00123 8

Inhalt

Vorwort 7

Der Froschkönig
Ich liebe dich, weil ich dich brauche

Der Froschkönig 11
Einleitung 17
Die »heile Welt« der Königstochter 20
Aufbruch 26
Die Fassade stürzt ein 29
Die dunkle Welt des Frosch-Prinzen 32
Prinz und Frosch – zwei Seiten einer Medaille 35
Eine Beziehung entsteht 39
Liebe für Hilfe 46
Der »geheime Beziehungsvertrag« 52
Eine verpaßte Chance 56
Entwicklung kommt in Gang 59
Liebe aus schlechtem Gewissen 62
Ein hilfloser Helfer 68
Was Sex alles sein kann 73
»Spiele der Erwachsenen« 77
Die Verwandlung der Königskinder 83
Die Verwandlung des Frosches 88
Psychologische Scheidung 95
Neubeginn 101
Das Ganze im Fragment 109

Die Froschprinzessin
Wie ein Mann zur Liebe findet

Einleitung 115
Die Froschprinzessin 119
Am Ende ein glückliches Paar 128
Der schwierige Anfang 135
Der große und der kleine Iwan 147
Freie Partnerwahl? 155
Der kleine Frosch – die große Wassilissa 159
Nimm sie immerhin . . . 167
Beziehungskrise als Entwicklungschance 173
Entwicklungsphasen der Paarbeziehung 190
Solidarität unter Männern 201
Der Weg »zu den Müttern« 211
Die Begegnung mit der Hexe 217
Die Befreiung der Liebe 230

Semele, Zeus und Hera
Die Rolle der Geliebten in der Dreiecksbeziehung

Eine olympische Dreiecksgeschichte 243
Brief an Hera 252
Brief an Zeus 259
Brief an Semele 267
Die Geliebte als Bündnispartnerin 275
Die Geliebte als stabilisierender Faktor 285
Die geliebte Vater-Tochter 293
Zeus und Hera brauchen Semele 301
Dreiecksbeziehungen 316
Dionysos – Sohn der Semele 327
Brief einer Geliebten 340
Was sein könnte, wenn . . . 351

Anmerkungen 363

Vorwort

Dieses Buch enthält meine Deutungen der Märchen »Der Froschkönig«, »Die Froschprinzessin« und der Mythen-Erzählung »Semele, Zeus und Hera«. Wer die drei Bändchen der Reihen »Weisheit im Märchen« und »Zauber der Mythen« gelesen hat, dem wird hier nichts Neues geboten. Warum also die Sonderausgabe? Ich wollte sie zunächst nicht. Aber der Vorschlag des Verlags leuchtete mir ein, als ich mich an die Reaktionen meiner Leser erinnerte. Viele davon haben mich sehr berührt. Da kamen mir nicht bloß Anerkennung oder Begeisterung entgegen, oft war es eine ganz persönliche tiefe Dankbarkeit, als hätte ich mit meinen Worten gerade diese Frau, diesen Mann und seine Beziehung gemeint. Ich weiß bis heute nicht, wie es zugeht, daß ich so viele Menschen in diesen Texten so nahe komme und so viel in Bewegung bringe, mehr, scheint mir manchmal, als in der direkten therapeutischen Arbeit. Für mich ist das selbst ein großes Geschenk.

Von vielen wird die Liebe der Geschlechter heute als ein »Irrgarten« erlebt, in dem sie sich verlaufen, immer wieder, zuweilen ausweglos. So geht es gerade nicht den Oberflächlichen und Leichtfertigen, sondern viel eher denen, die es gut machen wollen, die offen und problembewußt sind. Das scheint heute unser kollektives Schicksal zu sein. Im Großen ändern daran sicher auch diese Auslegungen nichts. Aber viele Reaktionen zeigen, daß sie dazu beitragen, sich in diesem Irrgarten besser zu verstehen und verständnisvoller anzunehmen, manchmal auch den Irrgarten selbst in seiner inneren Logik zu begreifen, dadurch Orientierung zu gewinnen, ja sogar den Weg ins erlösende Zentrum des Labyrinths zu entdecken.

So scheint es mir vertretbar, durch eine Sonderausgabe Froschkönig, Froschprinzessin und Semele Zugang zu noch mehr Menschen zu verschaffen.

Es ist an dieser Stelle ein Anliegen, Theo Seifert meinen herzlichen Dank zu sagen. Ohne sein Zutrauen und seine Ermutigung wäre ich nicht zum Schreiben gekommen.

Ammerbuch, April 1991 Hans Jellouschek

Der Froschkönig

Ich liebe dich, weil ich dich brauche

Der Froschkönig

In den alten Zeiten, wo das Wünschen noch geholfen hat, lebte ein König, dessen Töchter waren alle schön; aber die jüngste war so schön, daß die Sonne selber, die doch so vieles gesehen hat, sich verwunderte, sooft sie ihr ins Gesicht schien. Nahe bei dem Schlosse des Königs lag ein großer dunkler Wald, und in dem Walde unter einer alten Linde war ein Brunnen: wenn nun der Tag recht heiß war, so ging das Königskind hinaus in den Wald und setzte sich an den Rand des kühlen Brunnens: und wenn sie Langeweile hatte, so nahm sie eine goldene Kugel, warf sie in die Höhe und fing sie wieder; und das war ihr liebstes Spielwerk.

Nun trug es sich einmal zu, daß die goldene Kugel der Königstochter nicht in ihr Händchen fiel, das sie in die Höhe gehalten hatte, sondern vorbei auf die Erde schlug und geradezu ins Wasser hineinrollte. Die Königstochter folgte ihr mit den Augen nach, aber die Kugel verschwand, und der Brunnen war tief, so tief, daß man keinen Grund sah. Da fing sie an zu weinen und weinte immer lauter und konnte sich gar nicht trösten. Und wie sie so klagte, rief ihr jemand zu: »Was hast du vor, Königstochter, du schreist ja, daß sich ein Stein erbarmen möchte.« Sie sah sich um, woher die Stimme käme, da erblickte sie einen Frosch, der seinen dicken häßlichen Kopf aus dem Wasser streckte. »Ach, du bist's, alter Wasserpatscher«, sagte sie, »ich weine über meine goldene Kugel, die mir in den Brunnen hinabgefallen ist.« – »Sei still und weine nicht«, antwortete der Frosch, »ich kann wohl Rat schaffen, aber was gibst du mir, wenn ich dein Spielwerk wieder heraufhole?« – »Was du haben willst, lieber Frosch«, sagte sie, »meine Kleider, meine Perlen und Edelsteine, auch noch die goldene Krone, die ich trage.« Der Frosch antwortete: »Deine Kleider, deine Perlen und Edelsteine und deine goldene Krone, die mag ich nicht: aber wenn du mich liebhaben willst und ich soll dein Geselle und Spielkamerad sein, an deinem Tischlein neben dir sitzen, von deinem goldenen Tellerlein essen, aus deinem Becherlein trinken, in deinem Bettlein schlafen: wenn du mir das versprichst, so will ich hinuntersteigen und dir die goldene Kugel wieder heraufholen.« – »Ach ja«, sagte sie, »ich verspreche dir alles, was du willst, wenn du mir nur die Kugel wieder bringst.« Sie dachte aber: Was der einfältige Frosch schwätzt, der sitzt im Wasser bei seinesgleichen und quakt und kann keines Menschen Geselle sein.

Der Frosch, als er die Zusage erhalten hatte, tauchte seinen Kopf unter, sank hinab, und über ein Weilchen kam er wieder heraufgerudert, hatte die

Kugel im Maul und warf sie ins Gras. Die Königstochter war voll Freude, als sie ihr schönes Spielwerk wieder erblickte, hob es auf und sprang damit fort. »Warte, warte«, rief der Frosch, »nimm mich mit, ich kann nicht so laufen wie du.« Aber was half es ihm, daß er ihr sein quak quak so laut nachschrie, als er konnte! Sie hörte nicht darauf, eilte nach Haus und hatte bald den armen Frosch vergessen, der wieder in seinen Brunnen hinabsteigen mußte.

Am andern Tage, als sie mit dem König und allen Hofleuten sich zur Tafel gesetzt hatte und von ihrem goldenen Tellerlein aß, da kam, plitsch platsch, plitsch platsch, etwas die Marmortreppe heraufgekrochen, und als es oben angelangt war, klopfte es an die Tür und rief: »Königstochter, jüngste, mach mir auf.« Sie lief und wollte sehen, wer draußen wäre, als sie aber aufmachte, so saß der Frosch davor. Da warf sie die Tür hastig zu, setzte sich wieder an den Tisch, und es war ihr ganz angst.

Der König sah wohl, daß ihr das Herz gewaltig klopfte, und sprach: »Mein Kind, was fürchtest du dich, steht etwa ein Riese vor der Tür und will dich holen?« – »Ach nein«, antwortete sie, »es ist kein Riese, sondern ein garstiger Frosch.« – »Was will der Frosch von dir?« – »Ach, lieber Vater, als ich gestern im Wald bei dem Brunnen saß und spielte, da fiel meine goldene Kugel ins Wasser. Und weil ich so weinte, hat sie der Frosch wieder heraufgeholt, und weil er es durchaus verlangte, so versprach ich ihm, er sollte mein Geselle werden; ich dachte aber nimmermehr, daß er aus seinem Wasser herauskönnte. Nun ist er draußen und will zu mir herein.« Indem klopfte es zum zweitenmal und rief:

»Königstochter, jüngste,
Mach mir auf,
Weißt du nicht, was gestern
Du zu mir gesagt
Bei dem kühlen Brunnenwasser?
Königstochter, jüngste,
Mach mir auf.«

Da sagte der König: »Was du versprochen hast, mußt du auch halten; geh nur und mach ihm auf.« Sie ging und öffnete die Türe, da hüpfte der Frosch herein, ihr immer auf dem Fuße nach, bis zu ihrem Stuhl. Da saß er und rief: »Heb mich herauf zu dir.« Sie zauderte, bis es endlich der König befahl. Als der Frosch erst auf dem Stuhl war, wollte er auf den Tisch, und als er da saß, sprach er: »Nun schieb mir dein goldenes Tellerlein näher, damit wir zusammen essen.« Das tat sie zwar, aber man sah wohl, daß sie's nicht gerne tat. Der Frosch ließ sich's gut schmecken, aber ihr blieb fast jeder Bissen im Halse. Endlich sprach er: »Ich habe mich sattgegessen und bin müde; nun trag mich in dein Kämmerlein und mach dein seiden Bettlein zurecht, da wollen wir uns schlafenlegen.« Die Königstochter fing an zu weinen und fürchtete sich vor dem kalten Frosch, den sie nicht anzurühren getraute, und der nun in ihrem schönen reinen Bettlein schlafen sollte. Der König aber ward zornig und sprach: »Wer dir geholfen hat, als du in der Not warst, den sollst du hernach nicht verachten.« Da packte sie ihn mit zwei Fingern, trug ihn hinauf und setzte ihn in eine Ecke. Als sie aber im Bett lag, kam er gekrochen und sprach: »Ich bin müde, ich will schlafen so gut wie du: heb mich herauf, oder ich sag's deinem Vater.« Da ward sie erst bitterböse, holte ihn herauf und warf ihn aus allen Kräften wider die Wand; »nun wirst du Ruhe haben, du garstiger Frosch.«

Als er aber herabfiel, war er kein Frosch, sondern ein Königssohn mit schönen freundlichen Augen. Der war nun nach ihres Vaters Willen ihr lieber Geselle und Gemahl. Da erzählte er ihr, er wäre von einer bösen Hexe verwünscht worden, und niemand hätte ihn aus dem Brunnen erlösen können als sie allein, und morgen wollten sie zusammen in sein Reich gehen. Dann schliefen sie ein, und am andern Morgen, als die Sonne sie aufweckte, kam ein Wagen herangefahren, mit acht weißen Pferden bespannt, die hatten weiße Straußfedern auf dem Kopf und gingen in goldenen Ketten, und hinten stand der Diener des jungen Königs, das war der treue Heinrich. Der treue Heinrich hatte sich so betrübt, als sein Herr war in einen Frosch verwandelt worden, daß er drei eiserne Bande hatte um sein Herz legen lassen, damit es ihm nicht vor Weh und Traurigkeit zerspränge. Der Wagen aber sollte den jungen König in sein Reich abholen; der treue Heinrich hob beide hinein, stellte sich wieder hinten auf und war voller Freude über die Erlösung. Und als sie ein Stück Wegs gefahren waren, hörte der Königssohn, daß es hinter ihm krachte, als wäre etwas zerbrochen. Da drehte er sich um und rief:

»Heinrich, der Wagen bricht.«
»Nein, Herr, der Wagen nicht,
Es ist ein Band von meinem Herzen,
Das da lag in großen Schmerzen,
Als Ihr in dem Brunnen saßt,
Als Ihr eine Fretsche wast.«

Noch einmal und noch einmal krachte es auf dem Weg, und der Königssohn meinte immer, der Wagen bräche, und es waren doch nur die Bande, die vom Herzen des treuen Heinrich absprangen, weil sein Herr erlöst und glücklich war.

Einleitung

Ich erinnere mich des Augenblicks noch genau: Ich saß mit einem jungen Paar in der Therapiestunde. Die beiden hatten erhebliche Probleme miteinander, und wir kamen nur recht mühsam voran. Da war mit einem Mal das Märchen vom Froschkönig im Raum. Als ein genaues Bild dieser Beziehung und ihrer Schwierigkeiten drängte es sich förmlich auf. Je länger ich mich mit diesem Paar beschäftigte, desto überraschendere Parallelen zu Froschkönig und Königstochter zeigten sich. So wurde uns das Märchen zu einer wichtigen Verstehenshilfe und – immer mehr auch – zum Wegweiser für den Therapieprozeß.

Ich bin Psychotherapeut, und ein Schwerpunkt meiner Arbeit ist die Paartherapie. Ich habe seit diesem Erlebnis mit vielen Paaren gearbeitet, einzeln, im Rahmen von Familienberatung oder auch in Paar-Gruppen. Immer wieder traf ich dabei Paare, deren Beziehungsstruktur und deren Umgang miteinander mir die Geschichte von Frosch und Königstochter wieder ins Gedächtnis riefen.

Immer neue Zusammenhänge zwischen diesen Paaren und dem Märchen entdeckte ich dabei und lernte beide wechselseitig besser verstehen. Auch fiel allmählich ein ganz neues Licht auf eine eigene leidvolle frühere Partnerbeziehung, die mich immer noch sehr beschäftigt und bei deren Verarbeitung mir das Märchen sehr hilfreich geworden ist.

Dies läßt mich vermuten, daß das Märchen vom Froschkönig etwas sehr Grundlegendes über Beziehungskonflikte und den Sinn von Paarbeziehungen überhaupt aussagt. In diesem Bändchen mache ich den Versuch, dieses Grundlegende in meiner Sprache und auf dem Hintergrund meiner praktischen Erfahrung in der Arbeit mit Paaren herauszuarbeiten.

Es geht dabei um Grundlegendes, das alle Paare betreffen dürfte. Dennoch gibt das Märchen durch seine Hauptpersonen – Froschkönig und Königstochter – und durch die Art, wie es deren Begegnung und Weg miteinander schildert, eine ganz bestimmte Konstellation und Rollenverteilung vor, in der sich nur ein kleinerer Teil von Paaren wiederfinden kann. Auch gibt es viele Paare, deren »Zusammenspiel« dem von Frosch und Königstochter zwar sehr ähnlich ist, jedoch in anderer Verteilung: Den Part der Königstochter übernimmt der Mann, den des Frosches die Frau. Solche Paare würden sich wohl eher in anderen Märchen, zum Beispiel in »Hänsel und Gretel«, wiederfinden. Aufgrund der Vorgabe bleibe ich aber bei dieser speziellen Konstellation von Froschkönig und Königstochter. Es gibt mir die Möglichkeit, sowohl näher an den Bildern und am dramatischen Verlauf dieser Geschichte zu bleiben als auch eine bestimmte Paarkonstellation genauer zu beschreiben und nicht zu allgemein zu werden.

Weil die angesprochene Thematik, wie gesagt, nicht nur »Frosch-Männer« und »Prinzessin-Frauen«

betrifft, sondern alle, die als Paar miteinander zu leben versuchen, habe ich das Vertrauen, daß Sie, liebe Leser, die für Sie stimmigen Variationen zum Thema schon selber finden werden.

Die »heile Welt« der Königstochter

In den alten Zeiten, wo das Wünschen noch geholfen hat, lebte ein König, dessen Töchter waren alle schön; aber die jüngste war so schön, daß die Sonne selber, die doch so vieles gesehen hat, sich verwunderte, sooft sie ihr ins Gesicht schien.

Das Märchen vom Froschkönig versetzt uns mit diesen ersten Sätzen in eine glanzvolle, heile Welt. Von einem König ist da die Rede, von der Sonne und ihrem hellen Licht, von schönen Königstöchtern und einer jüngsten, deren Schönheit über alles geht. Es ist eine Welt, die auf den ersten Blick vollkommen erscheint. Ihr Symbol ist denn auch die goldene Kugel, mit der die jüngste Königstochter, eine der beiden Hauptpersonen unserer Geschichte, spielen wird. Die Kugel ist seit jeher das Symbol der Ganzheit, und daß es eine goldene Kugel ist, deutet die Vollkommenheit dieser Ganzheit an.

Ganz-Sein verbinden wir mit Heil-Sein, und – ob wir uns das bewußt machen oder nicht – wir streben mit allen unseren Kräften nach dieser heilen Ganzheit, wir tun alles, um die Bruchstückhaftigkeit unseres Daseins zu überwinden und ganz, vollständig, heil zu werden. Nun gibt es Ganzheit im menschlichen Leben auf sehr verschiedenen Ebenen. Das Märchen spricht hier zwei davon an: Es schildert eine Kindheits-Welt, die Welt einer jüngsten Tochter, und es schildert diese als eine Welt des äußerlich vollkommenen Glanzes. Damit werden zwei Dimensionen von Ganzheit angesprochen, eine, die in einem bestimmten Entwicklungsstadium des Menschen gegeben sein kann, und eine, die einen bestimmten Lebensbereich des Menschen, den äußerlich-materiellen, betrifft. In beiden kann vollkommene Ganzheit aufleuchten: Ein Kind kann eine hinreißende Ganzheitlichkeit ausstrahlen, und die äußere Welt können sich manche Menschen so vollkommen einrichten, daß es uns ob ihres Glanzes den Atem verschlägt. Aber beide Formen der Ganzheit können nicht festgehalten werden, sonst werden sie für uns zum Gefängnis, und es kommt zur Stagnation. Man kann nicht ewig Kind bleiben, und der Glanz der äußeren Welt reicht unserem Ganzheitsbedürfnis nicht aus. So muß Ganzheit in unserem Leben immer wieder zerbrochen, verlassen, überstiegen werden, damit Entwicklung zu höherer Ganzheit möglich wird. Das Märchen vom Froschkönig schildert einen solchen Prozeß: den Prozeß eines Paares, das durch Scheitern und Loslassen hindurchgehen muß, um den Weg zu seiner Ganzheitsgestalt als Paar zu finden.

Werfen wir nach diesem ersten noch einen zweiten Blick auf die Welt der goldenen Kugel, auf die heile Welt der Königstochter. Das Märchen versetzt uns in eine alte Zeit, in der »das Wünschen noch geholfen hat«. Das macht uns ein wenig skeptisch. »Wunschwelt« fällt uns dazu ein, und der Verdacht steigt auf, die Welt der Königstochter könnte so vollkommen gar nicht sein. Sie könnte in der Rückschau nur so vollkommen erscheinen, also ein Produkt der Wünsche nach Ganz-Sein und Heil-Sein darstellen.

Wann träumen wir uns in solche Wunschwelten hinein? Oft gerade nicht dann, wenn wir glücklich sind, sondern wenn wir Mangel leiden und uns dies nicht eingestehen wollen. Wann malen wir uns wehmütig ein Bild von »glücklichen Kindheitstagen« aus, und wann werden blitzblanke Wohnungen, elegante Kleider, tadelloses Make-up und peinliche Ordnung besonders wichtig? Oft dann, wenn wir eine innere Leere spüren, wenn wir einsam sind und uns Liebe fehlt. Ganzheit erfahren wir am tiefsten in der Liebe, und wenn wir an Liebe Mangel leiden, erschaffen wir uns oft andere ganze, heile Welten und versuchen damit, das Loch zu füllen: eine heile, rückprojizierte Kindheits-Wunschwelt oder eine äußerlich wunschgemäße Glanz-Welt.

Auch in unserem Märchen finden wir angedeutet, daß die glänzende Welt der Königstochter nicht eine wirklich erfüllte Ganzheit ist, sondern Leere verdeckt: Es fällt auf, daß in dieser schönen Welt die Mutter fehlt. In der ganzen Geschichte ist von ihr nie die Rede. Nur von Töchtern erfahren wir, einmal werden Hofleute erwähnt, und immer wieder hören wir vom Vater, dem König. Sein Gegenüber sind Töchter, nicht eine erwachsene Frau. Das weiblich-mütterliche Prinzip fehlt. Damit fehlt aber in dieser glänzenden Welt das Tragende, Nährende, Fürsorgliche, Bergende. Die wunderschöne Königstochter könnte ein sehr einsames Kind sein. Ist die Mutter tot, und muß dies – weil wir nichts davon erfahren – auch noch totgeschwiegen werden? Ist sie krank oder aus anderen Gründen unfähig, ihre Aufgabe als Mutter wahrzunehmen, und »spricht man darüber nicht«? Oder ist es so, daß sie physisch zwar anwesend ist, aber neben dem König nicht ausreichend in Erscheinung tritt? Was wir später von den Vorgängen im Schloß erfahren, legt die Vermutung nahe, daß niemand zu seiner bestimmenden, allzu einseitig männlichen Rolle, die fixiert ist auf das, was »sein soll«, und darüber die konkrete Situation vergißt, ein weibliches Gegengewicht bildet. Das weibliche Prinzip scheint in dieser Welt jedenfalls nicht zum Zuge zu kommen, darum vermag der König nur in sehr einseitiger Weise seine männlich-väterliche Rolle wahrzunehmen, und der Königstochter fehlt Wesentliches für ihre Entwicklung zur erwachsenen Frau. Die makellose Schönheit dieser Welt könnte eine Fassade sein, die Leere und Mangel verbirgt, eine Fassade, hinter der bei allem äußeren Glanz die Menschen leiden, hinter der auch die Königstochter leidet, aber es selbst nicht wissen und nicht fühlen darf. Die Fassade ist dazu da, daß nicht offenbar wird, was zuviel Angst machen und zuviel Schmerz auslösen würde. Und sie macht es leicht, das alles zu verdrängen, weil sie vortäuscht, daß alles da ist, was man zum Leben braucht.

Ich finde in der Königstochter des Märchens jenen Typ von Frauen wieder, die oft Prinzessin-Frosch-Beziehungen eingehen. Diese »Prinzessin-Frau« hat oft eine Kindheit gehabt, in der die Mutter nicht da war oder das Mütterliche zu wenig zur Geltung brachte, weil sie zwar physisch präsent war, aber in sich selbst das Frauliche und das Mütterliche nicht genügend entfaltet hatte. Darum gab es in diesen Familien weder ein weibliches Gegenüber zum Mann noch einen mütterlich bergenden Grund für das kleine Mädchen, in dem es sich hätte fraglos geborgen fühlen können. Trotzdem war die Tochter nicht unwichtig in ihrer Familie. Im Gegenteil, sie war eine Prinzessin, um die sich alles drehte. Aber sie war eine Prinzessin nicht als Ausdruck ihres glücklichen Lebensgefühls, sondern den Eltern zuliebe, weil es für diese aus ihrem eigenen Mangel heraus wichtig war, so ein Prinzeßchen zur Tochter zu haben. Für die Mutter war sie wichtig, um ihrem Mann etwas so Schönes präsentieren und damit selbst ein wenig auf Abstand gehen zu können, und für den Vater war sie wichtig, damit er sich mit einer so schönen Tochter als Mann und Vater stolz fühlen konnte. Darum mußte sie niedlich und hübsch, strahlend und brav sein und sich manchmal auch ein wenig verführerisch und hilflos zeigen. Dann bekam sie viel Beachtung und wurde mit Glanz und Anerkennung belohnt. Aber im Grunde war sie überfordert; manchmal fühlte sie sich auch in eine Konkurrentenrolle zu ihrer Mutter gedrängt, aber mit ihrer eigenen Bedürftigkeit, mit ihren eigenen dunklen Seiten, mit ihrer Wut, mit ihrer Trauer und Sehnsucht blieb sie allein. So war die Kindheitswelt der Prinzessin-Frau wie die der Königstochter oft eine glänzende Welt, aber sie war zugleich eine Welt des Scheins, die Mangel und Einsamkeit verbarg.

In den ersten Zeilen schildert das Märchen diese Welt noch in ihrer äußeren Unversehrtheit. Unsere Beobachtungen und Erwägungen lassen uns jedoch vermuten, daß diese Unversehrtheit nicht von

Bestand sein kann. Hinter der glänzenden Oberfläche sind, wie der weitere Verlauf der Geschichte zeigt, bereits Kräfte am Wirken, die diese Ganzheit zerstören werden: die Kräfte der Entwicklung, die über die Kindheit hinausdrängen zu mehr und echterem Leben und darum den falschen Schein auflösen werden.

Aufbruch

Nahe bei dem Schlosse des Königs lag ein großer dunkler Wald, und in dem Walde unter einer alten Linde war ein Brunnen: wenn nun der Tag recht heiß war, so ging das Königskind hinaus in den Wald und setzte sich an den Rand des kühlen Brunnens: und wenn sie Langeweile hatte, so nahm sie eine goldene Kugel, warf sie in die Höhe und fing sie wieder; und das war ihr liebstes Spielwerk.

Es kommt Bewegung in diese starre Welt des Glanzes, weil es die Königstochter hinausdrängt. Sie hält es offenbar nicht mehr aus in dieser Welt der königlich-männlichen Helligkeit. Es zieht sie in den dunklen Wald zum kühlen Brunnen unter der Linde. Das Dunkel des Waldes, die Tiefe des kühlen Brunnens, der weit ausladende Lindenbaum – das sind eindrucksvolle Symbole des Mütterlichen. Die Königstochter sucht also instinktiv und ohne es zu wissen das Mütterliche, das ihr fehlt. Sie weiß aber noch nicht, was sie tut und was sie da draußen soll. Sie ist sehr allein. Keiner weist ihr den Weg, keiner ist bei ihr, kein Spielkamerad, keine der Schwestern, auch nicht der Vater, niemand, mit dem sie darüber reden könnte, was sie eigentlich bewegt. Sie empfindet Langeweile, und Langeweile ist ja oft das Gefühl, das unmittelbar hinter dem Glanz einer solchen Fassadenwelt lauert und tiefere Gefühle, die nicht »passen«, überlagert. Mit der goldenen Kugel versucht sie, die Langeweile zu vertreiben. Sie ist aus der glänzenden Kindheitswelt zwar äußerlich weggegangen, aber mit der Kugel hat sie ein Stück davon mitgenommen – offensichtlich muß noch etwas geschehen, damit wirklich etwas in Gang kommen kann.

Damit, daß die Prinzessin-Frau von zu Hause weggeht, ist ein erster Schritt getan, aber das Entscheidende muß erst noch geschehen. Denn wie die Königstochter aus dem väterlichen Schloß, so läuft sie von zu Hause weg, weil sie da nicht findet, was sie braucht: das Mütterliche. Dies könnte natürlich eine starke Antriebsfeder für die Entwicklung zur erwachsenen Frau werden, aber dann müßte sie erst durch den Schmerz des Verlusts und des Abschieds hindurch, sie müßte sich von der Frau, die ihre Mutter ist, ohne ihre Mutter zu sein, und von ihren Wünschen an sie lösen, um das Mütterliche in sich selbst und in der Begegnung mit anderen zu finden. Aber die Prinzessin-Frau weiß von alledem nichts, und es ist keiner da, der mit ihr über solche Dinge sprechen würde. Ihrer Schönheit sieht kaum einer an, was sie an Not verbirgt, der leicht schmollende, bittere Zug um ihren Mund fällt niemandem auf. Und sie selbst weiß viel zuwenig von sich, um darüber sprechen zu können. Sie wendet sich zwar nach außen, aber abwartend, zögernd, den Blick nach rückwärts gewandt, gleichsam die goldene Kugel noch in der Hand, festhaltend das Wunschbild einer »runden«, »goldenen« Kindheit. So wartet sie »draußen« auf das, was sie »drinnen« nicht hatte, das Mütterliche, bei dem sie ihre Kindheit nachholen und zur Frau heranreifen darf. Ihr Schritt ins Erwachsenenalter enthält damit einen Widerspruch, und es ist vorauszusehen, daß es auf diesem Weg zu Schwierigkeiten kommen muß.

Die Fassade stürzt ein

Nun trug es sich einmal zu, daß die goldene Kugel der Königstochter nicht in ihr Händchen fiel, das sie in die Höhe gehalten hatte, sondern vorbei auf die Erde schlug und geradezu ins Wasser hineinrollte. Die Königstochter folgte ihr mit den Augen nach, aber die Kugel verschwand, und der Brunnen war tief, so tief, daß man keinen Grund sah. Da fing sie an zu weinen und weinte immer lauter und konnte sich gar nicht trösten.

Die Königstochter hat das Schloß verlassen und spielt am Brunnen mit der goldenen Kugel. Provoziert sie damit nicht deren Verlust? Ist es nicht so, als wollte sie das Schicksal herausfordern? Wenn wir beachten, wie sie mit der Kugel umgeht, verstärkt sich dieser Verdacht. Sie greift gar nicht richtig danach, sondern streckt einfach das Händchen in die Höhe. Soll die Kugel von selber den Weg dahin zurückfinden? Oder gibt es eine Seite in ihr, der es ganz recht ist, daß das Wünschen nicht mehr hilft, sondern die Kugel den Fallgesetzen gehorchend zu Boden fällt und zum Brunnen rollt? Ist es dieser Seite in ihr vielleicht ganz recht, daß nicht mehr – wie im Schloß – jemand gelaufen kommt und dafür sorgt, daß schon nichts Ernstliches passieren kann? Es sieht sehr danach aus, denn als die Kugel zum Brunnen rollt, folgt sie ihr zwar nach – aber nur mit den Augen! Sie tut nichts, um zu verhindern, daß sie darin verschwindet. Ohne sich dessen ganz bewußt zu sein, treibt sie das Zerbrechen ihrer Kindheitswelt voran.

Die Kugel fällt in den Brunnen. Damit ist es geschehen. Das Ereignis ist eingetreten, hinter das es kein Zurück mehr gibt. Wenn der Frosch auch die Kugel bald wiederbringen wird, es ist nicht mehr wie vorher. Eine unaufhaltsame Entwicklung ist in Gang gekommen durch diesen Verlust, die Abschied von der Kindheit bedeutet und die schöne Fassade zum Einsturz bringt.

»Der Brunnen war tief, so tief, daß man keinen Grund mehr sah.« Eine Tiefe tut sich auf, die der Königstochter angst macht. So ernst sollte es ja nicht sein. Die schöne Fassade war auch ein Schutz und ein Schirm vor der harten Realität, mit der sie nun plötzlich konfrontiert ist. »Da fing sie an zu weinen und weinte immer lauter und konnte sich nicht mehr trösten.« Ungeahnte Gefühle steigen da aus der Tiefe hoch. Ein nie gekannter Schmerz bricht hervor, immer und immer mehr kommt davon hoch, man sieht keinen Grund mehr. Was die Königstochter, was die Prinzessin-Frau wirklich erlebt hat in ihrem goldenen Schloß, das steigt mit einem Mal aus der Verdrängung empor und überschwemmt sie.

Es gibt solche Momente im Leben der Prinzessin-Frau, und wie die Königstochter hat sie diese auch meist selber provoziert. Sie ist beispielsweise unter Protest von zu Hause ausgezogen, hat sich ein Zimmer weit weg genommen, ist schnell eine Beziehung eingegangen, die auch schnell wieder in die Brüche ging. Und nun sitzt sie da, und der ganze Jammer, die ganze Verlassenheit von Anfang an bricht aus ihr hervor. Für einen Moment ist sie im Kontakt mit ihrer wahren Realität ohne Schein, ohne Fassade. Ihre Chance bestünde darin, durch diesen Schmerz hindurchzugehen, wirklich Abschied zu nehmen von den Eltern, wirklich zu trauern und dadurch zu reifen. Aber soweit ist sie noch nicht. Die Prinzessin-Frau ist sich über die wahre Situation noch im unklaren, sie versteht ihren Schmerz noch nicht, es macht ihr noch viel zuviel angst, sich darauf einzulassen, darum muß sie noch einen weiten Weg zurücklegen, bis sie wieder an diese Stelle kommt und dann fähig sein wird, den nächsten Schritt zu tun.

Jetzt kann sie noch nicht die volle Verantwortung für ihr Tun übernehmen. Wie die Königstochter verleugnet sie ihre eigene Mitwirkung am Verlust der Kugel, sie steht nicht dazu. Was da in ihr hochkommt, macht ihr viel zuviel angst. So flüchtet sie in Hilflosigkeit, und ihr Weinen ruft nach jemandem, der ihr zu Hilfe eilt. Dieser »Jemand« nimmt in ihrer Phantasie meist die Züge eines Partners an, mit dem sie aber nicht die vollzogene Ablösung aus ihrer Kindheit besiegeln, sondern bei dem sie den Schmerz, der da aufgebrochen ist, unterbringen will. Ihre Sehnsucht malt das Bild eines Partners, in dessen mütterlich-bergenden Armen sie ein kleines Mädchen sein und zur Frau heranwachsen darf. Und dieser Partner, der darauf anspricht und seine Dienste dafür anbietet, ist – wie im Märchen – meist nicht weit.

Die dunkle Welt des Frosch-Prinzen

Und wie sie so klagte, rief ihr jemand zu: »Was hast du vor, Königstochter, du schreist ja, daß sich ein Stein erbarmen möchte.« Sie sah sich um, woher die Stimme käme, da erblickte sie einen Frosch, der seinen dicken häßlichen Kopf aus dem Wasser streckte.

Der Frosch taucht auf. Er streckt seinen »häßlichen Kopf« aus dem Wasser, und damit betritt der zweite Hauptdarsteller des Dramas die Bühne. Es ist ein Beziehungsdrama, das die beiden, der Frosch und die Königstochter, da spielen werden, in dessen Verlauf es Scheitern geben wird und Verwandlung, Ende und Neubeginn.

Der Volksmund sagt über das Entstehen von Beziehungen: »Gleich und Gleich gesellt sich gern.« Aber auf den ersten Blick scheint diese Beziehung nach dem umgekehrten Motto zu entstehen, nämlich: »Gegensätze ziehen sich an.« Denn kann es größere Gegensätze geben als die wunderschöne Königstochter und den häßlichen Frosch? Ja die Gegensätzlichkeit ist so groß, daß wir kaum verstehen können, wie zwischen diesen beiden eine so intensive Beziehung entstehen kann, wie es bald der Fall sein wird.

Unter Frosch-Prinzessin-Paaren gibt es viele, die wir genauso gegensätzlich erleben. »Wie sind denn die beiden nur aneinandergeraten?« So fragen wir uns bei ihrem Anblick. Wir können nicht verstehen, was die quirlige, etwas überdrehte, hübsche junge Frau an diesem ruhigen, eher unbeholfenen, gar nicht attraktiven Mann findet. Und wir können uns überhaupt nicht ausmalen, wie es dem gelungen ist, sie zu erobern und die zahlreichen, viel imponierenderen Mitbewerber aus dem Feld zu schlagen. Sehen wir aber hinter das Äußere der beiden, entdecken wir, daß die Gegensätzlichkeit gar nicht so groß ist und das Motto dieser Beziehung viel eher das erste sein könnte: »Gleich und Gleich gesellt sich gern.« So ist es auch im Märchen. Auch hier ist der Gegensatz zwischen Frosch und Königstochter gar nicht so groß, wie es auf den ersten Blick scheinen möchte.

Gegen Ende der Geschichte erfahren wir: Der Frosch war ein Prinz. Er stammt, wie die Königstochter, auch aus einer lichten, »heilen«, strahlenden Welt! Er hat wie sie in einem Schloß gelebt, mit königlichen Eltern, Hofleuten und Dienerschaft. War diese Welt auch eine Scheinwelt? Es sieht so aus. Während in der Welt der Königstochter das mütterliche Prinzip fehlte und das Männlich-Väterliche einseitig überwog, erfahren wir beim Frosch nichts von einer männlichen Gestalt. In der ganzen Geschichte wird von einem Vater beim Frosch nichts erwähnt. Wohl aber ist die Rede von einer Hexe, die ihn verwünscht und verzaubert hat. Die Hexe ist in den Märchen das Symbol für die negativ erlebten Aspekte des Weiblich-Mütterlichen: für das Dominieren, Verzaubern, Verwünschen, Festhalten, Verschlingen. Das heißt wohl, daß in der Welt des Frosches das männlich-väterliche Prinzip fehlte und das Weiblich-Mütterliche, weil es kein balancierendes Gegengewicht hatte, die Gestalt der Hexe annahm, die ihn verwünschte und in einen Frosch verwandelte.

Der Mann, der auf das Weinen der Prinzessin-Frau anspricht, sich ihr zur Hilfe anbietet und zu ihrem Partner wird, der »Frosch-Mann«, hat oft diese Geschichte: Er ist beherrscht vom mütterlichen Prinzip, festgehalten »im tiefen Brunnen«, weil ihm ein starker Vater als Führer ins Leben und als Modell der eigenen Männlichkeit gefehlt hat. Als Junge war er von seiner Mutter auserwählt, ihr »Prinz« zu sein. Sie brauchte ihn, weil ein starker Mann fehlte. Seine Impulse, sich von ihr zu lösen, sich aggressiv von ihr abzusetzen und in die Welt hinauszulaufen, mußte sie deshalb mit Liebesentzug, Strafen und Schuldzuschreibung entmutigen. Das waren für ihn die Flüche und Verwünschungen, die ihn nicht zum vollen Mann reifen ließen, sondern ihm das Gefühl gaben, ein Frosch zu sein. So lieb ihn seine Mutter hatte, in diesem Sinn war sie eine »böse Hexe«, ihr Festhalten wurde für ihn zum Bannfluch, der ihn in den Brunnen verbannte, in den tiefen Brunnen der Depression und Selbstabwertung. Der Frosch-Mann war ein Prinz, er kennt also – wie die Prinzessin-Frau – die Welt des Scheins und des falschen Glanzes in der Liebe einer Mutter, die ihn zum Prinzen macht, und er kennt wie sie das tiefe Loch, das sich dahinter auftut, wenn der Glanz erlischt.

Wie kommt es zu solchen Schicksalen?

Prinz und Frosch – zwei Seiten einer Medaille

Was Kinder brauchen, um zu ihrem eigenen Leben zu finden, sind nicht nur Nahrung, Kleidung, physische Wärme und Hygiene. Was sie vor allem anderen brauchen, ist die Erfahrung: Ich bin als das, was ich bin, in dieser Welt willkommen, als der Junge oder dieses Mädchen[1]. Sie brauchen, um sich und ihr Leben finden zu können, daß in den Augen der Mutter die Freude darüber aufleuchtet, daß sie, und gerade sie, da sind. In diesen strahlenden Augen findet das Kind sich selbst als wertvoll und liebenswert wieder, es findet darin sein Selbst-Bewußtsein, seinen Selbst-Wert. Sehr oft aber blicken Kinder nicht in freudestrahlende Augen, sondern in hilfesuchende, bedürftige, die nicht signalisieren: »Ich freue mich über dich«, sondern viel eher: »Ich bin in Not. Eigentlich bist du, Kind, zuviel für mich. Ich brauche selbst jemanden.« Nicht sich selbst finden sie in diesen Augen widergespiegelt, sondern das Leid und die Bedürftigkeit der Mutter. Diese Situation wird oft dadurch verschärft, daß der Vater kein Gegengewicht bildet, weder in dem Sinn, daß er für die Mutter eine Quelle der Zuwendung wäre, aus der sie für das Kind schöpfen könnte, noch in dem Sinn, daß er für das Kind eine mütterlich-väterliche Alternative wäre. Auch er braucht und sucht nach Liebe und kann wenig geben.

Wie gehen Kinder mit einer solchen Situation um? Intuitiv nehmen sie die Signale der Bedürftigkeit ihrer Eltern wahr. Andererseits brauchen sie aber diese Mutter, diesen Vater, um zu überleben. Also stellen sie sich – nach erfolglosen Versuchen, die eigene Bedürftigkeit zur Geltung zu bringen – darauf ein, das zu werden, was diese Eltern brauchen: pflegeleichte Kinder, die ganz früh sauber sind, die bald laufen können, die Eltern anstrahlen, sich auch ein bißchen hilflos stellen, damit die Eltern das Gefühl bekommen, gute Eltern zu sein, wenn sie helfend eingreifen. Im übrigen machen sie aber so wenig Probleme wie möglich. Sie werden Prinzen und Prinzessinnen, damit sich ihre Eltern wie Königin und König fühlen dürfen, und sie werden zu kleinen Helfern, zu kleinen Vätern und Müttern ihrer Eltern, die einfühlsam auf deren Verlassenheit eingehen, sich den Kopf darüber zerbrechen, wie man die hilflose Mutter unterstützen und den traurigen Vater aufheitern kann. Der Frosch-Mann war so ein kleiner Prinz und Helfer für seine Mutter, der sehr gut gelernt hat, sich einzufühlen, der eher jungenhafte und mütterliche denn männliche Züge trägt – und damit für die Prinzessin-Frau, die das Mütterliche sucht, besonders anziehend wird, während die Prinzessin-Frau als Kind sich bemüht, das Prinzeßchen für ihren Vater zu sein und ihm zu ersetzen, was er, wie sie ahnte, von seiner Frau nicht bekam, wobei sie in ihrem tiefsten Herzen der Mutter nichts wegnehmen, sondern für sie nur in die Bresche springen wollte, weil sie fühlte, wie leer und enttäuscht die Mutter war. So hat sie gelernt, zu strahlen und zu wärmen. Kein Wunder, daß sie dem Frosch-Mann in seinem tiefen, kalten Brunnen als die Frau seiner Träume erscheint.

Kinder, wie sie der Frosch-Mann und die Prinzessin-Frau waren, entwickeln also große Fähigkeiten, auf das einzugehen, was die Erwachsenen brauchen. Solange sie diese Fähigkeiten ausleben und sich in ihnen darzustellen vermögen, wirken sie nach außen stark, perfekt, erfolgreich – und sie fühlen sich zeitweise auch selbst so: Das ist die glänzende Welt der Prinzen und der Prinzessinnen. Was sie aber nicht lernen, ist zu fühlen, wer sie hinter dieser Fassade wirklich selbst sind. Sie vergessen sich selbst, haben kein Gefühl von ihrem Selbstwert und ihrer unverwechselbaren Eigen-Art. Wenn sie damit in Kontakt kommen, stürzt die Fassade der Stärke in sich zusammen. Plötzlich fühlen sie sich als Frosch, verwünscht von der bösen Hexe, oder als einsames, verlassenes Mädchen, das alles verloren hat, am tiefen Brunnen im dunklen Wald. So ist das Prinz- und das Prinzessin-Sein nur die eine Seite: die Seite des »falschen Selbst«, das Frosch-Mann und Prinzessin-Frau für das Wohlergehen ihrer Eltern entwickelt haben. Die andere Seite ist das Gefühl, festgehalten, verwunschen, als Frosch in die Tiefe verbannt zu sein, ohne Bewußtsein vom eigenen Selbst und vom eigenen Wert.

Beide, der Frosch und die Königstochter, der Frosch-Mann und die Prinzessin-Frau, sind nicht so verschieden voneinander. Ihrer beider Lebensschicksal verbindet sie zutiefst. Beide kennen die strahlende Schein-Welt, das »falsche Selbst« der Prinzen und Prinzessinnen, und beide kennen die dahinter lauernde Leere, die tiefe Depression, der Frosch in seinem tiefen Loch, die Prinzessin in ihren unstillbaren Tränen. Sie verbinden sich also doch nach dem Motto: »Gleich und Gleich gesellt sich gern.«

Dennoch kommt auch das Motto »Gegensätze ziehen sich an« in beider Beziehung zur Geltung. Dem Frosch-Mann ist im Augenblick der Begegnung der ehemalige Prinz meist nicht mehr sehr deutlich anzusehen. Er ist eher still und depressiv. Das ist der Prinzessin-Frau gerade recht, denn zu diesem Zeitpunkt hat sie von großen Strahlemännern wie ihrem Vater und einigen ihrer verflossenen Verehrer die Nase voll. Denn letztlich konnte sie es denen, allen voran ihrem »König-Vater«, doch nie recht machen. Dafür hat der Frosch-Mann, was sie in ihrer Einsamkeit immer dringlicher sucht. Er ist so einfühlsam, entgegenkommend und hilfreich wie eine gute Mutter. Hingegen hat sie, die Prinzessin-Frau, von den Erfahrungen in ihrer Familie her immer noch etwas so Strahlendes, Helles, Kindlich-Lebendiges und damit genau das, was der Frosch-Mann sich wünscht, um endlich aus seiner dunklen Tiefe hochzukommen. Außerdem ist sie doch so hilflos und bedürftig, daß er das Gefühl hat, anders als bei seiner Mutter, deren Leid er ja doch nicht wegnehmen konnte, könne er sich hier endlich bewähren ...

Auf der Basis ihrer Gleichheit also ziehen die beiden sich in ihren Gegensätzen mächtig an. Sie ziehen sich an und mißverstehen sich gründlich. In ihrer Begegnung und in ihrem Mißverständnis liegt ein tiefer Sinn, der sich ihnen aber erst sehr viel später erschließen wird, wenn sie ihren Weg weiter, wenn sie ihn bis zum Ende gegangen sind.

Eine Beziehung entsteht

»Ach, du bist's, alter Wasserpatscher«, sagte sie, »ich weine über meine goldene Kugel, die mir in den Brunnen hinabgefallen ist.« – »Sei still und weine nicht«, antwortete der Frosch, »ich kann wohl Rat schaffen, aber was gibst du mir, wenn ich dein Spielwerk wieder heraufhole?« – »Was du haben willst, lieber Frosch«, sagte sie, »meine Kleider, meine Perlen und Edelsteine, auch noch die goldene Krone, die ich trage.« Der Frosch antwortete: »Deine Kleider, deine Perlen und Edelsteine und deine goldene Krone, die mag ich nicht: aber wenn du mich liebhaben willst und ich soll dein Geselle und Spielkamerad sein, an deinem Tischlein neben dir sitzen, von deinem goldenen Tellerlein essen, aus deinem Becherlein trinken, in deinem Bettlein schlafen: wenn du mir das versprichst, so will ich hinuntersteigen und dir die goldene Kugel wieder heraufholen.« – »Ach ja«, sagte sie, »ich verspreche dir alles, was du willst, wenn du mir nur die Kugel wieder bringst.« Sie dachte aber: Was der einfältige Frosch schwätzt, der sitzt im Wasser bei seinesgleichen und quakt und kann keines Menschen Geselle sein.

Diese Zeilen schildern nun mikroskopisch genau die Entstehung dieser Beziehung, die ich Prinzessin-Frosch-Beziehung nenne und die mir typisch erscheint für viele Paare, die ich kennengelernt habe. Meist ist in der allerersten Begegnung eine Beziehung schon vollständig enthalten, und so läßt sich ihre Grundstruktur sehr deutlich an den ersten Sätzen ablesen, die zwischen den Partnern getauscht werden. Mit besonderer Aufmerksamkeit wollen wir uns darum dieser Begegnung zwischen Frosch und Königstochter zuwenden.

Ihr Leid und ihre Hilflosigkeit rufen ihn auf den Plan. Er taucht aus seiner Tiefe empor und stellt eine Frage voller Mitleid und Einfühlsamkeit: »Was hast du vor, Königstochter, du schreist ja, daß sich ein Stein erbarmen möchte!« – Kennen Sie das? Wie die Hilflosigkeit eines zarten Geschöpfes Sie plötzlich Ihre eigene Hilflosigkeit, Ihr Gefühl, ein Frosch zu sein, vergessen läßt? Wie Sie plötzlich aus der Tiefe auftauchen, sich stark fühlen und hilfreich herbeieilen? Das ist oft der Anfang von Frosch-Prinzessin-Beziehungen: hilfloses Mädchen – starker (= sich deshalb stark fühlender) Mann. Natürlich gibt es das auch umgekehrt: hilfesuchender Mann – starke (sich deshalb stark und fürsorglich fühlende) Frau. Diese Beziehungsform hat natürlich ihre besondere Eigenart und ihre eigenen Nuancen. Im Grunde geht es aber um die gleichen Themen und um die gleichen Abläufe. Auch haben die Partner meist sehr ähnliche Vorerfahrungen in ihrer Kindheit und Jugend wie Frosch-Mann und Prinzessin-Frau. So bleibt, was sich zwischen diesen beiden abspielt, auch für viele andere Paare relevant, selbst wenn sie sich nicht direkt in ihnen wiederfinden.

Die Tränen der Prinzessin lassen den Frosch »nach oben« kommen. Die Königstochter scheint am Anfang noch gar nichts mit ihm anfangen zu können. Sie nennt ihn verächtlich einen »alten Wasserpatscher«. – Kennen Sie das auch? Daß Ihnen ganz am Anfang für einen Moment lang klar war: »Der? Nie und nimmer!« Aber weil die Geschichte dann einen anderen Verlauf nahm, wollten Sie sich die anfängliche Klarheit nicht mehr eingestehen, und so nahmen die Dinge ihren Lauf ...

Die Königstochter geht auf die Frage des Frosches ein: »Ich weine über meine goldene Kugel, die mir in den Brunnen hinabgefallen ist.« Ein bißchen mogelt sie ja: Sie verschweigt, was sie selber dazu beigetragen hat. Aber sie hat Angst vor ihrer eigenen Courage bekommen. Sie will die Kugel wieder zurück haben, und als Helfer bietet sich der Frosch an, und indem sie sich als das totale Opfer hinstellt, wird er in seiner Hilfsbereitschaft noch mehr bestätigt. So läßt er sich auf ein Unternehmen ein, das scheitern muß: Die goldene Kugel läßt sich in Wirklichkeit nicht wiederbringen, die Kindheit läßt sich nicht nachholen, und die Mutter läßt sich nicht durch einen Partner ersetzen. Der Versuch, mit Hilfe einer Partnerschaft die Entbehrungen einer Kindheit zu kompensieren, kann so, wie Frosch-Mann und Prinzessin-Frau es versuchen, nicht gelingen.

»Sei still und weine nicht.« – Der »alte Wasserpatscher« erweist sich als sehr feinfühlig. Er findet Worte des Trostes, die jeder Frau ans Herz rühren müssen. Der Frosch-Mann hat das Trösten und Helfen gut gelernt. Als Helfer und Tröster war er für seine Mutter wichtig, und weil er sich nicht wirklich als Mann fühlt, begegnet er Frauen lieber als ihr Helfer und Tröster, denn darin fühlt er sich kompetent: »Ich kann wohl Rat schaffen.« Was er dabei nicht weiß oder nicht beachtet, ist, daß Helfen und Trösten keine tragfähige Basis für eine Beziehung zwischen Mann und Frau sein können. »Ich kann wohl Rat schaffen, aber was gibst du mir, wenn ich dein Spielwerk wieder heraufhole?« Das Märchen spricht aus, was in der Realität in großzügigen Hilfsangeboten oft unausgesprochen und versteckt mitgeliefert wird: die Erwartung, vom anderen für den eigenen Einsatz reichlich belohnt zu werden. In der Rückschau stellen wir fest: »Schon ganz am Anfang, in dieser Situation, damals, in jenem Gespräch, habe ich es deutlich gespürt, dieses Aber hinter dem großzügigen Angebot. Er war gar nicht der starke Mann, für den er sich ausgab, er war selber ein bedürftiger, hungriger Frosch!« – Dahinter steckt, wie ich angedeutet habe, die Erfahrung: Zu geben und zu helfen war die einzige Möglichkeit des Frosches, selbst etwas zu bekommen. Kein Wunder, daß er nach demselben Muster die Partnerbeziehung aufzubauen versucht: Ich gebe dir in der Erwartung, daß ich dann von dir bekomme.

Die Königstochter reagiert darauf mit der entsprechend großzügigen Zusage: »Was du haben willst, lieber Frosch!« Die tröstenden Worte haben ihre Wirkung nicht verfehlt. Die erste spontane Abneigung ist verflogen. Aus dem »alten Wasserpatscher« ist ein »lieber Frosch« geworden, und nicht nur ein lieber Frosch, sondern einer, dem sie alles zu geben bereit ist, was er haben will. Prinzessin-Frauen haben nicht gelernt, auf ihre Gefühle zu achten. Sie sind darum leicht verführbar, wenn der Partner ihre Sehnsucht nach der goldenen Kugel, nach der mütterlich bergenden Heimat anspricht. Dann spüren sie nicht mehr, was er in ihnen auch noch auslöst, sie gehen darüber hinweg und versprechen viel zuviel: »alles, was du haben willst«. Das aber ist genau die großartige Verheißung, die auf die tiefste Sehnsucht des Frosches paßt, einmal nicht mehr der Gebende sein zu müssen, sondern nur noch empfangen zu dürfen: Liebe, Achtung, Fürsorge – all das, was er als Kind gebraucht hätte.

Das ist typisch für Frosch-Prinzessin-Beziehungen: Am Anfang werden viel zu große Worte gemacht. Es wird viel zuviel erwartet, versprochen und geglaubt. Die Sehnsucht ihrer liebebedürftigen Herzen läßt die beiden die Realität vergessen. Wenn sie nur genau hinhören würden! Denn was die Königstochter anbietet, ist gar nicht mehr »alles«: »Meine Kleider, meine Perlen und Edelsteine, auch noch die goldene Krone, die ich trage.« Was sie geben will, ist ihre glänzende Welt! Will sie sie loswerden? Spürt sie erneut die Chance, sich nun endgültig aus ihrer Scheinwelt zu befreien? Würde sie das alles hergeben, stünde sie nackt und bloß da, aber auch befreit von allem Unechten, vom Zwang ihres Prinzessinnen-Daseins. Dies ist oft die geheime Triebfeder von Prinzessin-Frauen in Partnerbeziehungen: die Hoffnung auf Erlösung aus dem »goldenen« Käfig ihrer Familie. Damit kommt aber auch zum Ausdruck, daß sie in Wirklichkeit gar nicht in der Lage ist, etwas zu geben. Vielmehr will sie etwas abgenommen bekommen, und der Frosch soll es tun.

Davon will und kann der Frosch aber nichts wissen. Denn bei ihm ist es ja ganz ähnlich. Er braucht genauso notwendig jemanden, der ihn erlöst: »Deine Kleider, deine Perlen und Edelsteine und deine goldene Krone, die mag ich nicht: aber wenn du mich liebhaben willst und ich soll dein Geselle und Spielkamerad sein ... so will ich hinuntersteigen und dir die goldene Kugel wieder heraufholen.« Er macht damit deutlich, daß er ihr nichts abnehmen kann, schon gar nicht ihre Perlen und Edelsteine, die sie als Prinzessin kennzeichnen. Er will ja von ihr in diese strahlende Welt hineingenommen werden! Wieder so ein Moment, in dem klarwerden könnte, worum es eigentlich geht, und an den sich beide vielleicht später erinnern werden. Doch jetzt halten sie sich nicht dabei auf. Das Drama der Beziehung ist in Gang gekommen, es scheint kein Zurück mehr zu geben. »Aber wenn du mich liebhaben willst ...« Immer wieder in diesem Dialog das »Aber«! Es zeigt an, daß etwas schiefläuft in dieser Kommunikation, daß beide die Unterhaltung von ihren verdeckten Bedürfnissen her manipulativ steuern, ohne daß sie es wahrhaben wollen. So entsteht die Illusion von Übereinstimmung und Ergänzung, und die tiefen Mißverständnisse bleiben hinter den »Abers« verborgen.

Beziehungen, in denen es später Probleme gibt, beginnen immer mit solchen »Unehrlichkeiten«. Ich setze Unehrlichkeit in Anführungszeichen aus zwei Gründen: Einmal entspringt sie nicht aus dem Wunsch, den anderen reinzulegen, sondern aus der

Sehnsucht, es möchte doch endlich wahr werden, was ich schon so lange entbehre. Zum anderen kommt sie nicht ganz ins wache Tagesbewußtsein, wie dies bei einer bewußten Täuschung der Fall ist. Die Sehnsucht ist zu stark, sie verdunkelt den Blick auf die Realität. Das ist die »Liebe«, von der gesagt wird, daß sie blind macht. Sie hat sehr wenig mit einer reifen Liebe zu tun, die hellsichtig macht wie keine andere Seelenkraft des Menschen.

Dennoch nimmt ein Teil in uns diese »Unehrlichkeit« durchaus wahr. In der Rückschau läßt sich fast immer sehr genau rekonstruieren, wie das alles abgelaufen ist und wo wer wann gemerkt hat, daß jetzt etwas nicht mehr stimmt. Mit einem Teil unserer Wahrnehmungskraft haben wir also doch »absichtlich« weggeguckt. Trotzdem möchte ich die Anführungszeichen bei dieser »Unehrlichkeit« aufrechterhalten: Manchmal habe ich den Eindruck, daß es noch eine höhere Notwendigkeit, einen tieferen Sinn gibt, der die Partner in solchen Situationen nicht klar blicken läßt. Der Sinn ist, daß der Prozeß weitergehen muß, weil es der Weg dieses Paares ist, um zur Reife zu gelangen.

Liebe für Hilfe

Ihre Kleider und Edelsteine, die mag der Frosch nicht. »Aber wenn du mich liebhaben willst...« Hier fällt das entscheidende Stichwort: Liebe sucht der Frosch. Liebe, die er nie um seiner selbst willen erfahren hat, Liebe, die ganz und ohne Vorbehalt ja sagt, die nichts verlangt und an keine Bedingung geknüpft ist. Liebe, die nicht verlangt, daß er Prinz sein muß, und die darum den Bann löst, zum Frosch werden zu müssen. All das, was er nicht erfahren hat, richtet sich als Hoffnung auf die Königstochter.

Dabei fällt auf, daß der Frosch ihre Liebe für seine Hilfe verlangt. Es ist das alte Muster, das er kennt. Nur wenn ich helfe, werde ich »geliebt«. Dieses Muster wandelt er hier ab: Wenn ich helfe, dann mußt du mich auch dafür lieben. Eigentlich ist das eine Erpressung, die Liebe von vornherein unmöglich macht. Liebe kann nur geschenkt, nicht erpreßt werden. Und außerdem: Liebe kann nicht für Hilfe gegeben werden. Hilfe ist etwas anderes als Liebe. Vor allem in der Liebe zwischen Mann und Frau gibt es oft dieses Mißverständnis: Hilfsbereitschaft wird als Liebe ausgegeben, als Liebe verstanden, und man empfindet die Verpflichtung, sie mit Liebe zu beantworten. Natürlich sind einfühlsame Hilfsbereitschaft und mütterliche Sorge in Beziehungen zwischen Mann und Frau wichtig. Aber sie sind nicht das, was Liebe zwischen ihnen ausmacht. Die fürsorglich-barmherzige und die schöpferisch-erotische Liebe, »Agape« und »Eros«, sind keine Gegensätze, sie ergänzen einander. Aber man kann nicht auf Agape eine erotische Beziehung aufbauen, und ohne Eros fehlt der Lebensgemeinschaft zwischen den Geschlechtern die Seele. Aber wie sollte der Frosch-Mann das wissen? Um als Mann eine Frau lieben zu können, müßte er bedingungslos mütterlich geliebt und väterlich klar auf den Weg zum Mann-Sein gewiesen worden sein. Er kennt zwar die Sehnsucht nach dieser bedingungslosen Liebe, was er aber erfahren hat, ist die Koppelung: Ich muß etwas geben, damit ich bekomme. Diese Verknüpfung von Hilfe und Liebe vollzieht er nun seinerseits und versucht damit, was unmöglich ist: ihre Gefühle unter Kontrolle zu bekommen und sich ihrer Liebe zu versichern.

Das ist so tragisch in Frosch-Prinzessin-Beziehungen: Man spürt, was dieser Mann, was diese Frau suchen, aber es ist mit Händen zu greifen: So wie sie es anpacken, ist es von vornherein zum Scheitern verurteilt. Seine Sehnsucht nach Liebe ist echt. Aber indem er sie aus seinem Unvermögen und aus dem Druck seines Mangels heraus erpresserisch mit seinem Hilfsangebot verbindet, verhindert er selbst, etwas davon zu erfahren.

Der Frosch sagt noch mehr darüber, was »Liebhaben« für ihn heißt: zunächst »dein Geselle und Spielkamerad sein«. Das klingt nach geschwisterlicher Liebe, nach heiler Kinderwelt, wo man miteinander herumtollt, Spaß hat, sich auch mal zankt, aber wieder verträgt und von neuem miteinander eintaucht in die weite Phantasiewelt des Spiels. So eine Kindheit, solche Geschwister hat der Frosch-Mann in aller Regel nicht gehabt. Er stand zu sehr im Bannkreis der Mutter, als daß er mit Geschwistern oder Gleichaltrigen hätte unbeschwert herumtollen können. Er zeigte sich immer älter, als er war. So geht seine Sehnsucht nach der Prinzessin-Frau nicht eigentlich auf die Frau, sondern auf das kleine, lebendige Mädchen, das er in ihr ahnt. Er sucht nicht die Frau, er sucht das Kind, mit dem er unbeschwert spielen und Kind sein kann.

Seine Sehnsucht geht aber noch viel weiter und tiefer. Was er sich wünscht, ist: »an deinem Tischlein neben dir sitzen, von deinem goldenen Tellerlein essen, aus deinem Becherlein trinken, in deinem Bettlein schlafen«. Der Frosch hat eine faszinierende Vision. Er, der häßliche Frosch, wird hilfreich sein, was er gut kann, und die Kugel heraufholen. Und dann wird sie, die schöne Königstochter, ihn mitnehmen in ihre strahlende Welt. So wie er die Beziehung in seiner Schilderung vorwegnimmt, gibt es da gar nicht mehr zwei, da sind *ein* Tisch, *ein* Teller, *ein* Becher, *ein* Bett. Der Frosch geht ganz in der Welt der Königstochter auf. Seine Hoffnung ist: Dann werde ich mit dir verschmelzen, dann bin ich mein Frosch-Sein los. Du wirst mein Frosch-Sein weglieben, du wirst mich erlösen.

Das ist es, was der Frosch-Mann im tiefsten sucht: nicht Liebe zwischen zwei Erwachsenen, nicht Liebe zwischen Mann und Frau, auch die geschwisterliche Liebe ist nicht seine tiefste Sehnsucht. Eigentlich will er eine Liebe wie zwischen Mutter und Kind. Er sucht die Wiederherstellung der ursprünglichen Mutter-Kind-Symbiose.

Die Liebe zwischen Mutter und Kind ist, wenn sie gelingt, in der ersten Zeit symbiotisch, das heißt, es gibt in ihr nicht zwei getrennte Wesen. Auch wenn das Kind schon geboren, also physisch von der Mutter getrennt ist, bilden die beiden in der ersten Zeit eine fast völlige Lebensgemeinschaft. Die Mutter stellt sich dem Kind zur Verfügung, sorgt mit ihrem Körper und mit ihrer Seele für Nahrung, Wärme, Kontakt – bei Tag und bei Nacht. Sie macht sich zum »verfügbaren Objekt« für das Kind, indem sie ihre eigenen Bedürfnisse zurückstellt und denen des Kindes Vorrang läßt. Kommt diese Mutter-Kind-Symbiose nicht zustande, entweder weil keine mütterliche Bezugsperson da war oder weil die Mutter aus ihrer eigenen Bedürftigkeit heraus nicht die Reserven hatte, so bedingungslos zu geben, bleibt das Kind auf der Suche danach, sie irgendwo doch noch zu finden, diese bergende, nährende, tragende Ureinheit mit der Mutter. Auch im Heranwachsenden und im Erwachsenen bleibt dieses Kind lebendig und auf der Suche. Vor allem in der Begegnung zwischen Mann und Frau erwacht seine ungestillte Sehnsucht von neuem, und die Hoffnung steigt in ihm auf: »Hier bei dieser schönen Frau, bei diesem starken Mann, da werde ich es endlich finden!«

Der Frosch-Mann verlangt nicht nach einer Partnerliebe, sondern nach einer Mutter-Kind-Symbiose, und das Tragische ist, daß er meint, sie ausgerechnet bei einer selber so bedürftigen Prinzessin-Frau zu finden. Wünsche und Sehnsüchte können so groß sein, daß wir die Realität nicht mehr sehen. Frosch-Mann und Prinzessin-Frau erfassen sich nicht in ihrer Realität, sondern verwechseln ihre Sehnsucht, die sich an seiner Hilfe und an ihrem Glanz entzündet hat, mit der Wirklichkeit.

Die Antwort der Königstochter auf sein Verlangen, in ihrer lichten Welt aufzugehen und so sein Frosch-Gefühl loszuwerden, lautet: »Ach ja, ich verspreche dir alles, was du willst, wenn du mir nur die Kugel wieder bringst.« – Die Prinzessin-Frau spürt, daß dieser Mann etwas hat, was sie sucht, so kompetent wie er sich darstellt, so einfühlsam und trostvoll wie er sich gibt. So etwas sucht sie am tiefen Brunnen im dunklen Wald unter dem Lindenbaum: mütterlich aufmerksame Fürsorge und Hilfsbereitschaft. Der kann die goldene Kugel wieder holen, der kann herstellen, was sie im Schloß beim König vermißt. Der kann ihr mütterliche Heimat schaffen, in der sie nicht mehr als Prinzessin für irgend jemand glänzen muß. Daß er dies an unmögliche Bedingungen knüpft, darüber meint die Königstochter hinweggehen zu können: »Was der einfältige Frosch schwätzt. Der sitzt im Wasser bei seinesgleichen und quakt und kann keines Menschen Geselle sein.« Hier kommt die andere Seite ihrer Wahrnehmung wieder heraus, der »alte Wasserpatscher«, als den sie ihn zu Anfang empfunden hat und mit dem sie so nahe eigentlich gar nichts zu tun haben wollte. Frosch-Männer machen es Prinzessin-Frauen allerdings meistens leicht, solche Empfindungen und Gedanken schnell wieder zu unterdrücken, indem sie ihre unmöglichen Bedingungen nicht so klar äußern wie der Frosch im Märchen, sondern mehr verpacken in Untertönen, Blicken und unausgesprochenen, nur vage spürbaren Erwartungen. Damit ermöglichen sie der Prinzessin-Frau, nicht auf ihre inneren Vorbehalte zu achten. So kommt eine Eindeutigkeit zustande, die ganz und gar nicht stimmt: »Ich verspreche dir alles, was du willst.« Das Übertriebene einer solchen Zusage ist offenkundig, aber darauf will wiederum der Frosch-Mann nicht hinhören. Es klingt zu schön, was sie sagt. Er hat damit erreicht, was er wollte. Für ihn ist damit der »Beziehungsvertrag« perfekt.

Der »geheime Beziehungsvertrag«

Dieser Beziehungsvertrag ist im Märchen ganz klar und offenkundig. Er lautet: »Ich, der hilfreiche Frosch, werde meine Stärke für dich, weinende Königstochter, einsetzen, dir die goldene Kugel wieder heraufholen und dir geben, was du vermißt. Du, schöne Königstochter, wirst mich, den häßlichen Frosch, dafür mitnehmen und mich in deiner strahlenden Welt mein Frosch-Sein vergessen lassen.« Oder kurz ausgedrückt: »Ich, Frosch, werde dich, Königstochter, von deiner Traurigkeit erlösen. Und dafür wirst du, Königstochter, mich, Frosch, von meinem Frosch-Sein erlösen.«

In Prinzessin-Frosch-Beziehungen wird dieser »Vertrag« meist nicht so klar formuliert. Darum nenne ich ihn den »geheimen Beziehungsvertrag«. Ich verstehe darunter jene stillschweigende und meist nicht einmal ganz bewußte Übereinkunft zwischen den Partnern, in der Leistung und Gegenleistung »geregelt« und der »Zweck« der Beziehung bestimmt wird, und dieser ist immer: sich gegenseitig die Wünsche und Bedürfnisse zu erfüllen, die in der eigenen bisherigen Beziehungsgeschichte von Anfang an unerfüllt geblieben sind. Auch und gerade ganz fundamentale und »frühe« Wünsche und Bedürfnisse, die nicht erfüllt worden sind, das Bedürfnis nach Anerkennung der eigenen Person in ihrer Individualität, nach bedingungsloser Geborgenheit und Sicherheit, versuchen die Partner in ihrem Beziehungsvertrag unterzubringen. Darum ist ein solcher Vertrag beiderseits unerfüllbar. Denn erstens ist die Zeit, diese Grundbedürfnisse in einer symbiotischen Lebensgemeinschaft erfüllt zu bekommen, vorbei – die Kindheit läßt sich nicht einfach wiederholen. Und zweitens suchen und finden sich wie in unserer Geschichte meist ausgerechnet diejenigen, die aufgrund ihrer Vorerfahrungen ganz ähnliche Mangelerlebnisse haben und deshalb besonders ungeeignet sind, sich gegenseitig zu »bemuttern«.

Sehen wir uns den »Beziehungsvertrag« zwischen Frosch und Königstochter genauer an, wird klar, daß die Beziehung in dieser Form nicht gutgehen kann: Beide »Vertragspartner« fühlen sich in einer »schwachen« Position (»Ich bin nicht okay«)[2]. Er fühlt sich als Frosch, verwunschen von einer Hexe, sie ist voller Verzagtheit über ihren Verlust. Beide sehen den anderen in einer starken Position (»Du bist okay«): Er sieht in ihr die Prinzessin, die ihn von seinem Froschsein befreien kann, sie sieht ihn als den starken Helfer, der imstande ist, ihren Mangel wettzumachen. Somit begegnen sich im Frosch-Mann und in der Prinzessin-Frau zwei hilflose Kinder, die im Grunde auf der Suche nach starken Eltern sind. Ihr fundamentales Mißverständnis liegt darin, daß jeder im anderen diese starke Elternfigur sucht und nicht wahrhaben will, daß er genauso bedürftig ist und darum das Gesuchte nicht geben kann. Daß sie das nicht erkennen und daß beide Lebenspositionen zu einem scheinbar sich ergänzenden Arrangement zusammenpassen, liegt darin, daß er sich im Moment des Zusammentreffens aufgrund ihrer Hilflosigkeit stark und sie ihre Hilflosigkeit bei seiner Stärke aufgehoben fühlen kann. Sie hilft ihm in die Position: »Ich bin okay, weil du so schwach bist«, und er ermöglicht ihr, die genau dazu passende Position einzunehmen: »Ich kann getrost nicht-okay, schwach, sein, weil du so stark bist.« Dazu kommt, daß sie sich bei all ihrer Schwäche, die sie ihm anvertrauen kann, auch noch geschmeichelt und aufgewertet fühlen muß, denn er läßt sie ja spüren: »Ich brauche deine Liebe, damit ich leben kann!« Damit suggeriert der Frosch-Mann der Prinzessin-Frau eine nahezu allmächtige Liebeskraft, und es ist – bei allen Bedenken und Vorbehalten, die auch noch da sind – doch so schön, an so etwas zu glauben.

Was beide in diesem Beziehungsvertrag ausblenden, sind die Signale, die von Anfang an deutlich machen, was sie wirklich voneinander wollen, die vielen »Abers«, die vielen Bedingungen und verqueren Verknüpfungen – Einsichten, die zwar aufblitzen, aber nicht ernst genommen werden. Die Sehnsucht danach, was da aufleuchtet, möchte wahr werden, ist so stark, daß allen realistischen Wahrnehmungen zum Trotz Frosch-Mann und Prinzessin-Frau die Beziehung zueinander eingehen. Es ist wohl ihr Weg: ein schmerzvoller Weg, wie wir schon ahnen und wie sich zeigen wird; aber wollten wir ihnen diesen Weg versperren – was sie im übrigen gar nicht zulassen würden –, würden wir ihnen ihren Entwicklungsweg versperren. Das habe ich in meiner Arbeit als Paartherapeut schon oft erfahren: Viele Paare lassen sich ihren leidvollen Weg nicht einfach wegnehmen, etwa durch Einüben »besserer Kommunikation« oder durch Einführung neuer Verhaltensregeln. Sie müssen diesen Weg bis zu Ende gehen – damit Reifung möglich wird.

Eine verpaßte Chance

Der Frosch, als er die Zusage erhalten hatte, tauchte seinen Kopf unter, sank hinab, und über ein Weilchen kam er wieder heraufgerudert, hatte die Kugel im Maul und warf sie ins Gras. Die Königstochter war voll Freude, als sie ihr schönes Spielwerk wieder erblickte, hob es auf und sprang damit fort. »Warte, warte«, rief der Frosch, »nimm mich mit, ich kann nicht so laufen wie du.« Aber was half es ihm, daß er ihr sein quak quak so laut nachschrie, als er konnte! Sie hörte nicht darauf, eilte nach Haus und hatte bald den armen Frosch vergessen, der wieder in seinen Brunnen hinabsteigen mußte.

Indem der Frosch die Kugel heraufholt, läßt er sich auf den Versuch ein, der traurigen Prinzessin die verlorene oder nie wirklich erfahrene Ganzheit wiederherzustellen. Darin geht es aber gar nicht um ihn, sondern um die mütterlich heilende Geborgenheit der Königstochter. Folgerichtig schildert das Märchen, wie die Königstochter die Kugel nimmt und nach Hause ins Schloß läuft. Was sie vom Frosch wollte, war nicht in die Zukunft gerichtet, sondern in der Vergangenheit verhaftet: Ihre Kindheit sollte ganz und heil gemacht werden. Daß der Beziehungsvertrag, den sie eben eingegangen ist, noch einen zweiten Teil hat, der sie betrifft, scheint vergessen. Wir haben ja schon gesehen, daß sie gar nicht ernst genommen hat, was sie da zusagte.

Was hier geschieht, ereignet sich in Frosch-Prinzessin-Beziehungen sehr häufig und sehr bald: Der Frosch-Mann strengt sich an und müht sich ab – aber es kommt nicht viel zurück. Die Prinzessin läuft davon, nach Hause, ins Schloß. Der starke Frosch-Mann fühlt sich mit einem Mal schwach: »Ich kann nicht so laufen wie du.« Sein »ich bin okay, ich bin stark und hilfreich« verwandelt sich sehr rasch in ein »ich bin nicht okay – eigentlich bin ich es, der Hilfe braucht«. Aber die Prinzessin-Frau hört das gar nicht mehr. Sie ist nach Hause gelaufen. Das kann sich sehr verborgen abspielen. Die beiden leben durchaus »glücklich« ihre ersten Jahre, er ist emsig damit beschäftigt, ihre Kugel hochzuholen, sie freut sich darüber; aber ganz in ihrem Innern entzieht sie sich ihm, fühlbar für ihn manchmal in dem vagen Eindruck, daß mit dem, was von ihr zurückkommt, er eigentlich gar nicht wirklich gemeint ist. Weil er das aber nicht wahrhaben will, unterdrückt er, was im Märchen der Frosch ganz offen sagt: »Laß mich nicht zurück, nimm mich doch mit!« Aber ebenfalls in seinem tiefsten Inneren registriert er es sehr wohl und bucht es auf sein »Soll-Konto«. Eines Tages stellt er dann fest, daß dieses Soll-Konto sein Haben-Konto bei weitem übersteigt.

Oft zeigt sich diese erste Trennung aber auch offener und direkter, ähnlich wie im Märchen. Wie die Königstochter merkt einer von beiden, meist die Prinzessin-Frau, daß der Beziehungsvertrag so nicht halten kann, sie spürt die Überforderung und das Mißverständnis. Angstvoll überflutet es sie: »Nein, so geht das nicht, so kann es nicht gehen!« Abrupt distanziert sie sich, bricht Streitigkeiten vom Zaun, es kommt zu heftigen Konflikten, und sie läuft sogar weg wie die Königstochter nach Hause, zu ihren Eltern. In diesen ersten Trennungsimpulsen läge wieder eine Chance, sich den eigentlichen Fragen zu stellen, die darin zum Ausdruck kommen. Aber sie kann es ihm und sich natürlich nicht erklären, es ist ja nur so ein dumpfer Impuls, und darum kann er das, ähnlich wie der Frosch, zu diesem Zeitpunkt überhaupt nicht verstehen. Er kommt sich äußerst ungerecht behandelt vor, das Verhalten der Prinzessin-Frau macht ihm schreckliche Angst, denn die Tiefe des Brunnens droht wieder, und da will er nicht mehr hinab. So setzt er alles daran, sie wieder zu gewinnen und die Konflikte unter den Teppich zu kehren: »Ich weiß nicht, was du hast, es läuft doch prima bei uns, ich will mich auch ändern, und das werden wir schon noch schaffen . . .« Wie der Frosch setzt er alle Hebel in Bewegung, um die Beziehung wieder zustande zu bringen.

Entwicklung kommt in Gang

Am andern Tage, als sie mit dem König und allen Hofleuten sich zur Tafel gesetzt hatte und von ihrem goldenen Tellerlein aß, da kam, plitsch platsch, plitsch platsch, etwas die Marmortreppe heraufgekrochen, und als es oben angelangt war, klopfte es an die Tür und rief: »Königstochter, jüngste, mach mir auf.«

Die Königstochter ist davongelaufen. Sie hat gespürt, daß sie nicht halten kann, was sie versprochen hat: Liebe zu schenken, bedingungslose Liebe, eine totale Mutter-Liebe. Sie kann sie nicht geben, denn sie sucht sie selbst, und sie kann sie nicht geben, weil sie zwischen Mann und Frau grundsätzlich nicht mehr möglich ist. Die Kindheit läßt sich in einer Partnerschaft nicht nachholen. Das spürt sie, aber sie findet keinen Ausweg. Denn die Rückkehr ins elterliche Schloß, der Versuch, in die Kindheit, zu den Eltern zurückzukehren, ist ebenfalls nicht mehr möglich. Auch wenn sie ihr Leben als jüngste Königstochter wiederaufnimmt, sich mit den anderen zu Tisch setzt, als wäre nichts geschehen, es gibt kein Zurück mehr. Dafür ist, bei aller Problematik des Vorgangs, zuviel geschehen, die Entwicklung, die in Gang gekommen ist, läßt sich nicht mehr aufhalten. Die goldene Kugel, auch wenn sie der Frosch wieder heraufgeholt hat, ist in Wirklichkeit ein für allemal verloren, die geschlossene Welt der Kindheit ein für allemal zerbrochen. Die Schritte, die die Marmortreppe hochkommen, das Pochen an die Tür, sie zeigen den endgültigen Einbruch in diese »heile« Glanzwelt an.

Genauso ist es beim Frosch. Er ist zwar wieder in seinen Brunnen hinabgestiegen, er ist wieder in die tiefe Depression seines Frosch-Seins versunken, aber da hält es ihn jetzt nicht mehr. Er wird aktiv, seine Sehnsucht treibt ihn zu der schier unglaublichen Leistung, den weiten Weg zum Schloß zurückzulegen und die hohen glatten Marmorstufen emporzuklettern. Auch bei ihm ist eine unaufhaltsame Entwicklung in Gang gekommen. So bedenklich seine Antriebsfeder auch ist – er will die Erfüllung eines unerfüllbaren Vertrages einfordern, er will sich Liebe abholen, wie man sich das Geld für eine unbezahlte Rechnung holt – und sosehr dieses Vorhaben zum Scheitern verurteilt ist: dennoch weckt es ungeheure Kräfte in ihm und holt ihn ein für allemal aus der Tiefe des Brunnens heraus.

In Paarbeziehungen entfaltet sich eine ungeheure Kraft. So problematisch die Frosch-Prinzessin-Beziehung auch ist, so illusionär die Hoffnungen, so unerfüllbar ihre geheimen Beziehungsverträge und so leidvoll ihre Geschichte, sie drängt beide, Frosch-Mann und Prinzessin-Frau, in einen Entwicklungsprozeß hinein, an dessen Ende die Befreiung aus der alten Gefangenschaft, aus Brunnen und Schloß steht und neue Möglichkeiten der Beziehung sich auftun.

Aber das Positive dieser Entwicklung ist hier noch kaum zu spüren. Vorerst möchten wir dem Frosch am liebsten zurufen: »Ach, wärst du doch in deinem Brunnen geblieben, du hättest dir und ihr viel Leid erspart.« So überzeugt wir auch manchmal sagen wollen: »Ach bleibt doch bei eurer Trennung, guckt euch doch noch woanders um«, es nützt nichts. Die beiden halten die Trennung nicht aus. Sie gehen wieder zusammen, wie von Magneten angezogen. Der Frosch-Mann entwickelt ungeahnte Aktivitäten, und seiner »Werbekampagne« kann die Prinzessin-Frau nicht widerstehen.

Liebe aus schlechtem Gewissen

Sie lief und wollte sehen, wer draußen wäre, als sie aber aufmachte, so saß der Frosch davor. Da warf sie die Tür hastig zu, setzte sich wieder an den Tisch, und es war ihr ganz angst. Der König sah wohl, daß ihr das Herz gewaltig klopfte, und sprach: »Mein Kind, was fürchtest du dich, steht etwa ein Riese vor der Tür und will dich holen?« – »Ach nein«, antwortete sie, »es ist kein Riese, sondern ein garstiger Frosch.« – »Was will der Frosch von dir?« – »Ach, lieber Vater, als ich gestern im Wald bei dem Brunnen saß und spielte, da fiel meine goldene Kugel ins Wasser. Und weil ich so weinte, hat sie der Frosch wieder heraufgeholt, und weil er es durchaus verlangte, so versprach ich ihm, er sollte mein Geselle werden; ich dachte aber nimmermehr, daß er aus seinem Wasser herauskönnte. Nun ist er draußen und will zu mir herein.« Indem klopfte es zum zweitenmal und rief: »Königstochter, jüngste, mach mir auf, weißt du nicht, was gestern du zu mir gesagt bei dem kühlen Brunnenwasser? Königstochter, jüngste, mach mir auf.« Da sagte der König: »Was du versprochen hast, mußt du auch halten; geh nur und mach ihm auf.«

Warum springt ausgerechnet die Königstochter auf und öffnet die Tür? Es kann kein Zweifel daran bestehen, daß sie erkennt, wer da an die Tür pocht. Ist es nicht auch ein wenig faszinierend, daß sich da einer so viel Mühe gibt, einen solchen Aufwand treibt? »Ich mochte ihn zwar nie sonderlich gern, aber daß er sich so um mich bemühte, das tat mir schon sehr gut, und deshalb . . .«

Das Märchen stellt im Verhalten der Königstochter dar, was wir im Fachjargon »Ambivalenz« nennen. Beides ist da: Abstoßung (sie ist davongelaufen), aber auch Anziehung (sie geht und öffnet die Tür). Die Abstoßung ist nicht so stark, daß die Tür einfach zubliebe, die Anziehung ist nicht so stark, daß sie sie wirklich öffnen würde, das heißt: Die Königstochter, die Prinzessin-Frau, kann sich nicht abgrenzen. Sie spürt: »Was der Frosch von mir will, kann ich nicht geben.« Dennoch schafft sie es nicht, ein klares Nein zu sagen. Das ist ihr schwacher Punkt. Auch wenn sie noch so deutlich fühlt: »Mit dem geht es doch nicht«, schafft sie das auf die Dauer nicht. Er drängt so, wie könnte sie es ihm abschlagen? Und auch sie wünscht sich ja so sehnlich einen Partner, wie könnte sie da den Verzicht eines eindeutigen »Nein« ertragen?

Was brauchte sie in dieser Situation, da sie zitternd und mit Herzklopfen am Tisch sitzt, aber von sich aus nicht den Mut findet, ein klares Nein zu sagen? Was brauchte dieses hilflose Geschöpf in seiner Ambivalenz? Es brauchte jemand, der Schutz gibt und Orientierung: eine starke Eltern-Figur. Es sieht auch so aus, als gäbe es diese. Der König-Vater fragt besorgt: »Mein Kind, was fürchtest du dich, steht etwa ein Riese vor der Tür und will dich holen?« Und später scheint er auch Orientierung zu geben: »Was du versprochen hast, das mußt du auch halten; geh' nur und mach' ihm auf.« Aber es wird uns nicht so recht wohl dabei. Die fürsorgliche Frage geht zu sehr an der Realität der Tochter vorbei! Der König-Vater meint, ihre Welt sei noch bevölkert von Riesen und dergleichen Fabelwesen kindlicher Phantasie, die man beruhigend väterlich und überlegen dem Kind schon ausreden könne, während dieses »Kind« sich mit tiefen Beziehungsnöten herumschlägt und in Wahrheit schon lange die Kindheitswelt verlassen hat. Der Verdacht steigt auf, seine Frage sei eher elterliches Gehabe als elterliche Fürsorge. Und die Orientierung, die er gibt, ist eine leere, moralische Formel, die in keiner Weise der Situation und der Not der Königstochter gerecht wird. Ihrer Angst und Verwirrung setzt er ein abstraktes Prinzip entgegen: »Was du versprochen hast, das mußt du auch halten.« Er hört nicht hin, wie dieses Versprechen zustande gekommen ist, er interessiert sich nicht dafür, was da am Brunnen wirklich vor sich gegangen ist. Er weiß schnell und klar die Lösung des Problems. Wie es der Königstochter dabei geht, fällt nicht ins Gewicht.

Hier wird nochmals deutlich, warum ich gesagt habe, das Leben der Königstochter werde von einem einseitig männlichen Prinzip beherrscht und das Weiblich-Mütterliche komme nicht zum Zuge. Moralische Grundsätze und logische Konsequenz herrschen vor, es gibt keine Einfühlung in die konkrete Situation und kein Verständnis für die spezifische Lage. Wichtig ist nur, daß die Tochter ein braves Mädchen ist, das gut funktioniert und dem König-Vater Anlaß gibt, sich in einer überlegenen Position zu fühlen und in moralischer Rechtschaffenheit zu gefallen.

Die Prinzessin-Frau hat solche Eltern erlebt. Sie hat die Botschaft empfangen, daß sie für sich genommen nicht viel wert ist, sondern dazu da, als liebes, strahlendes und angepaßtes Kind den Eltern zu gefallen und ihnen das Bewußtsein zu geben, gute Eltern zu sein. Sie hat von ihnen nicht die wirklich wichtigen Dinge fürs Leben gelernt, zum Beispiel wie man mit Beziehungen umgeht und was das heißt, eine Frau zu werden. Sie hat nur abstrakte Prinzipien mitbekommen. Diese hat sie als ihr eigenes »Eltern-Ich«[3], wie wir sagen, in sich hineingenommen. Sie sucht mit diesem Eltern-Ich Halt und Orientierung im Leben, aber sie findet sie nicht. Sie kann sich nicht wirklich um sich und ihre Bedürfnisse kümmern, hat für sich selber kaum ein »nährendes Eltern-Ich«, und ihren eigenen Gefühlen – Angst und Herzklopfen – begegnet sie mit den moralischen Prinzipien ihres »kritischen Eltern-Ich«: Was du versprochen hast, mußt du auch halten – und das gilt dann auch für Versprechen, die man wie hier gar nicht halten *kann*. Der Prinzessin-Frau steht in ihrer Ambivalenz und Orientierungslosigkeit kein klares und hilfreiches Eltern-Ich zur Verfügung, denn die eigenen Eltern gaben dafür kein gutes Modell ab. Nun steht sie ohne Orientierung und Schutz im Leben, geht über ihre Gefühle hinweg und paßt sich dem Druck von außen und innen an.

Es ist, als ob der Frosch das intuitiv erfassen würde. Während sie noch erzählt, haut er genau in diese Kerbe: »Weißt du nicht, was gestern du zu mir gesagt?« Damit liefert er dem König oder dem »kritischen Eltern-Ich« der Prinzessin-Frau das Stichwort: »Was du versprochen hast, das mußt du auch halten!« Der Konflikt wird nicht durch Besinnung auf die eigenen Gefühle und Möglichkeiten gelöst, sondern durch Rückgriff auf übernommene moralische Prinzipien, die zu gelten haben, auch wenn der Mensch daran zerbricht. Damit ist die Geschichte dieser Beziehung ein weiteres Stück vorangekommen. Die Prinzessin öffnet die Tür. Ihr schlechtes Gewissen, elterliche Moralprinzipien und die eigene Unentschiedenheit haben die Trennung wieder rückgängig gemacht.

Moral und moralische Verpflichtung spielen in Prinzessin-Frosch-Beziehungen oft eine große Rolle. Mit Hilflosigkeit (»nimm mich mit, ich kann nicht so laufen wie du«) und moralischen Appellen (»weißt du nicht, was gestern du gesagt . . .«) läßt sich die Prinzessin-Frau vom Frosch-Mann leicht ein schlechtes Gewissen machen. Ihr eigenes kritisches Eltern-Ich verbündet sich mit ihm, und so wird dieses Vorgehen eine machtvolle Strategie, um zu erzwingen, was sich nicht von allein einstellt, nämlich Zuneigung, und rückgängig zu machen, was seinen Wünschen zuwiderläuft, nämlich ihre Distanzierung.

Wichtig ist auch zu sehen, wie der Frosch zu einem neuen Mittel greift, als die Verknüpfung »Hilfe für Liebe – Liebe für Hilfe« nicht mehr wirkt: zum Mittel des moralischen Drucks. Liebe zwischen Mann und Frau ist entweder von selber da, als Geschenk, voraussetzungs- und bedingungslos, oder sie ist nicht da. Sie läßt sich nicht mit hilfreichem Verhalten hervorlokken und schon gar nicht mit Moral erzwingen. »Du hast doch gesagt ...«; wenn dieser Vorwurf Liebe einklagen soll, lassen Sie sich bitte auf ein solches Gespräch erst gar nicht mehr ein, es *kann* nur in einem sinnlosen Hickhack enden. Liebe als moralische Verpflichtung, Liebe aus schlechtem Gewissen, das ist keine Liebe, sondern Vortäuschung falscher Tatsachen. »Furcht gibt es in der Liebe nicht«, steht im Neuen Testament, auch keine Gewissensfurcht aus Gewissenszwang. »Denn die Furcht rechnet mit Strafe, und wer sich fürchtet, dessen Liebe ist nicht vollendet« (1. Johannes 4,18).

Vergessen wollen wir dabei nicht die Not des Frosch-Mannes, aus der dieses Erzwingenwollen von Liebe mit Hilfreichsein und Moral entspringt. Er erlebt ja wieder, was er unter bitteren Schmerzen tausendfach bei seiner Mutter erlebt hat: Sie war nicht einfach da, sie war nicht für ihn verfügbar, er mußte zu immer stärkeren Mitteln greifen, um sie unter Kontrolle zu bringen und sich zu verpflichten. Dieselben Manipulationen, die er dabei gelernt hat, wendet er jetzt an, da die Geliebte sich ihm zu entziehen und er wieder in die Tiefe zu stürzen droht. Solche Manipulationen, sich dem anderen hilfreich zu zeigen, oder auch hilflos, oder ihm Schuldgefühle zu machen, sind häufig. Natürlich, für sich betrachtet, ist dies ein schlimmes Verhalten. Aber vergessen wir nicht, aus welcher existentiellen Not es geboren ist. Es ist der verzweifelte Versuch, zu erzwingen, was man nur geschenkt bekommen kann und dennoch so dringend braucht, um zu leben.

Ein hilfloser Helfer

Sie ging und öffnete die Türe, da hüpfte der Frosch herein, ihr immer auf dem Fuße nach, bis zu ihrem Stuhl. Da saß er und rief: »Heb mich herauf zu dir.« Sie zauderte, bis es endlich der König befahl. Als der Frosch erst auf dem Stuhl war, wollte er auf den Tisch, und als er da saß, sprach er: »Nun schieb mir dein goldenes Tellerlein näher, damit wir zusammen essen.« Das tat sie zwar, aber man sah wohl, daß sie's nicht gerne tat. Der Frosch ließ sich's gut schmecken, aber ihr blieb fast jeder Bissen im Halse.

Nun kommt die ganze unersättliche Bedürftigkeit des Frosches zum Vorschein, die bis jetzt hinter seinem Helferverhalten[4] verborgen war. Er läuft hinter ihr her und hängt sich an wie ein kleines Kind. Es sieht so aus, als könne er, nachdem er den weiten Weg zurückgelegt hat und die Marmortreppe hochgeklettert ist, aus eigenem nun gar nichts mehr. Er sitzt einfach da und will von ihr hochgehoben werden. Das Bedürfnis, passiv versorgt zu werden, drängt alles andere zurück. »Heb' mich herauf zu dir«: Das war ja sein Erlösungswunsch von Anfang an und die Chance, die er in dieser Beziehung gesehen hatte: hochgehoben zu werden in die lichte, strahlende Welt der Prinzessin. Wie es um die Königstochter steht, was sie fühlt, ihre Angst und Verwirrung, das allerdings fällt dem Frosch gar nicht mehr auf. Es geht nur noch um ihn.

Der Frosch-Mann sieht, wenn er mit seiner eigenen Not in Kontakt gekommen ist, die Bedürftigkeit der Prinzessin-Frau nicht mehr. Aber auch die Prinzessin-Frau nimmt ihre Gefühle nicht wirklich ernst. Sie spürt, daß sie zu all dem, was da von ihr verlangt wird, doch gar nicht in der Lage ist. Aber weil es ihr »kritisches Eltern-Ich«, ihr schlechtes Gewissen verlangt, so geht sie auf die Bedürfnisse des Frosch-Mannes, äußerlich jedenfalls, ein. Aber man sieht deutlich: Es ist ein falsches Eingehen. Es stimmt nicht, denn in Wirklichkeit ist sie überhaupt nicht bereit, das zu geben, was sie gibt.

Hier wäre eine andere Moral wichtiger als die der Prinzipien des König-Vaters, nämlich die Moral der Übereinstimmung mit sich selbst. Danach ist es unmoralisch, zu geben, was man nicht geben kann, auch wenn es der andere noch so dringlich verlangt. Beziehungen kommen dadurch nicht in Ordnung, sondern verstricken sich immer mehr, wenn einer, weil es der andere ja so dringend möchte, gibt, was nicht aus dem Herzen kommt, sondern aus schlechtem Gewissen. Wie wir in der Geschichte weiter sehen werden, vergiftet dies die Beziehung, auch wenn beide sich noch so bemühen, es gut zu machen.

Prüfen Sie doch für einen Augenblick nach: Wo habe ich mich in meiner Partnerbeziehung auf ein solches Arrangement eingelassen? Wo gleiche ich die

Passivität und die Minderwertigkeitsgefühle meines Partners mit Dauerengagement aus, weil ich meine, er könnte es anders nicht ertragen? Und ist es nicht so, daß Sie dann zwar geben und hilfreich sind, aber nur mit einem geheimen Groll im Herzen, weil Sie sich ausgebeutet, benutzt, mißbraucht fühlen? Diese Verpflichtung »aus Liebe« läßt die wahre Liebe in Ihrem Herzen mehr und mehr ersterben. Ist das nicht viel liebloser als ein klares »Nein«? Ein klares »Nein« zur rechten Zeit würde Ihre Liebe nicht töten, es würde mit Ihnen mehr übereinstimmen *und* würde eine neue Situation schaffen und damit Ihnen beiden eine neue Chance geben.

Dazu scheint aber unsere Prinzessin noch nicht in der Lage zu sein. Sie hebt den Frosch auf den Stuhl. »Als der Frosch erst auf dem Stuhl war, wollte er auf den Tisch, und als er da saß, sprach er: ›Nun schieb mir dein goldenes Tellerlein näher, damit wir zusammen essen.‹« Stuhl – Tisch – Teller: Der Frosch kann nicht genug kriegen. Seine Unersättlichkeit kommt in dieser Steigerung zum Ausdruck – die Unersättlichkeit, die viele Frosch-Männer über lange Zeit hinter ihrem starken, hilfreichen Verhalten verborgen haben. Um selbst etwas zu bekommen und auf diesem Weg wichtig zu werden, haben sie dieses Helfen als eine Art »Ersatzverhalten« entwickelt und damit ihre Bedürftigkeit verdeckt. Sie können es besonders gut, »goldene Kugeln« aus tiefem Brunnen heraufholen, und oft haben sie ihr ganzes Leben dem Helfen gewidmet, indem sie Sozialarbeiter, Pfarrer, Lehrer, Therapeuten oder ähnliches geworden sind. Dabei leisten sie natürlich auch sehr viel Gutes und Nützliches, aber der Ersatzcharakter ihres hilfreichen Verhaltens wird deutlich, wenn sie eine Partnerbeziehung eingehen. Hier, in dieser nahen Beziehung, bricht das ursprüngliche Bedürfnis, »hochgehoben« und genährt zu werden, also nach symbiotischer Nähe, mit aller Macht hervor. Die Prinzessin-Frau kennt ihn nicht wieder. »Er war doch damals, als ich ihn kennenlernte, so anders! Wie konnte ich mich nur so total in ihm täuschen?« Ja, Sie haben sich getäuscht, denn Sie haben sein hilfreiches Verhalten als Stärke gedeutet. In Wirklichkeit war es ein Ersatzverhalten, eine erlernte Überlebensstrategie, mit der er sich davor bewahrte, ins tiefe Loch seines Brunnens zu fallen. Und Sie erschienen ihm als die Möglichkeit, dieses Loch zu füllen, darum lernen Sie ihn plötzlich von einer so anderen Seite kennen!

Während er sich ganz seinem symbiotischen Bedürfnis hingibt, bleibt ihr jeder Bissen im Hals stecken. Der Frosch scheint davon nichts zu merken. Er läßt es sich schmecken. Er merkt nichts davon, weil es jetzt endlich nur mehr um ihn gehen soll. Jetzt scheint endlich die Zeit angebrochen, da er jemanden hat, der nur für ihn da ist, nur und ausschließlich für ihn. Darum merkt er immer noch nicht, mit welchem Gesicht und in welcher Körperhaltung die Königstochter neben ihm sitzt. Beide sind in sich selbst gefangen, er in seinem gierigen Schlingen, sie in ihrer Angst und ihrem Ekel. Jeder dreht sich nur noch um sich und ist nicht imstande, auf den anderen einzugehen.

Das ist die Tragik von Frosch-Prinzessin-Beziehungen. Die ähnlichen Vorerfahrungen geben dem Frosch-Mann und der Prinzessin-Frau ein tiefes

Gefühl der Seelenverwandtschaft, die tiefste Basis ihrer Beziehung. Aber ihre Bedürftigkeit und der Wunsch, vom anderen genährt und widergespiegelt zu werden, sind zu groß, daß sie nicht auf das eingehen können, was sie im Laufe der Zeit bei dem anderen immer besser verstehen lernen. Im Gegenteil, daß es beim anderen auch so ist, obwohl es so anders schien, erfüllt sie mit Verachtung, Ekel und Wut. Sie fühlen sich voneinander betrogen, vom anderen übers Ohr gehauen, und je länger die Beziehung geht, um so mehr solcher Gefühle sammeln sie an. Aber oft können sie sie auch nicht loswerden, weil sie andererseits recht gut verstehen, was beim anderen vorgeht. So entsteht manchmal eine ungeheure Spannung zwischen den beiden, die jegliche Lebendigkeit erstarren läßt oder sich in schlimmen Ausbrüchen von Wut und Verzweiflung entlädt.

Was Sex alles sein kann

Endlich sprach er: »Ich habe mich sattgegessen und bin müde; nun trag mich in dein Kämmerlein und mach dein seiden Bettlein zurecht, da wollen wir uns schlafenlegen.« Die Königstochter fing an zu weinen und fürchtete sich vor dem kalten Frosch, den sie nicht anzurühren getraute, und der nun in ihrem schönen reinen Bettlein schlafen sollte.

Sich satt zu essen, das allein genügt dem Frosch noch nicht. Essen allein macht nicht wirklich satt. Darum verlangt der Frosch immer mehr. Es ist ein untrügliches Zeichen, daß versucht wird, Bedürfnisse auf falschem Weg zu befriedigen, wenn es nie ein Ende hat, wenn es immer weitergehen muß. Suchtverhalten im Essen, Trinken, Rauchen, der Zwang zu kaufen, zwanghaftes Streben nach Erfolg im Beruf oder in der »Liebe« sind von dieser Art: Es braucht immer mehr und ist doch nie genug.

Das Bedürfnis des Frosches nach symbiotischer Verschmelzung mit der Königstochter kann durch das gemeinsame Essen am selben Tisch und vom selben Teller natürlich nicht befriedigt werden. Es drängt weiter und sucht nach intensiverer Erfahrung des Einswerdens: »Trag mich in dein Kämmerlein und mach dein seiden Bettlein zurecht, da wollen wir uns schlafenlegen.« Daß es sich bei dem, was sich hier anbahnt, nicht um eine reife sexuelle Begegnung zwischen Mann und Frau handelt, wird in der Passivität des Frosches deutlich: Er möchte, daß sie ihn trägt und ihm ihr Bettlein zurechtmacht. Sein Wunsch geht eher auf ein mütterliches Versorgtwerden denn auf sexuelle Begegnung.

In Prinzessin-Frosch-Beziehungen hat Sexualität oft diese Bedeutung. Abgesehen davon, daß im sexuellen Erleben die Bestätigung gesucht wird, ein »richtiger Mann«, eine »richtige Frau« zu sein, die Frosch-Mann und Prinzessin-Frau doch so bitter nötig haben, kommt die innige körperliche Vereinigung der sexuellen Begegnung doch am ehesten der Vorstellung von symbiotischer Verschmelzung nahe. Für einen Augenblick können sich die beiden der Illusion hingeben, jene ersehnte Ureinheit zwischen Mutter und Kind wäre nun wiederhergestellt. Da es aber natürlich nicht so ist, wird auch die sexuelle Begegnung nicht ausreichen. Darüber hinaus gibt es aber keine intensivere Vereinigung mehr, und so wird es in Prinzessin-Frosch-Beziehungen – meist für einen von beiden – unendlich wichtig, immer und immer wieder mit dem Partner zu schlafen, um der Illusion der erlösenden Verschmelzung Nahrung zu geben. – »Wenn er mich endlich dazu gebracht hat, daß ich mit ihm schlafe, dann ist er der zufriedenste Mensch!« – freilich nur für den Moment, denn was er sucht, findet er auch im Bett nicht wirklich, darum muß er es morgen und übermorgen von neuem suchen.

Sexualität ist die deutlichste Ausdrucksform des

Mann-Seins und Frau-Seins und der schöpferischen Begegnung zwischen Mann und Frau. Sie kann aber auch als Ausdruck für viele andere Gefühle und Bedürfnisse dienen, die mit reifem Mann- und Frau-Sein sowie mit Kreativität und Produktivität sehr wenig zu tun haben. Der Frosch-Mann drückt im sexuellen Bedürfnis sehr oft sein frühkindliches Bedürfnis nach symbiotischer Verschmelzung mit der Mutter aus. Dies wird, ähnlich wie in unserem Märchen, deutlich darin, daß er sich sehr passiv verhält und total auf sich bezogen bleibt, so daß die Prinzessin-Frau das Gefühl bekommt, sie sei als Geschlechtspartnerin gar nicht gefragt, sondern lediglich als – im Grunde auswechselbare – Bedürfnis-Befriedigerin. Dies erlebt sie natürlich als kränkend, weil sie aus ihrer eigenen Problematik ebenfalls den sehnlichen Wunsch hat, passiv befriedigt zu werden, und weil sie auch den starken Wunsch hat, als Frau sexuell bestätigt zu werden. Dazu ist der Frosch-Mann zu diesem Zeitpunkt aber nicht in der Lage, was dazu führt, daß die Prinzessin-Frau seinem sexuellen Verlangen mit Abwehr zu begegnen beginnt: »Die Königstochter fing an zu weinen und fürchtete sich vor dem kalten Frosch, den sie nicht anzurühren getraute, und der nun in ihrem schönen reinen Bettlein schlafen wollte.«

Das reine Bettlein soll nicht befleckt werden. Für die Prinzessin-Frau bekommt Sexualität – in diesem Zusammenhang erlebt – etwas Ekliges, Schmutziges. Darin drückt sie nicht nur ihre eigene kindliche Unreife aus, in deren Welt sexuelle Begegnung noch keinen Platz hat, sie reagiert damit auch auf die Tatsache, daß Sexualität wirklich nicht in diesen

Zusammenhang »paßt«, weil es eigentlich um ein anderes, viel »früheres« Bedürfnis geht.

In Prinzessin-Frosch-Beziehungen muß es über kurz oder lang zu schweren sexuellen Problemen kommen. Ihre Abweisung kann er leicht als Frigidität interpretieren, während bei ihm »alles normal« ist. Daraus macht er ihr einen Vorwurf, und weil sie das ganze Geschehen auch nicht versteht, zieht sie sich diesen Vorwurf an und reagiert mit Selbstvorwürfen oder Gegenangriffen, die die Selbstanklage verdekken sollen.

Damit haben die beiden »ein sexuelles Problem«, und die Handgreiflichkeit und Offensichtlichkeit dieses Problems ermöglicht es ihnen dann oft, eine Eheberatung oder eine Paartherapie in Anspruch zu nehmen. Insofern ist es gut, daß beider Konflikt sich als sexuelles Problem darstellt, sonst würden sie vielleicht die Schwelle dazu noch lange nicht überwinden. Nur darf der Berater nicht meinen, er würde bei dem Paar irgend etwas ausrichten, wenn er dessen Problemdefinition »sexuelle Schwierigkeiten wegen Frigidität der Frau« übernimmt. Bevor nicht deutlich geworden ist, in welchem tieferen Zusammenhang dieses sexuelle Problem steht und daß der angeblich »normale« Partner genauso Anteil hat an den Schwierigkeiten, indem er in der Sexualität seine symbiotischen Verschmelzungswünsche erfüllt sehen will, wird ein Veränderungsprozeß nicht in Gang kommen.

»Spiele der Erwachsenen«

Der König aber ward zornig und sprach: »Wer dir geholfen hat, als du in der Not warst, den sollst du hernach nicht verachten.« Da packte sie ihn mit zwei Fingern, trug ihn hinauf und setzte ihn in eine Ecke. Als sie aber im Bett lag, kam er gekrochen und sprach: »Ich bin müde, ich will schlafen so gut wie du: heb mich herauf, oder ich sag's deinem Vater.«
Da ward sie erst bitterböse, holte ihn herauf und warf ihn aus allen Kräften wider die Wand; »nun wirst du Ruhe haben, du garstiger Frosch.«

Wieder gibt der König-Vater eines seiner Moralprinzipien von sich, gegen die an sich nichts einzuwenden ist, die aber in dieser Situation wieder von so wenig Einfühlungsvermögen in die Not seiner Tochter zeugen, daß sich unser Eindruck von der Eltern-Beziehung der Königstochter, wie wir sie skizziert haben, nur verstärkt. Wieder wird in diesem Prinzip die unselige Verkoppelung von Hilfe und Verpflichtung zur Liebe vollzogen, und es wird wieder deutlich, wie sehr dieses Königskind von seinen Eltern-Figuren mit den wirklich wichtigen Fragen des Lebens allein gelassen ist. Die Moralprinzipien ihres

»kritischen Eltern-Ich« lassen der Prinzessin-Frau keine Alternative. Sie macht weiter und fügt sich – aber wie sie das tut, darin kommt immer deutlicher zum Ausdruck, wo sie innerlich mit dieser Beziehung steht und wieviel Wut sie bereits angesammelt hat: Sie packt den Frosch mit zwei Fingern und setzt ihn in eine Ecke ihres Zimmers.

Wir erleben ab jetzt eine der bösen Szenen, wie sie sich in Prinzessin-Frosch-Beziehungen abspielen, wenn sich die Hoffnungen vom Anfang nicht erfüllen. Er – insgesamt schwer verunsichert in seinem Mann-Sein – möchte immer wieder dem Problem beikommen, indem er mit ihr Sexualität erlebt. Sie mag ihn kaum noch anfassen, möchte ihn am liebsten in die hinterste Ecke des Schlafzimmers verbannen, oder sucht selbst das Weite, indem sie sich im Kinderzimmer zum Schlafen legt.

Natürlich muß sie sich in dieser Situation verschließen, doch macht sie das, weil sie selbst nicht versteht warum und sich innerlich zu sehr unter Druck fühlt, nicht offen, sondern indirekt und mit schlechtem Gewissen. So gibt es keinen Ausweg aus der Verstrikkung. Was sie nicht zu sagen wagt, nämlich ein klares Nein, das besorgt nun ihr Körper. Weil sie nicht nein *sagt, handelt* ihr Körper nun »nein«. Er verschließt sich, und so wird sie immer mehr zur »frigiden Frau«, die »keinen Spaß am Sex« hat.

»Als sie aber im Bett lag, kam er angekrochen und sprach: ›... heb' mich herauf, oder ich sag's deinem Vater.‹« Dies sind die nächsten Schritte des Dramas: Er kommt angekrochen oder beginnt zu drohen. Der Frosch-Mann bittet und bettelt und macht sich damit

Liebe Leserin, lieber Leser,

wir informieren Sie gerne über weitere Bücher und die Zeitschriften aus dem Kreuz Verlag. Schicken Sie einfach diese Karte ausgefüllt zurück. Übrigens: Wenn Sie gerade Zeit und Lust haben, beantworten Sie doch die nebenstehenden Fragen. Ihre Antworten würden uns helfen, unsere Arbeit effektiver zu machen und noch besser auf die Wünsche unserer Leserinnen und Leser abzustimmen.
Herzlichen Dank!
Es grüsst Sie

Ihr
Kreuz Verlag

Jürgen A. Bach

Dr. Jürgen A. Bach
Geschäftsführer

Hier meine Antworten

Diese Karte entnahm ich dem Buch

Haben Sie dieses Buch
❑ gekauft ❑ geschenkt bekommen?

Sind Sie auf dieses Buch aufmerksam geworden durch
❑ Ihren Buchhändler ❑ Empfehlung
❑ Werbung; Besprechung in ❑ Funk ❑ TV
❑ Zeitung/Zeitschrift

Wie hat Ihnen dieses Buch gefallen?
❑ sehr gut ❑ geht so ❑ gar nicht

Kannten Sie den KREUZ Verlag bereits?
❑ ja ❑ nein

Welche Themen interessieren Sie?
❑ Familie, Eltern, Kinder ❑ Selbsterfahrung, Therapie ❑ Bibel und Gemeinde
❑ Postkarten, Poster, Bildbände
❑ Kinder- und Jugendbücher ❑ Umwelt, Natur
❑ Politik, Alltag ❑ Populäre Wissenschaft
❑ Kulturelle Themen

Wo kaufen Sie Ihre Bücher?
❑ Bei meinem Buchhändler ❑ Bahnhofsbuchhandel ❑ Versandbuchhandel ❑ Kaufhaus

Wie viele Bücher kaufen Sie ungefähr pro Jahr?
❑ 1 bis 2 ❑ ca. fünf ❑ ca. zehn ❑ mehr

Interessieren Sie sich für Musik?
❑ ja ❑ nein

Interessieren Sie sich für Multimedia-Produkte? ❑ ja ❑ nein

Verraten Sie uns Ihr Alter? __________ Jahre.

für die Prinzessin-Frau als Mann noch unattraktiver. Darum braucht er als nächste Steigerung massive Drohungen: »Ich sag's deinen Eltern, was du für eine bist.« Oder: »Ich gehe zum Rechtsanwalt und reiche die Scheidung ein, dann wirst du schon sehen, wo du bleibst.« Immer mehr wird auch bei ihm die Wut spürbar darüber, daß sie sich von ihm nicht dazu drängen läßt, ihn »heraufzuheben«, daß er auch bei dieser Frau nicht die Macht hat, zu erzwingen, was ihm seine Mutter (und andere Frauen) versagt haben. Auch sie macht ihn zum Frosch, stellt ihn in die Ecke, und so will er erst recht erzwingen, was sie ihm nicht freiwillig gibt, und das Bett wird dabei zum Testfall.

An diesem Testfall erreicht unsere Geschichte ihren Höhepunkt. Nun – endlich möchte man sagen – brechen auch ihre Wut und ihr Haß auf den Frosch aus ihr heraus. Bitterböse packt sie ihn, holt ihn hoch und wirft ihn mit aller Kraft an die Wand: »Nun wirst du Ruhe haben, du garstiger Frosch.« Im Märchen bringt dieser Wutausbruch die Wende des Dramas. Wir werden sehen, warum, und werden uns damit noch eingehend beschäftigen. Vorerst befassen wir uns aber noch nicht mit dieser Wende, denn im täglichen Leben erreichen Prinzessin-Frosch-Paare oft diesen »Höhepunkt«, ohne daß es dabei zur Verwandlung kommt. Im Gegenteil: Es beginnt wieder von vorne, treibt unaufhaltsam wieder auf diesen Gipfel zu und beginnt wieder von neuem. Tätliche Auseinandersetzungen wie im Märchen sind dabei keine Seltenheit, denn die Verzweiflung darüber, daß sich nicht herstellen läßt, was man so sehr wünscht, sucht eine dramatische Entladung.

Das »An-die-Wand-geworfen-Werden« kann viele Formen annehmen, dramatische oder weniger dramatische, offene oder versteckte. Es kann ein Streit sein, der auf unerklärliche Weise immer dann entflammt, wenn die beiden gerade zu Bett gehen, und damit endet, daß sie natürlich jetzt nicht mehr mit ihm schlafen kann; oder es ist ihre Müdigkeit, die sie »zwingt«, ihn zu vertrösten. Oder sie wird so lange im Bad nicht fertig, bis er endlich eingeschlafen ist. Immer läuft es darauf hinaus, daß er sich an die Wand geklatscht fühlt, was ihn aber nicht daran hindert, es immer wieder von neuem zu versuchen, immer wieder von neuem »angekrochen« zu kommen.

Oder noch weiter im Vorfeld: Es kann sein, daß sie nie mit seinem Verhalten zufrieden ist; er kann tun, was er will, es ist immer zuviel oder zuwenig, richtig ist es nie. Und wenn er sich ganz besonders angestrengt hat, dann war es gerade falsch. Oder: Immer dann, wenn sie mit Freunden und Gästen zusammen sind, wird sie auf einmal lebendig, wie er sie sonst schon lange nicht erlebt hat, und wenn er sich einschaltet, um auch mitzumachen, erteilt sie ihm plötzlich vor den anderen eine Abfuhr, daß ihm die Ohren klingen. – Immer wieder versucht er's, immer wieder fliegt er an die Wand, immer wieder probiert er's von neuem. Aber auch sie feiert keineswegs große Triumphe. Irgend etwas ist sie zwar an ihn losgeworden, was sich in ihr aufgestaut hat, aber in ihrem Herzen wird von neuem die Verzweiflung wach, die sie damals im Wald am Brunnen gefühlt hat, als sie die Kugel verlor ...

Solche Abläufe können sich über lange Zeit immer und immer wiederholen. Meist sind sie von bemerkenswerter Gleichförmigkeit. Sie beginnen ähnlich, haben einen ähnlichen Verlauf und enden mit dem gleichen – lauten oder leiseren – Knalleffekt. Schon am Anfang scheint der Ausgang vorprogrammiert. Es ist, als ob es nach verborgenen Regeln ginge, die beide gleichwohl genau kennen und an die sie sich strikt halten. Deshalb hat man solche Abläufe »Spiele« genannt, »Spiele der Erwachsenen«[5], obwohl ihnen das Spielerisch-Lustvolle abgeht, abgesehen von einer gewissen selbstquälerischen Leidenslust, die sich manchmal darin äußert. »Immer läuft das Gleiche zwischen uns. Immer ist er am Ende verletzt, und ich hab' die Schuld . . .« So berichten sie dann.

Warum läuft es denn immer und immer wieder so? Warum muß der Frosch-Mann immer wieder an die Wand fliegen und die Prinzessin-Frau wütend, unglücklich und schuldbewußt sein? Woher der Drang, solche »Spiele« immer wieder zu spielen? Würden Frosch-Mann und Prinzessin-Frau damit aufhören, wären sie mit der Frage konfrontiert: Haben wir eine Beziehung aufgebaut, die so nicht geht? Erwarte ich vom anderen nicht viel zuviel, erwarte ich nicht, was kein Mensch mir mehr geben kann? – Und müßten sie dann nicht den anderen aus der Verpflichtung entlassen, für das eigene innere verletzte Kind zu sorgen? Und wären sie dann nicht von neuem und erst recht dem Schmerz der weinenden Prinzessin im dunklen Wald und der Depression des Frosches im tiefen Brunnen ausgeliefert? Das vermeiden sie, weil sie meinen, es täte zu weh. Spiele geben die Möglichkeit, dem anderen die Schuld zuzuschieben und damit die Illusion aufrechtzuerhalten: »Es ginge ja, wenn nur du nicht ...« Aber eine Lösung ist das natürlich nicht, und deshalb muß man es immer wieder von neuem versuchen.

Wie die Nadel der Schallplatte, die immer wieder an derselben Stelle hängenbleibt, zurückspringt und wieder hängenbleibt, so spielt das Leben das Märchen vom Froschkönig: vom Hochholen der Kugel, bis der Frosch an die Wand fliegt, und wieder von vorne.

Ich erschrecke immer wieder darüber, wie schlimm Männer und Frauen, die in dieser Prinzessin-Frosch-Dynamik gefangen sind, miteinander umgehen. Oft sind sie, für sich genommen, warmherzige Menschen, die mir sympathisch sind, ja die ich ausgesprochen mag. Wenn sie zusammen sind, sind sie wie besessen, werten sich ab, verletzen sich, traktieren sich mit sinnloser Wut, werden unersättlich und manipulativ wie der Frosch oder hart, abweisend und verächtlich wie die Königstochter. Verständlich wird dieses Verhalten erst, wenn man begreift, daß sich darin der verzweifelte Kampf ausdrückt um die bedingungslose mütterlich-väterliche Annahme, der Kampf um die Freigabe zum eigenen Mann-Sein oder Frau-Sein, der Kampf um den Segen: »Ich lasse dich nicht, du segnest mich denn!« Es ist die Sehnsucht nach diesem Segen, die sie so unerbittlich kämpfen läßt.

Doch die andauernde Wiederholung der »Spiele« ist das untrügliche Zeichen, daß dieser Kampf aussichtslos geworden ist. Der Beziehungsvertrag ist gescheitert. Der Segen ist so nicht zu bekommen. Es kommt nun alles darauf an, daß die beiden sich dieses Scheitern eingestehen. Das Eingeständnis, daß »alles verloren ist«, ist der erste Schritt, »alles zu gewinnen«.

Die Verwandlung der Königstochter

Da ward sie erst bitterböse, holte ihn herauf und warf ihn aus allen Kräften wider die Wand; »nun wirst du Ruhe haben, du garstiger Frosch.«

Dieser Ausbruch bringt im Märchen die Wende und die Verwandlung: Der Frosch wird zum Königssohn. Im Leben, haben wir gesagt, beginnt es nach dem Ausbruch meist wieder von vorne. Ist die Verwandlung also nur ein illusionärer, »märchenhafter« Schluß, ein Happy-End, das man im Blick auf das Leben ruhig wegstreichen kann? Ich denke nicht.

Das Märchen schildert die Verwandlung nicht als Prozeß, und natürlich bedient es sich nicht der Sprache psychologischer Beschreibung. Es geht alles ein bißchen plötzlich und auf einen Schlag, wie es im Leben meistens nicht geht – obwohl es auch da Schlüsselerlebnisse geben kann, durch die mit einem Mal alles anders wird, als es vorher war. Auf jeden Fall enthält aber die Bildersprache des Märchens sehr genaue Hinweise, wie es in solchen Auseinandersetzungen nicht wieder zu den endlosen Wiederholungen der »Spiele der Erwachsenen« kommen muß, sondern ein wirklicher Neubeginn möglich wird.

Wenn wir uns den Text genau ansehen, bemerken

wir, daß der Vorgang, den das Märchen schildert, sich darin von »Spielen« unterscheidet, daß er von großer Eindeutigkeit und Klarheit ist. Es gibt keine »Aber« mehr, keine Versprechen, in denen verborgene Wünsche mitgeliefert werden, keine Handlungen, die im Widerspruch zur inneren Haltung stehen. Die Königstochter hört auf, dem Schein den Vorrang zu geben vor dem, was ist. Und das in mehrfacher Hinsicht.

Sie bringt den Mut auf, »häßlich« zu sein. Bisher war sie immer nur wunderschön. Seiten, die diese Schönheit verdunkelten, Gefühle wie Angst, Trauer und Ekel, die durften nicht sein, der König reagierte darauf mit Zorn. Nun aber bricht die Wut aus ihr heraus, auch so ein häßliches Gefühl, das ihr liebes Gesicht entstellt und böse Worte auf ihre Zunge drängt: »Nun wirst du Ruhe haben, du garstiger Frosch!« Die Königstochter steht dazu. Sie verleugnet nicht mehr ihre dunklen Seiten und findet damit zu sich selbst.

Prinzessin-Frauen wie auch Frosch-Männer verhindern oft dadurch Entwicklungen, daß sie vermeiden, das schöne Bild, das sie von sich und andere von ihnen haben, durch den Ausdruck »häßlicher Gefühle« zu entstellen. Sie gestehen sich Wut und Aggression nicht zu. Natürlich werden sie trotzdem eine Menge Wut aneinander los, weil diese sich nicht mehr einfach so abstoppen läßt. Aber diese Wut wirkt destruktiv und ist eine Quelle von sinnlosem Leid, weil sie eben nur so herausbricht, wie durch ein Überdruckventil, und dann schnell wieder unterdrückt wird, weil sie ja nicht sein darf, und alles bleibt beim alten. Die Königstochter dagegen läßt die Wut zu, und sie läßt sie nicht nur verpuffen, sondern setzt sie in kraftvolles Handeln um. Dieses Handeln macht ganz klar: »Nein, so nicht mehr!« Die Wut hilft ihr, die längst fällige Abgrenzung in Tat *und* Wort zu vollziehen und damit die Lüge, die ihr Mitmachen bisher war, zu beenden.

Damit bringt die Wut die Königstochter auch dazu – und das ist das zweite –, die Gebote des König-Vaters offen zu übertreten, in denen sie bisher gefangen war. Sie wirft nicht nur den Frosch an die Wand, sie wirft damit auch das Gesetz des Vaters über Bord – dieses männlich-einseitige »Du sollst« ohne Rücksicht auf Verluste. Sie hat den Mut, häßlich zu sein, auch im Sinn von »böse«, »unmoralisch«. – In Prinzessin-Frosch-Beziehungen verhindern die Partner ihre Entwicklung auch oft dadurch, daß sie sich »unbefleckt« bewahren wollen. Der Wunsch, moralisch unantastbar zu bleiben, ist stärker als der Wunsch zu leben. Lieber quälen sie sich jahrelang, lieber täuschen sie Eltern, Verwandten, Freunden die falschen Tatsachen einer heilen Ehe vor, als einen Schritt zu tun, der gegen die Normen verstößt, wie eine Ehefrau, ein Ehemann zu sein haben.

Darin äußert sich der Wunsch, die goldene Kugel der Kindheit zu bewahren, eine makellose Welt, in der alles »stimmt«. Denn solche Gebote sind ja immer von Eltern-Instanzen, Eltern-Autoritäten gegeben. Gegen sie zu verstoßen, »böse« zu sein, das bedeutet, Vater und Mutter zu verlassen. Jetzt erst, da die Königstochter eindeutig gegen die Gebote ihres Vaters handelt, hat sie die goldene Kugel wirklich verloren. Prinzessin-Frau und Frosch-Mann ziehen es demgegenüber oft vor, »brav« zu sein, treue Söhne und

Töchter ihrer Eltern zu bleiben, und versäumen damit, Partner zu werden.

Noch ein Drittes. Die Königstochter wagt jetzt auch, andere zu verletzen. Sie verletzt den König-Vater, indem sie nicht mehr die folgsame Tochter ist, und sie verletzt den Frosch, sehr handgreiflich, indem sie ihn an die Wand wirft und indem sie sich damit seinen Wünschen versagt. – Wir haben darüber gesprochen, wie wichtig es für die Eltern der Prinzessin-Frau und des Frosch-Mannes war, daß ihr Kind ihrem Bild eines »braven Kindes« entsprach, damit sie sich sagen konnten, sie seien gute Eltern. Prinzessin-Frau und Frosch-Mann übertragen das später auf andere »Autoritäten« wie Lehrer, Pfarrer, Freunde und glauben, daß es für deren Wohlergehen genauso wichtig ist, dieses makellose Bild des »braven Kindes« zu erhalten. Davon hängt ja ihrer Vorstellung nach auch ab, daß sie deren Zuwendung bekommen. Durch den Vorwurf: »Das hätte ich nicht von dir gedacht!« würde ihnen das Bewußtsein entzogen, liebenswert zu sein. Darum vermeiden sie es, bei Eltern, Pfarrern, Partnern usw. das Bild zu zerstören, das diese von ihnen haben, wie Kinder, die den Liebesverlust der Mutter befürchten, wenn sie sie verletzen – oft genug haben sie dies ja auch tatsächlich erlebt. Die Königstochter im Märchen wird von ihrer Wut den Weg geführt, es zu riskieren, Schmerz zuzufügen und »Liebe« zu verlieren. Damit mutet sie dem Frosch und dem König-Vater zu, mit ihren Bedürfnissen allein zu bleiben. Sie läßt sich nicht durch die Frage bremsen, ob die das wohl aushalten werden. Sie denkt – endlich – auch an sich und bringt ihre eigenen Bedürfnisse kraftvoll zur

Geltung. Dies wird oft nicht möglich sein, ohne wie sie bitter, böse und häßlich zu werden ...

Wie sich herausstellt, hilft sie nicht dadurch dem Frosch, sich zu verwandeln, daß sie seine Wünsche erfüllt, sondern dadurch, daß sie sie ihm versagt.

Das Märchen zeigt damit: Noch bevor der Frosch sich verwandelt, hat die Königstochter einen Wandlungsprozeß durchgemacht. Sie hat sich aus dem Bann des elterlichen Auftrags, für das Wohlergehen des Königs »brav« und »schön« zu sein, gelöst. Sie hat ihr Prinzessin-Sein abgestreift, ihre Kleider, ihre Perlen und Edelsteine und ihre goldene Krone, die sie schon am Anfang loswerden wollte. Indem sie zu ihren eigenen dunklen Seiten fand, zu ihrer Wut, zu ihrem »Egoismus«, hat sie die Maske abgelegt und ist ein Stück mehr Mensch geworden. Sie hat dazu den Frosch nicht als Retter gebraucht, wie sie anfangs meinte, wohl aber »mußte« er ihr zur Herausforderung werden, um herauszufinden, daß sie auch anders als lieb und strahlend ist, und um die Kraft zu finden, die einseitige Vorherrschaft des väterlich-männlichen Prinzips zu durchbrechen und damit zu sich als Frau zu finden. Anders, als sie dachte und ahnen konnte, hat damit der Frosch zu ihrer »Rettung« beigetragen!

Die Verwandlung des Frosches

Als er aber herabfiel, war er kein Frosch, sondern ein Königssohn mit schönen freundlichen Augen. Der war nun nach ihres Vaters Willen ihr lieber Geselle und Gemahl. Da erzählte er ihr, er wäre von einer bösen Hexe verwünscht worden, und niemand hätte ihn aus dem Brunnen erlösen können als sie allein, und morgen wollten sie zusammen in sein Reich gehen.

Die Auseinandersetzung mit dem Frosch fordert die Königstochter zu einem entscheidenden Entwicklungsschritt heraus. Und was passiert nun mit ihm? Er muß den Schmerz der Distanzierung erleiden, den sie ihm zufügt, indem sie ihn an die Wand wirft. Und nun »fällt er herab«. Die Enttäuschung all seiner symbiotischen Verschmelzungswünsche scheint mir in diesem Herabfallen symbolisiert, das Zerrinnen aller Illusionen von gegenseitiger Erlösung. Er ist nicht der große Helfer, der die weinende Prinzessin retten kann, und sie ist nicht die strahlende Lichtgestalt, in der er aufgehen könnte. Dieser Beziehungsvertrag enthält ja auch ein erhebliches Maß an Größenvorstellungen, die mit diesem Herabfallen in sich zusammenfallen.

Es kommt nun alles darauf an, *wie* der Frosch von der Wand »herabfällt«. Daran entscheidet sich, ob er sich dabei zum Königssohn verwandelt.

- Der Frosch kann sich wieder in den tiefen Brunnen fallen lassen, bitter, grollend und ressentimentgeladen. Er kann auf die nächste Prinzessin warten, die ihre Kugel verliert und ihm wieder alles verspricht. Dann wird das Ganze wieder von vorne beginnen.
- Er kann sich bei diesem Zurückfallen in den Brunnen auch in ein reißendes Untier verwandeln, das seine Lebensaufgabe künftig darin sieht, der Königstochter das Leben schwerzumachen: mit Morddrohungen, gerichtlichen Auseinandersetzungen, ewigen Streitereien. So nimmt er Rache für die angetane Verletzung. Gemeinsame Kinder müssen dabei oft dafür herhalten, daß der Frosch-Mann den eigenen Schmerz nicht selber fühlt, sondern diesen auf sie projizieren kann. Ihr »Wohl« liefert ihm dann die Begründung für seinen Rachefeldzug ...
- Oder er kann sich noch tiefer in den Brunnen fallen lassen, auf Nimmerwiedersehen: Er kann sich umbringen. Jeder, der in einer solchen Situation war, weiß, wie nahe der Gedanke an Selbstmord liegt. Und er weiß auch, was dieser Selbstmord bedeuten würde: Es wäre der unsinnige Versuch, den Partner doch noch zu zwingen, sich – wenn nicht mit Liebe, so doch in Form von Selbstvorwürfen – mit ihm zu beschäftigen, nach dem Motto: »Wenn sie mir das schon antut, soll es ihr wenigstens ewig leid tun!« In Wirklichkeit wäre dieser Selbstmord freilich nur die endgültige Kapitulation vor dem Hexenfluch, ein Frosch zu sein.

Alle drei Möglichkeiten »herabzufallen« bringen keine Wandlung. Der Frosch-Mann bleibt Frosch, er hält an seinem Beziehungsvertrag und an seinem alten Beziehungskonzept fest, und die Schuld, daß daraus nichts geworden ist, schiebt er der Partnerin in die Schuhe. Damit bringt er die Prinzessin-Frau in die schwierige Lage, den angefangenen Entwicklungsweg allein weitergehen und mit ihren Schuldgefühlen und Verletzungen, die sein Handeln in ihr zurückläßt, allein fertig werden zu müssen. So geht es häufig, wenn die Partner keine gemeinsame Hilfe bekommen, zum Beispiel eine Beratung als Paar. Einer der beiden vollzieht die Entwicklungsschritte des anderen nicht nach und »hängt ab«. Dadurch kann so viel Leid entstehen, so viel Zerstörung zurückbleiben, daß man wünscht, das Ganze hätte doch lieber gar nie begonnen.

Gott sei Dank gibt es noch eine vierte Möglichkeit. Der Frosch kann auch herabfallen im Sinn von: die Enttäuschung annehmen als Ent-Täuschung, als Befreiung von einer großen Täuschung. Dies wird am meisten wehtun – und wird ihm die Verwandlung zum Königssohn einbringen. Das Schmerzliche der Ent-Täuschung besteht darin, zu realisieren, daß es nicht an dieser einen Frau liegt, sondern daß es grundsätzlich unmöglich und nicht zu erzwingen ist, die bedingungslose Zuwendung zu bekommen, die in der Kindheit ausgeblieben ist. Es ist schmerzhaft, von etwas zu lassen, wonach man so große Sehnsucht hat. Es ist schmerzhaft, damit auch zuzugeben: »Ja, es gibt Seiten an meiner Mutter, da war sie – aus eigener Not und eigenem Unvermögen – eine böse Hexe, die mich verwünscht und zum Frosch verzaubert hat. Den Segen, den ich von ihr gebraucht hätte, um ins Leben hineinzugehen, den hat sie nicht gesprochen und wird ihn auch nie mehr sprechen.« Trauer und Wut wird der Frosch-Mann darüber empfinden – in echtem Mitgefühl mit sich selbst. Indem er das zuläßt, wird er anfangen, die Prinzessin-Frau aus der Verpflichtung zu entlassen, für das verletzte Kind in ihm zu sorgen: Er hat angefangen, es selbst zu tun.

In diesem Prozeß des Herabfallens beginnt er – paradoxerweise – erst wirklich aus der Tiefe des Brunnens zu steigen, weil er sich damit aus der Umklammerung des Mütterlich-Hexenhaften löst: In der Prinzessin-Frau, die er losläßt, läßt er auch seine Mutter los und gesteht sich ein: »Ich kann nicht erzwingen, was du mir nicht freiwillig gegeben hast.« Wie die Prinzessin-Frau aus der einseitigen Herrschaft des Väterlichen löst er sich damit aus der einseitigen Herrschaft des Mütterlichen. Damit wird der Weg zu sich selbst als Mann frei: »Als er herabfiel, war er kein Frosch, sondern ein Königssohn mit schönen, freundlichen Augen.«

Der Frosch-Mann erfährt im Schmerz des Herabfallens sehr bald auch die Befreiung dieser Ent-Täuschung. Ein Beziehungsvertrag auf wechselseitige Erlösung ist ja auch eine ungeheure Überforderung! Er übersteigt in seinem Anspruch das menschliche Maß und führt dazu, daß Frösche nicht zu Prinzen, viel eher Prinzen zu Fröschen werden. »Der Mensch ist weder Engel noch Tier. Und das Unglück will es, daß, wer aus ihm einen Engel machen will, ein Tier aus ihm macht.«[6] Das Annehmen der Enttäuschung ist ein

Wiederfinden des menschlichen Maßes, und darin liegt die befreiende Wirkung.

Der Frosch wird zum Königssohn: Der Frosch-Mann erfährt, wenn er losläßt und die Distanzierung annimmt, daß er kein armer Frosch ist, angewiesen auf Stuhl, Tisch, Tellerlein und Bett der Königstochter. Er merkt, daß er bei all den Kämpfen der Vergangenheit auch eine Menge Stehvermögen und Selbstachtung gewonnen hat, und sei es auch über den Weg: »So laß ich nicht mehr mit mir umgehen!« Er entdeckt, daß er gar nicht so unselbständig ist, daß er »gekrochen« kommen müßte; daß es viele Dinge gibt, die man auch ohne Prinzessin machen kann, zum Beispiel mit Männern Freundschaft schließen, was er bisher in seiner Fixierung auf erlösende Prinzessinnen vollkommen ausgeklammert hat, oder ganz allein für sich sein, es sich gut gehen lassen in seinem eigenen »Reich«, was er bisher immer nur mit »traurig im tiefen Brunnen sitzen« gleichgesetzt hat.

Frosch-Prinzessin-Beziehungen haben auch den Aspekt, daß sie den Mann in seinem Frosch-Sein festhalten und er in einer eigenartigen Leidenslust förmlich darum kämpft, ein Frosch bleiben zu müssen. Frosch-Männer brauchen oft tatsächlich eine harte Abgrenzung durch die Prinzessin-Frau, damit sie ihren eigenen Adel entdecken. Manchmal kommt mir in der Arbeit mit ihnen ein anderer Vergleich aus der Tierwelt. Sie sind wie Falter, die immer und immer wieder in die helle Flamme der Kerze fliegen und sich da fürchterlich verbrennen und trotzdem immer wieder hin »müssen«. Man muß ihnen die Kerze wegnehmen, damit sie entdecken, daß sie schöne Falter sind, die es nicht nötig haben, immer nur in dieses eine Licht zu fliegen, wo es weh tut.

Malen wir uns aus, was geworden wäre, wenn die Königstochter nicht so hart gewesen wäre. Ihre Härte war nötig, um ihm weiterzuhelfen. – Es ist ein wichtiges Ziel für Paare, konstruktive Härte gegeneinander zu lernen: sich abgrenzen, sich dem anderen zumuten, den anderen herausfordern. Was Frosch-Männer und Prinzessin-Frauen oft voneinander wollen, ist Verwöhnung, die nicht voranbringt, sondern nur die alten Verhaltens-, Fühl- und Denkmuster bestätigt.

Der Frosch erlebt seine Verwandlung in einem sehr schmerzvollen Prozeß. Darum möchte ich hier noch ein Wort zum Leiden sagen. Meiner Erfahrung nach gibt es zwei grundlegend verschiedene Arten des Leidens, ein selbstquälerisches und ein »heilbringendes«. Selbstquälerisch ist das Leid des Frosch-Mannes, der an die Wand fliegt, herunterfällt, wieder zu ihr ins Bett kriecht und wieder an die Wand fliegt. Selbstquälerisch ist auch das Leid der Prinzessin-Frau, wenn sie ihre Kugel verliert und sie unbedingt wieder haben will; oder das Leid, das sie empfindet, wenn sie gegen ihre Gefühle den Frosch mit ins Bett nimmt. Selbstquälerisch ist dieses Leid, weil es daraus entsteht, daß man meint, etwas festhalten zu müssen, dessen Loslassen ansteht. Leid dagegen, das durch Loslassen entsteht, das Leid der mitvollzogenen Ent-Täuschung, das Ja zur Wirklichkeit, wie man sie nicht wünscht und die man dennoch annimmt, dies ist »heilbringendes« Leid. Lebensprozesse sind Entwicklungsprozesse, und Entwicklung kann nur dort geschehen, wo eine bestimmte Form zerbricht oder aufgegeben wird, um auf einer höheren Ebene eine neue zu finden. Es gibt also keine Entwicklung ohne Trennung, Abschied, Loslassen; und das ist sehr oft mit Leid verbunden.

Viele, die Therapie machen, weil sie leiden, kennen den Unterschied zwischen den beiden Arten zu leiden nicht. Sie wollen verständlicherweise von ihrem Leid befreit werden und sperren sich deshalb oft auch gegen das Erleiden des Loslassens und der Ent-Täuschung. Damit aber vermeiden sie auch, zu reifen und »heil« zu werden. Es gibt eine unausgesprochene Ideologie, daß Paarbeziehungen nur dann in Ordnung sind, wenn die Partner sich pausenlos Freude machen und »Spaß« miteinander haben. Solche Beziehungen aber bleiben oberflächlich und werden bald ereignislos. Auch eine Paarbeziehung kann nur reifen, wenn die Partner lernen, Abschied zu nehmen und loszulassen, immer wieder, auch voneinander, von Lieblings- und Idealvorstellungen, Wünschen aneinander und eingespielten Gewohnheiten. Immer wieder müssen wir sterben, um zu neuem Leben zu erstehen, immer wieder müssen wir den Weg zum Kreuz und durch den Tod hindurch nachvollziehen, um zur »Auferstehung« zu gelangen.

Auf diesem Weg werden die großen bedürftigen Augen des Frosches, die immer nur haben wollen, zu den »schönen freundlichen Augen« des Königssohns. Indem der Frosch-Mann seine Illusionen und Täuschungen sterben läßt, verwandelt sich seine Bedürftigkeit in die Fähigkeit zu lieben. Der hungrige Blick wird zum wohlwollenden Blick, der auf dem anderen ruht, nicht weil er etwas von ihm haben will, sondern weil er sich an ihm freut.

Psychologische Scheidung

Als er aber herabfiel, war er kein Frosch, sondern ein Königssohn mit schönen, freundlichen Augen.« – Da steht er nun, verwandelt, der Königstochter ein gleichwertiges Gegenüber. Und was nun? Im Märchen sind sie gleich wieder ein Paar. So schnell geht es im Leben meistens nicht – oder sollte es wenigstens nicht gehen. Die beiden sind auf Distanz gegangen, sie haben beide ihre symbiotischen Erlösungsvorstellungen von Beziehungen aufgegeben und nacheinander ihren ursprünglichen Beziehungsvertrag aufgelöst. »Psychologische Scheidung« nenne ich diesen Prozeß, der sich in der Paartherapie oft unter vielen Schmerzen – »mit Heulen und Zähneknirschen« – vollzieht.

Als Hilfestellung dabei gebe ich Partnern, die in ihrem Prozeß an diese Stelle gekommen sind, manchmal eine Art Ritual. Ich fordere sie auf, einander gegenüberzutreten, sich in die Augen zu schauen und sich nacheinander zu sagen:

»... (Name), ich entlasse dich aus der Verantwortung, für das verletzte Kind in mir zu sorgen. Ich übernehme selbst die Verantwortung dafür. Wenn du von dir aus etwas für das verletzte Kind in mir tun willst, werde ich dafür offen sein.«

Wenn sich die Partner diese Worte gesagt haben, gehen sie, ohne weiter darüber zu sprechen, auseinander und verbringen die nächsten Stunden für sich allein. Was hier besonders betont wird, ist die Distanz. Und was wird nun aus der Beziehung?

Es ist schwer, die Situation der psychologischen Scheidung auszuhalten. Es liegt nahe, entweder das alte Spiel von vorne zu beginnen oder einfach auseinanderzulaufen – und das alte Spiel mit neuen Partnern zu wiederholen. Beides ist einfacher. Oder, wenn es geschieht, kann es auch ein Zeichen sein, daß Verwandlung noch nicht an der Zeit war, daß der Vorgang noch das eine oder andere Mal wiederholt werden muß, bis die Königstochter den Frosch wirklich an die Wand wirft und der Frosch wirklich herabfällt.

Wenn wir solche Kreisläufe immer und immer wiederholen, sind wir nicht unbedingt und ausschließlich im Mythos des Sisyphus gefangen, in der sinnlosen Wiederkehr des ewig Gleichen. Sehr oft vollzieht sich in diesen immer neuen »Runden« doch ein unmerkliches Voran, gleichsam in einer Spiralbewegung, in der die Linie zwar immer wieder an die gleiche Stelle zurückkehrt, aber eben doch ein Stück »weiter vorne«. Es kann sein, daß diese Spiralbewegung in einer Entwicklung oft und oft vollzogen werden muß, bis der »Sprung« zu einer neuen Form möglich wird. So kann es sein, daß der Therapeut mit seinem Paar, nachdem schon alles gewonnen schien, wieder – scheinbar – von vorne beginnen muß. Die eigene Partner-Erfahrung hat ihn hoffentlich so weise und geduldig gemacht, es zu tun.

Die Schwierigkeit, die Situation der psychologischen Scheidung auszuhalten, besteht darin, daß beide nicht wissen, worin ihre Beziehung noch besteht, nachdem der alte Beziehungsvertrag aufgelöst ist. Sie stehen einander zwar in einer neuen Grundhaltung gegenüber, in einer Haltung gegenseitiger Achtung und Anerkennung (»Ich bin okay – und du bist okay!«). Aber was sie darüber hinaus noch verbindet, ist unklar, zumal sehr vieles, was sie verbunden hat, als symbiotische Fessel deutlich geworden ist.

Es kann sein, daß sie entdecken, daß sich die Beziehung darin erschöpft hat und daß ihr Sinn darin bestand, gemeinsam dieses Stück Weg zu gehen und an diese Stelle zu kommen. Immerhin ist dabei aus einem Frosch ein Königssohn und aus einem Prinzeßchen eine erwachsene Königstochter geworden. So werden sie vielleicht einander »Adieu« sagen und ihrer Wege gehen – traurig und dankbar. Dies kann freilich im konkreten Fall immer noch recht schwierig werden, vor allem wenn gemeinsame Kinder da sind und eine bleibende Verbindung als Eltern damit bestehen bleibt. Außerdem steckt bei Trennungen, auch wenn sie noch so stimmen, an der Zeit sind und beidseitig akzeptiert werden, der Teufel im Detail: Beim Aufteilen des Bestecks, der Möbel und Finanzen muß der schmerzliche Weg des Frosches und der Prinzessin noch mehrmals gegangen werden, bevor die beiden sich in Frieden ziehen lassen.

Eine äußere Trennung und eine auch juristische Scheidung können die richtige Konsequenz aus der psychologischen Scheidung sein. Ich neige aber je länger je mehr dazu, die Paare zu ermutigen, sich mit diesem Schritt Zeit zu lassen. Sehr oft stellt sich heraus, daß damit doch nur die schwer aushaltbare Spannung der Distanz zwischen ihnen aufgehoben werden soll. Und das ist das Wichtigste, was beide lernen müssen: sich als Königssohn und Königstochter gegenüberzustehen, noch bevor sie »miteinander einschlafen« und am anderen Morgen »in sein Reich ziehen«, wie das Märchen so verheißungsvoll weiter erzählt. Sich als Königssohn und Königstochter gegenüberzustehen heißt: sich als zwei getrennte, eigenständige, ganze Personen verstehen zu lernen. In der Skizzierung des »Frau-Werdens« bei der Königstochter, indem sie die einseitige Bindung an das männliche Prinzip überwindet, und des »Mann-Werdens« beim Königssohn in der Überwindung des Festhaltenden-Hexenhaften habe ich angedeutet, was das für die individuelle Reifung jedes einzelnen bedeutet. Für ihre Beziehung bedeutet es meist, daß viele konkrete Regelungen im Sinn von größerer Autonomie, Distanz und Eigenständigkeit neu ausgehandelt werden müssen.

Wir nennen das in der Paartherapie: Die beiden schreiben einen vorläufigen »neuen Beziehungsvertrag«. Er bezieht sich auf alle konkreten Lebensbereiche: Zimmer, Betten, Geld, Kinder, Aufgabenverteilung, individuelle Freunde usw. Ich erlebe dabei immer wieder meine blauen Wunder, was es an symbiotischer Verschmelzung in Paarbeziehungen so alles gibt. Auch hier steckt der Teufel im Detail, oder besser: Jede einzelne dieser Neuregelungen ist ein neuer Abschied. Mit jeder neuen Vereinbarung wird der Wandlungsprozeß vom Frosch zum Königssohn und vom Prinzeßchen zur Königstochter von neuem schmerzlich, aber auch tiefer vollzogen. Viele Wunschträume, so stellen die beiden selbst erst jetzt mit Überraschung fest, hingen am gemeinsamen Schlafzimmer, am französischen Bett, an der grundsätzlich gemeinsam verbrachten Freizeit und an den grundsätzlich miteinander geteilten Freunden. Noch öfter muß also die Königstochter an den Brunnen, um ihre Kugel wieder zu verlieren, und der Frosch von der Wand herabfallen, bis sich die beiden wirklich als Königssohn und Königstochter gegenüberstehen.

Im Märchen sagt der Königssohn nach seiner Verwandlung zur Königstochter, niemand hätte ihn aus dem Brunnen erlösen können als sie allein. Nun haben sie solches Leid miteinander erfahren, und vieles, was sie jetzt miteinander tun, tut so weh – wie paßt da dieser Satz in den Zusammenhang? Hat sich nicht herausgestellt, daß diese ganze Beziehungs-Erlösungs-Phantasie eine Illusion war? Haben wir nicht immer wieder betont, daß sich Menschen nicht gegenseitig erlösen können? Wäre nicht von vornherein alles ganz anders, viel besser gelaufen, wenn sie sich gar nicht begegnet wären? Vielleicht. Und trotzdem – anders als sie dachten, anders als sie es sich in den Kopf gesetzt hatten, stimmt dieser Satz, und zwar, wie wir gesehen haben, für beide. In einem anderen Sinn, als sie es wollten, sind sie sich »zur Erlösung« geworden.

Weil sie die Kugel verlorengehen ließ, ist er aus dem Brunnen gestiegen, weil er aus dem Brunnen gestiegen ist und ihr half, hat sie sich auf die Beziehung eingelassen, weil er ihre Beziehungsversprechungen einklagte, hat sie sich zu wehren begonnen und ihn an die Wand geworfen. Damit wiederum hat sie ihm ermöglicht, das Gebäude seiner Illusionen einstürzen zu lassen, und wie wir noch sehen werden, wird dieser Prozeß weitergehen: Seine neugewonnene Selbständigkeit, seine Autonomie wird ihr wiederum die nächsten Schritte der Entwicklung ermöglichen.

»Mußten« sich die beiden also nicht begegnen? Mußten sie diesen Weg nicht miteinander erleiden? Wäre er nicht immer noch der Frosch im tiefen Brunnen und sie die hilflos weinende Prinzessin am Rande des Waldes, wenn sie sich nicht begegnet wären? Anders als beide es wollten, ist nun doch geschehen, was beide im Grund ihres Herzens angestrebt haben. Eines war allerdings von ihrer Seite dafür erforderlich: Nicht daß sie alles »richtig« machten – mein Gott, wieviel haben sie »falsch« gemacht! Aber notwendig war, daß sie nicht haltgemacht haben, daß sie immer weiter-, daß sie hindurchgegangen sind.

Neubeginn

Dann schliefen sie ein, und am andern Morgen, als die Sonne sie aufweckte, kam ein Wagen herangefahren, mit acht weißen Pferden bespannt, die hatten weiße Straußfedern auf dem Kopf und gingen in goldenen Ketten, und hinten stand der Diener des jungen Königs, das war der treue Heinrich. Der treue Heinrich hatte sich so betrübt, als sein Herr war in einen Frosch verwandelt worden, daß er drei eiserne Bande hatte um sein Herz legen lassen, damit es ihm nicht vor Weh und Traurigkeit zerspränge. Der Wagen aber sollte den jungen König in sein Reich abholen.

Die psychologische Scheidung und das »Auseinanderdividieren« der verschiedenen Lebensbereiche bringt für die Partner bei aller Angst und Verunsicherung einen ständigen Reifungsprozeß in Richtung größerer Autonomie. Damit entstehen die Voraussetzungen zu neuer Begegnung, die vorher nicht gelingen konnte. Das Märchen drückt dies aus, indem es nun wie selbstverständlich fortfährt: »Dann schliefen sie ein ...«

Wir können darin die sexuelle Begegnung angedeutet sehen, die jetzt möglich wird. Der Königssohn braucht nicht mehr als bettelnder Frosch hinter der Königstochter herzulaufen. In seiner neu gewonnenen Männlichkeit muß er den Blick nicht mehr bedürftig an sie heften. In seinen »schönen freundlichen Augen« kann sie sich nun als Frau bestätigt finden. Damit ermöglicht er ihr, sich jetzt auch erotisch-sexuell auf ihn einzulassen und ihre »Frigidität« zu überwinden.

Sie »schlafen miteinander«: Über die sexuelle Bedeutung hinaus kommt darin eine Nähe, Vertrautheit und Selbstverständlichkeit zum Ausdruck, die vorher, als sie der Frosch erzwingen wollte, nicht entstehen konnte. Jetzt, da jeder der beiden die Verantwortung für sich selbst übernommen hat, brauchen sie nicht mehr zu kämpfen. Es wird ihnen geschenkt: Sie tauchen in die Tiefe des gemeinsamen Schlafes ein, der sich wie der Lohn für die ausgestandenen Mühen über sie senkt und in dem sie einem neuen Morgen entgegenschlummern dürfen.

Dieser Morgen bricht an und mit ihm ein neuer Anfang. Wieder ist von der Sonne die Rede, wie am Anfang des Märchens. Aber sie blickt nun nicht mehr auf ein kleines, unreifes Mädchen, sondern auf eine erwachsene Frau und einen erwachsenen Mann. Diesen Reifungsprozeß betont das Märchen, indem es den achtspännigen Wagen mit dem treuen Heinrich herbeieilen läßt, um König und Königin in ihr Reich abzuholen: Der Bann ist gebrochen, die Kräfte, von denen der Frosch-Mann abgeschnitten war, »kommen nach«: Die acht mit weißen Straußenfedern geschmückten und in goldenes Zaumzeug gelegten Pferde sind ein schönes Bild für seine ihm zuwachsende geistgebändigte Vitalität und Männlichkeit. Der treue

Diener Heinrich mit dem gebrochenen und gefesselten Herzen steht für die im Brunnen, im weiblich-mütterlichen Bereich, gebannte Liebeskraft des Königs. Er eilt herbei und kümmert sich um ihn und symbolisiert damit, wie diese Liebe sich nun dem Königssohn selber zuwendet und dieser lernt, statt sich als Helfer nur um andere zu sorgen, sich liebevoll um sich selber zu kümmern und sich in einer reifen Partnerbeziehung selber zu schenken. Es ist, als ob diese positiven Kräfte die ganze Zeit »in Treue« nur gewartet hätten, bis sie Gelegenheit bekamen, herbeizueilen. Es ist alles da, was wir zum Leben und Lieben brauchen, auch wenn wir es jahrelang blockiert haben. Wenn wir uns dafür öffnen, eilen sie herbei . . .

Dies ist der Grund, warum ich in meiner Arbeit dazu neige, das Paar möglichst lange daran zu hindern, die psychologische Scheidung durch eine schnelle Trennung oder eine schnelle »Versöhnung« zu beenden. Denn im Durchleben und Durchleiden dieser Zeit werden alte/neue Kräfte in ihnen lebendig, und damit verwandeln sich auch die alten Beziehungsmuster in neue Begegnungsmöglichkeiten miteinander.

Im Märchen kommt dies darin zum Ausdruck, daß die Initiative in der Beziehung nun auf die Seite des jungen Königs wechselt. Er ist nicht mehr der passive Frosch, der hinterherläuft und hochgehoben werden will. Er ist nicht mehr der Königs-*Sohn,* sondern wird zum »jungen König«. Er braucht sich darum nicht länger mehr im Schloß der Königstochter aufzuhalten, in ihrer Kindheits-Welt. Im eigenen Wagen, mit eigenen Pferden fährt er sie in das Reich, das nun ihr Reich sein wird, nicht mehr das von Vätern und Müttern, in dem sie Söhne und Töchter sind. Damit hat der junge König nun eine ähnlich führende Rolle übernommen, wie sie die Königstochter in der Phase ihrer dramatischen Auseinandersetzung innehatte. Wie sie ihn zur Verwandlung »zwang«, so fordert nun er sie zu ihrem nächsten Entwicklungsschritt heraus: Er führt sie aus dem väterlichen Schloß und veranlaßt sie damit zu ihrem endgültigen Abschied von zu Hause, zum entscheidenden Schritt von der Prinzessin zur Königin, von der Tochter zur Frau.

Reifere Formen der Partnerschaft zeichnen sich dadurch aus, daß Mann und Frau in den verschiedenen Rollen wechseln können: Nicht immer nur einer führt und der andere folgt, sondern die Führung wechselt. Beide können führen und beide können der Führung des anderen folgen. Wenn eingefahrene Bahnen in dieser Weise verlassen und einseitig festgelegte Positionen aufgegeben werden, bringt dies manchmal eine Menge Unsicherheit in die Beziehung. Es kann ganz schön schwierig werden für die Frau, die immer zu sagen hatte, wo's langgeht, wenn er nun plötzlich seinen Achtspänner vorfährt, auch wenn sie sich das im tiefsten ihres Herzens immer gewünscht hatte, denn so kennt sie ihn noch gar nicht, und alles Unbekannte macht uns angst. Aber die Kehrseite dieser Unsicherheit ist die neue Lebendigkeit und Vitalität, die in solche Partnerschaften einzuströmen beginnt, die sich auf das wechselnde Spiel ihrer eigenständigen Kräfte einlassen. Wenn man getrennt ist, kann man sich auch begegnen. Wenn man sich selbst besitzt, kann man sich auch schenken.

Noch einen anderen Aspekt der Beziehung zeigt

das Märchen: Nicht nur eine neue Ebene der Begegnung *miteinander* wird möglich, nicht nur eine tiefere wechselseitige Hingabe *aneinander*, sondern auch die gemeinsame Hinwendung zu einer Aufgabe: Die beiden fahren in das Reich, um als König und Königin hier die Regierung zu übernehmen. Darin ist die gemeinsame Aufgabe dargestellt, der sich beide nun zuwenden können. Vorher waren sie so auf ihre Beziehung fixiert, sie kostete so viel Energie, daß für nichts anderes Platz war. Sie konnten nicht »fruchtbar« werden in einem Dritten, das aus ihrer beider Beziehung heraus gewachsen wäre. Deshalb mußte diese sich auch bezeichnenderweise im elterlichen Schloß abspielen. Nun aber werden sie ihr eigenes Reich haben, hier wird Platz sein für gemeinsame Kinder, gemeinsame Unternehmungen, gemeinsames politisches Engagement, eine gemeinsame berufliche Aufgabe, oder was immer es sein mag. Die Beziehung setzt ihre kreativen und produktiven Kräfte frei.

An dieser Stelle droht für manche Paare eine Gefahr: daß sie sich nicht nach vorne und nach außen wenden, um in einem Dritten fruchtbar zu werden, weil sie meinen, es sei zu spät dazu. Freilich kann es sein, daß beiden aufgeht: »Jetzt, an dieser Stelle, so wie wir jetzt zueinander stehen, wäre es schön, ein Kind miteinander zu haben, jetzt wäre Platz dafür in unserer Beziehung – aber dazu ist es zu spät.« An dieser einen Möglichkeit, für die es vielleicht wirklich zu spät ist, bleiben sie hängen und trauern ihr nach. Was hier ansteht, ist ein neuer Schritt des Abschieds und des Loslassens, aber nicht, um sich resigniert zurückzuziehen, sondern um Platz zu schaffen für andere Ziele, andere Aufgaben und Projekte, in denen sie fruchtbar werden können.

Durch ihren Trennungsprozeß hindurch finden die beiden wieder zu neuen Formen der Gemeinschaft und Gemeinsamkeit. Ist dies nicht wieder nur eine Form der Symbiose, aus der sie sich doch eben unter vielen Schmerzen herausgerungen haben?

Ja und nein. Ja, denn in der Hingabe aneinander und in der gemeinsamen Hingabe an ein Werk verschmelzen sie gewissermaßen wieder zu einer Einheit – und entsprechen damit ihrer Ursehnsucht nach ungeschiedener Ganzheit. Auch werden sie in vielen Dingen des täglichen Lebens die Aufgaben so verteilen, daß nicht jeder alles macht, sondern der eine wird bald mehr jenen, der andere mehr diesen Bereich wahrnehmen. Sie werden sich ergänzen und insofern auch aufeinander angewiesen sein. Und doch – es ist eine andere Symbiose, nicht mehr eine von der Art »ein Stuhl, ein Tisch, ein Teller, ein Bett«, sondern eine, die durch den Prozeß der Trennung hindurchgegangen ist und Eigenständigkeit, Verschiedenheit, Mann-Sein und Frau-Sein, »ich« und »du« in sich vereinigt, so wie es der folgende schöne Text von Kahlil Gibran zum Ausdruck bringt:

»Vereint seid ihr geboren
und vereint sollt ihr bleiben immerdar.
Doch lasset Raum zwischen eurem Beinandersein,
Und lasset Wind und Himmel tanzen zwischen euch.
Liebet einander,
doch macht die Liebe nicht zur Fessel:

Schaffet eher daraus ein webendes Meer
zwischen den Ufern eurer Seelen.
Füllet einander den Kelch,
doch trinket nicht aus *einem* Kelche.
Gebet einander von eurem Brote,
doch esset nicht vom gleichen Laibe.
Singet und tanzet zusammen und seid fröhlich,
doch lasset jeden von euch allein sein.
Gleich wie die Saiten einer Laute allein sind,
erbeben sie auch von derselben Musik.
Gebet einander eure Herzen,
doch nicht in des anderen Verwahr.
Und stehet beieinander,
doch nicht zu nahe beieinander:
Denn die Säulen des Tempels stehen einzeln,
Und Eichbaum und Zypresse wachsen nicht
im gegenseit'gen Schatten.«[7]

In einer solchen »Symbiose« werden sie sich weder einengen noch ausbeuten, wie Frosch und Königstochter es am Anfang getan haben. Vielmehr werden sie sich unterstützen und herausfordern zu weiterer Entwicklung und weiterem Wachstum.

Freilich heißt das nicht, wie das Märchen es vielleicht nahelegen könnte, daß sie nun ein für allemal die unreifen Symbiose-Wünsche von Frosch und Königstochter hinter sich gelassen haben. Sehr wahrscheinlich werden die beiden nach ein paar Jahren entdekken, daß auch noch ein Teil Prinzessin-Frosch-Beziehung übriggeblieben ist oder sich wieder eingeschlichen hat. Dann wird eine neue Runde anstehen, mit neuem leidvollem Loslassen und neuem Wiederfinden in tieferer Liebe, ein neuerliches Sterben und Neu-Entstehen – im Sinne der Spirale, deren Bewegung doch nur scheinbar wieder an dieselbe Stelle zurückkehrt.

Das Ganze im Fragment

Der treue Heinrich hob beide hinein, stellte sich wieder hinten auf und war voller Freude über die Erlösung. Und als sie ein Stück Wegs gefahren waren, hörte der Königssohn, daß es hinter ihm krachte, als wäre etwas zerbrochen. Da drehte er sich um und rief:

»Heinrich, der Wagen bricht.«
»Nein, Herr, der Wagen nicht,
Es ist ein Band von meinem Herzen,
Das da lag in großen Schmerzen,
Als Ihr in dem Brunnen saßt,
Als Ihr eine Fretsche wast.«

Indem der treue Heinrich beide, den König und die Königin, in den Wagen hebt, stellt er seine Dienste beiden zur Verfügung und symbolisiert nun die beide verbindende Liebe, die wie der treue Diener, der hinten auf dem Wagen steht, beide behütet.

Auf dem Weg in die gemeinsame Zukunft springen die eisernen Bande vom Herzen des treuen Heinrich. Die Fesseln ihrer Liebe, die in Trauer und Weh über die Verwünschung, die im Schicksal ihrer Kindheit gebunden war, fallen ab, und in der dreimaligen

Wiederholung ist die Fortdauer dieses Prozesses angedeutet.

Damit wird der tiefste Sinn der leidvollen Geschichte dieser Beziehung deutlich: die gebundenen Herzen zu einer reifen Liebe zu entbinden. »Unreife Liebe sagt: Ich liebe dich, weil ich dich brauche. Reife Liebe sagt: Ich brauche dich, weil ich dich liebe« (Erich Fromm). Diese reife Liebe verbindet nun die beiden, ihre unterschiedlichen Fähigkeiten und Kräfte, ihr Mann-Sein und Frau-Sein zu einer neuen und tieferen Einheit.

Ihre Liebe hat damit auch jene Aufgabe gelöst, die ihnen von ihren Vorfahren als ungelöstes Problem übergeben wurde: die Versöhnung der Geschlechter. Ihre beiden Familien, so haben wir gesehen, sind daran gescheitert, das Mann-Sein auszuprägen nicht im Gegensatz, sondern im Gegenüber zum Weiblichen, und das Frau-Sein nicht im Gegensatz, sondern im Gegenüber zum Männlichen. Was solche einseitig männlich oder einseitig weiblich beherrschten Familien hervorbringen, sind nicht reife Männer und Frauen, sondern königliche Patriarchen oder Frösche, Hexen oder Prinzessinnen. Ihre Verbindung führt dann nicht zur Versöhnung, sondern zum Kampf, zur Konkurrenz der Geschlechter, zu Sieg oder Niederlage über Generationen hin, und dies so lange, bis sie als Aufgabe angenommen wird, die es zu durchleben und zu durchleiden gilt, so wie Froschkönig und Prinzessin in unserem Märchen es getan haben.

Als König und Königin, behütet vom treuen Heinrich, von dessen liebendem Herzen die eisernen Bande springen, stehen sie für die Versöhnung ihres familiären und zugleich ur-menschlichen Erbes: für die Versöhnung der Gegensätzlichkeit von Mann und Frau. Darin leuchtet in neuer Weise »Ganzheit« auf, als deren Symbol uns am Anfang des Märchen die goldene Kugel begegnete.

Die goldene Kugel geht immer wieder verloren. Die Formen der Ganzheit, die wir – auch in Beziehungen – erreichen, bleiben vorläufig und müssen wieder zerbrechen. Immer wieder müssen wir loslassen, uns trennen, uns wieder vereinen, um uns wieder zu trennen und wieder zu vereinen. Die Ganzheit der Liebe ist unsere tiefste Sehnsucht, und sie ist uns vollkommen nie erreichbar. Aber indem wir sie immer wieder als Fragment verwirklichen, leuchtet uns darin das Urbild vollkommener Ganzheit auf, die liebende Vereinigung aller Gegensätze, die wir Gott nennen.

Die Froschprinzessin

Wie ein Mann zur Liebe findet

Einleitung

Das starke Echo, das mein Buch über den Froschkönig[1] auslöste, brachte es mit sich, daß ich in den letzten Jahren oft zu Vorträgen unterwegs war. In den anschließenden Diskussionen wurde ich immer wieder gefragt, ob es das von mir dargestellte Beziehungsmuster »Frosch-Mann – Prinzessin-Frau« nicht auch mit umgekehrten Rollen gäbe – die Frau als »Frosch«, der Mann als »Prinz«. Natürlich gäbe es dieses umgekehrte Muster, antwortete ich, wenn es auch nie die genaue Umkehrung wäre, denn ein männlicher Frosch sei eben etwas anderes als ein weiblicher und ein Prinz etwas anderes als eine Prinzessin. Ein entsprechendes Märchen dazu, das über eine solche umgekehrte Konstellation weiteren Aufschluß gegeben hätte, kannte ich allerdings nicht – bis ich bei der Schorndorfer Märchenwoche 1986, zu der ich den Eröffnungsvortrag hielt, die bekannte Märchenerzählerin Sigrid Früh hörte. Sie erzählte das russische Märchen von Wassilissa, der Allweisen, die in einen Frosch verwandelt worden war, und von Iwan, dem Zarensohn, der den Frosch freite. Hier war also die umgekehrte Konstellation! Eigenartigerweise löste diese erste Begegnung mit der Geschichte bei mir zunächst keine weiteren Überlegungen aus, bis ich in der Diskussion im Anschluß an meinen Froschkönig-Vortrag beim Evangelischen Kirchentag 1987 in der Frankfurter Alten Oper wiederum mit dieser Frage konfrontiert wurde. Eine Frau aus dem Zuhörerkreis antwortete und wies mit bewegenden Worten auf eben dieses Märchen aus Rußland hin. Jetzt wurde ich aufmerksam. Und wie so manchmal eins zum andern kommt, erzählte mir kurz darauf die Frau meines Optikers, sie würde jetzt in einer Theatergruppe in Tübingen bei einer Märchenaufführung der »Froschprinzessin« mitspielen. Von ihr bekam ich zwei Textversionen dieses Märchens, und beim Lesen hatte ich sofort die Idee: Darüber möchte ich wieder schreiben. Das Miterleben der kleinen Theateraufführung war ein weiterer Anstoß, und in Gesprächen mit Frau Früh, mit der ich mich dann beriet, wurde mir vollends klar, auf welch tiefsinnige und faszinierende Geschichte ich da gestoßen war. Nicht die verglichen mit dem Froschkönig umgekehrte Rollenverteilung war es, die mich in Bann zog – sie verlor bei der weiteren Beschäftigung an Bedeutung. Aber ich traf in diesem Märchen wieder auf so vieles, was ich aus meiner Arbeit mit Paaren und was ich auch von mir selber und von der Beziehung, in der ich heute lebe, kenne. Während »Der Froschkönig« hauptsächlich den Entwicklungsweg einer Frau in einer schwierigen Beziehung schildert, ist es hier umgekehrt. Obwohl nach dem Titel eine Frau die Heldin ist, widmet sich das russische Märchen hauptsächlich dem Entwicklungsweg des Mannes, der in dieser Beziehung in Gang kommt. Ich entdeckte dabei vieles, was heute in der noch recht zaghaft sich artikulierenden Männerbewegung zur Sprache kommt und Bedeutung gewinnt. Das russische Märchen entwirft mit großer Selbstverständlichkeit ein Bild, das uns westliche Männer ganz schön in Frage stellt, wenn wir es an uns heranlassen. Trotz äußerlich patriarchalischer Ordnung und Struktur sind in diesem Märchen, wie in den russischen Märchen überhaupt, matriarchale Elemente noch sehr lebendig.[2] Die Gegensätze sind nicht so polarisiert. Die Hexe ist nicht nur böse, die Prinzessin nicht nur strahlend und der Held nicht nur tapfer. Männer sind weniger einseitig männlich, und die Frauen stehen ihnen, wenn auch manchmal nach außen hin verdeckt, gleichwertig und stark gegenüber, ja sie sind ihnen zuweilen deutlich überlegen. Damit ist eine Situation gegeben, in die wir westlichen Menschen heute immer mehr hineingeraten und mit der wir noch sehr schlecht umgehen können. So ist dieses Märchen für mich zu einem Wegweiser geworden, wie wir – Männer *und* Frauen – uns auf diesem Weg der Weiterentwicklung unserer Geschlechtsidentität gegenseitig weiterhelfen, unterstützen und herausfordern können. Stärker als in den westlichen Märchen ist dieser Entwicklungsweg von gegenseitiger Achtung und Solidarität geprägt. Das Märchen macht uns darauf aufmerksam: Nur miteinander, nicht gegeneinander werden wir es schaffen. Ich war und bin tief beeindruckt von dem menschlichen Reichtum der östlichen Welt, zu der mir dieses Märchen einen kleinen Türspalt öffnete. Vielleicht erschließt sich uns diese Welt durch die neue politische Lage in den kommenden Jahren noch weiter und tiefer, es könnte für uns ein großer Gewinn sein!

Ich habe als Vorlage nicht eine genaue Übersetzung aus dem russischen Urtext gewählt, sondern eine freie Nacherzählung von Sigrid Früh.[3] Sie berichtete mir darüber, was ich intuitiv schon vorher zu spüren meinte: Russische Märchenexperten hätten ihr auf einem Erzählabend bescheinigt, daß diese Art, das Märchen vorzutragen, voll und ganz den Geist des russischen Märchenerzählens atme und insofern genauer als eine bloß wörtliche Übersetzung sei.

Ich lade Sie, liebe Leserin, lieber Leser, ein, sich nun in die Welt dieser Geschichte aus Rußland zu begeben.

Die Froschprinzessin

Weit hinter den blauen Meeren und hinter den sieben Bergen, da lebten einmal ein Zar und eine Zarin. Lang hatte der Zar in der Welt gelebt, und er hatte zu seinem Beistand drei Söhne, drei Zarewitsche. Alle drei waren jung und kühn. Am kühnsten aber und am schönsten war der jüngste, Iwan-Zarewitsch.

Eines Morgens ließ der Zar seine drei Söhne kommen und sprach: »Meine Kinder, ihr seid alt genug, um zu heiraten, ihr sollt Frauen bekommen. Darum nehmt eure Pfeile und Bogen, geht an die Grenze der Gemarkung und schießt eure Pfeile ab. Und wo euer Pfeil niederfällt, dort geht hin und freiet.«

Also zogen die drei Zarensöhne zur Grenze, und es schoß der älteste. Sein Pfeil flog in den Hof eines Bojaren, und der älteste Zarensohn ging hin und freite die Bojarentochter. Es schoß der zweite. Sein Pfeil flog in das Haus eines Kaufmanns, eines reichen Mannes, und der zweite Zarensohn ging hin und freite um die Kaufmannstochter. Es schoß Iwan-Zarewitsch, und sein Pfeil flog auf zur Sonne, und man sah ihn nicht herniedersinken. Iwan-Zarewitsch suchte einen Tag, und er suchte auch noch einen zweiten Tag, und am dritten Tag, da geriet er in einen tiefen Sumpf, und er suchte den Ausweg. Und wie er so suchte, da sah er einen Pfeil bei einem Frosche liegen. Schon wollte er sich umwenden, da rief ihm der Frosch zu:

»Iwan-Zarewitsch, du suchest doch deinen Pfeil! Nimm deinen Pfeil, nimm aber auch mich mit, sonst wirst du nie mehr aus diesem Sumpf herausfinden.«

Was blieb Iwan-Zarewitsch anderes übrig, er nahm seinen Pfeil, packte den Frosch und schob ihn in seine Rocktasche, ging traurig zu seinem Väterchen, dem Zaren, und sprach:

»Sieh an, ich kann doch keinen Frosch zur Frau nehmen.«

»Nimm sie immerhin«, sprach der Zar, »vielleicht ist sie dein Schicksal.« Also wurde die Brautkrone über Iwan-Zarewitsch und den Frosch gehalten, und so waren sie einstweilen verheiratet.

Eines Tages ließ der Zar seine drei Söhne kommen, und er befahl ihnen, daß ihre Frauen bis zum nächsten Morgen ein Brot für ihn backen sollten. Traurig ging Iwan-Zarewitsch nach Hause.

»Warum bist du denn so traurig?« fragte seine Frau, der Frosch.

»Warum soll ich nicht traurig sein? Mein Väterchen, der Zar, befiehlt, daß du ihm bis zum nächsten Morgen ein Brot backen sollst.«

»Sei nicht traurig«, sprach sie, »geh zu Bett. Der Morgen ist weiser denn der Abend.«

Und sie brachte Iwan-Zarewitsch zu Bett. Als er eingeschlafen war, da warf sie ihre Froschhaut ab, und sie war Wassilissa, die Allweise, und sie war schöner als Sonne, Mond und Sterne, und sie ging zur Treppe und rief:

»Kommt ihr Ammen, kommt ihr Kinderfrauen und backt mir ein Brot, wie es mein Väterchen speiste.«

Und am nächsten Morgen schlüpfte sie wieder in die Froschhaut.

Sie übergab Iwan-Zarewitsch ein weißes Brot, das war mit allen Städten des Zarenreiches geschmückt, und er brachte es seinem Vater, dem Zaren. Dort waren schon die beiden älteren Brüder mit dem Brot, das ihre Frauen gebacken hatten. Der Zar prüfte das Brot des ältesten, und er sprach:

»Das ist für die Knechte.« Und er prüfte das Brot des zweiten und sprach: »Das ist für die Mägde.« Und er prüfte das Brot von Iwan-Zarewitsch und sprach: »Dies werde ich am heiligen Osterfeste selbst speisen.«

Bald darauf ließ der Zar wiederum seine drei Söhne kommen. Er befahl ihnen, daß ihre Frauen bis zum nächsten Morgen ein Hemd für ihn nähen sollten. Traurig ging Iwan-Zarewitsch nach Hause.

»Warum bist du denn so traurig?« fragte seine Frau, der Frosch.

»Warum soll ich nicht traurig sein? Mein Väterchen, der Zar, befiehlt, daß du ihm zum nächsten Morgen ein Hemd nähen sollst.«

»Sei nicht traurig«, sprach sie, »geh zu Bett. Der Morgen ist weiser denn der Abend.«

Und sie brachte Iwan-Zarewitsch zu Bett. Als er eingeschlafen war, da warf sie ihre Froschhaut ab, und sie war Wassilissa, die Allweise, und sie war schöner als Sonne, Mond und Sterne, und sie ging zur Treppe und rief:

»Kommt ihr Ammen, kommt ihr Kinderfrauen und näht mir ein Hemd, wie es mein Väterchen trug.«

Und am nächsten Morgen, da war sie wieder der Frosch. Und sie übergab Iwan-Zarewitsch ein Hemd, das war mit Gold und Silber bestickt, und er brachte es seinem Väterchen, dem Zaren. Dort waren schon die beiden älteren Brüder mit dem Hemd, das ihre Frauen genäht hatten. Der Zar prüfte das Hemd des ältesten und sprach:

»Das ist für den Stall.« Und er prüfte das Hemd des zweiten und sprach: »Das ist für die Badestube.« Und er prüfte das Hemd von Iwan-Zarewitsch und sprach: »Dies werde ich am heiligen Osterfeste zur Kirche tragen.«

Bald darauf ließ der Zar wiederum seine drei Söhne kommen. Und er befahl ihnen, daß sie mit ihren Frauen geschmückt zu seinem Palaste kommen sollten. Traurig ging Iwan-Zarewitsch nach Hause.

»Warum bist du denn so traurig?« fragte seine Frau, der Frosch.

»Warum soll ich nicht traurig sein? Mein Väterchen, der Zar, befiehlt, daß ich mit dir geschmückt zu seinem Feste kommen soll.«

»Sei nicht traurig«, sprach sie, »geh einstweilen allein, aber wenn du es donnern hörst, dann sprich: ›Dies ist meine Frau, der Frosch, die nun angefahren kommt.‹«

Und so ging Iwan-Zarewitsch alleine zum Palaste des Zaren. Dort waren schon seine beiden älteren Brüder mit ihren Frauen, die sich aufgeputzt hatten, und sie verspotteten ihn. Plötzlich aber ertönte ein lauter Donner, so daß die Gäste des Zaren erschrocken von ihren Sitzen aufsprangen.

»Erschreckt nicht«, sprach Iwan-Zarewitsch, »dies ist nur meine Frau, der Frosch, die angefahren kommt.«

Und zum Palaste des Zaren kam eine goldene Kutsche, bespannt mit sieben Schimmeln, und heraus stieg Wassilissa, die Allweise, sie war schöner als Sonne, Mond und Sterne, sie war schöner, als man es in einem Märchen erzählen kann. Sie ergriff Iwan-Zarewitsch bei der Hand, und sie setzte sich mit ihm zur Tafel. Sie speiste vom Schwanenbraten, und sie steckte die Knöchelchen in den rechten Ärmel, und sie trank vom Wein, und sie schüttete die Neige in den linken Ärmel. Die beiden Schwägerinnen, die beobachteten sie ganz genau und machten ihr alles nach. Dann aber ergriff Wassilissa, die Allweise, Iwan-Zarewitsch bei der Hand und führte ihn zum Tanze, und sie schwenkte den linken Ärmel, und es entstand ein See, und sie schwenkte den rechten Ärmel, und es schwammen Schwäne darauf. Die beiden Schwägerinnen, die ihr alles nachmachten, die beschmutzten nur die Gäste, so daß der Zar sie erzürnt davonjagte. Iwan-Zarewitsch aber ritt heimlich nach Hause, und er suchte so lange, bis er die Froschhaut fand, und da nahm er sie und verbrannte sie. Bald darauf kam Wassilissa, die Allweise, angefahren. Und als sie ihre Froschhaut nicht mehr fand, da erschrak sie, und sie sprach zu Iwan-Zarewitsch:

»Wehe, was hast du getan? Hättest du noch drei Tage gewartet, dann hättest du mich erlöst. So aber muß ich von dir. Suche mich hinter dreimal neun Reichen, hinterm dreimal zehnten Zarenreich, beim unsterblichen Koschtschej.«

Und sie verwandelte sich in einen Schwan und flog zum Fenster hinaus.

Iwan-Zarewitsch weinte bitterlich. Er weinte ein ganzes Jahr, er weinte auch ein zweites Jahr, im dritten Jahr, da ermannte er sich endlich, er bat um den Segen von Vater und Mutter und machte sich auf, Wassilissa, die Allweise, zu suchen. Er ging kurze Wege, und er ging lange Wege. Schnell ist ein Märchen erzählt, aber lange dauert der Weg des Helden. Da begegnete ihm ein uralter Mann.

»Hollah, Bursche, wohin gehst du denn?« rief der Alte, und Iwan-Zarewitsch erzählte dem Alten alles. Er erzählte, daß er Wassilissa, die Allweise, suche und was er mit ihr erlebt hatte. »Wie konntest du nur«, zürnte der Alte, »du hast dem Mädchen die Froschhaut nicht gegeben, also konntest du sie ihr auch nicht nehmen. Wassilissa wurde klüger und mächtiger als ihr Vater. Deshalb hat er sie in einem unbedachten Augenblick in einen Frosch verwandelt.[4] Es ist jetzt sehr schwer für dich, sie noch zu finden. Aber nimm dieses Knäuel«, und er reichte Iwan-Zarewitsch ein Knäuel Garn, »und folge dem Knäuel, vielleicht führt es dich zum Ziel.«

Iwan-Zarewitsch nahm das Knäuel, und er ging kurze Wege, und er ging lange Wege. Da trabte ihm ein ungeheurer Bär über den Weg. Ich werde das Tier töten, dachte er, aber der Bär sprach ihn an mit menschlicher Stimme:

»Laß mich leben, Iwan-Zarewitsch, habe Mitleid.« Und Iwan-Zarewitsch hatte Mitleid mit dem Tier, und er ließ es leben. Er ging weiter, und es sprang ein Hase vor ihm auf. Ich werde das Tier töten, dachte er, aber der Hase sprach ihn an mit menschlicher Stimme: »Habe Mitleid, Iwan-Zarewitsch, laß mich leben.« Und Iwan-Zarewitsch hatte Mitleid mit dem Tier, und er ließ es leben. Er ging weiter, und es flatterte plötzlich eine Ente vor ihm auf. Er spannte Pfeil und Bogen und wollte die Ente schießen. Aber die Ente sprach ihn an mit menschlicher Stimme: »Habe Mitleid, Iwan-Zarewitsch, laß mich leben.«

Und Iwan-Zarewitsch hatte Mitleid mit dem Tier, und er ließ es leben. Und er ging immer fort weiter. Da kam er zum weiten Ufer des Meeres, dort lag ein Hecht im Sand, und er sprach ihn an: »Habe Erbarmen, Iwan-Zarewitsch, trage mich zum Wasser.« Iwan-Zarewitsch fühlte Erbarmen mit dem Tier, und er trug es zum Wasser.

Und immerfort wanderte er weiter. Da kam er zu einem Hüttchen, das auf Hühnerfüßen stand und sich immerfort drehte. Und Iwan-Zarewitsch verneigte sich und sprach den Spruch: »Dreh dich, mein Hüttchen, dreh dich zu mir, so wie dich die Mutter am Morgen aufgestellt.«

Und das Hüttchen blieb stehen, mit dem Eingang zu ihm. Er kletterte hinein und fand drinnen die Baba Jaga. Und die Baba Jaga erhob sich und rief:

»Noch nie sah ich einen Russen, und nun kommt ein Russe selbst zu mir. Wen suchest du denn?«

Und Iwan-Zarewitsch erzählte der Baba Jaga, daß er Wassilissa, die Allweise, suche und was er mit ihr erlebt hatte.

»Ich weiß, ich weiß«, sprach die Baba Jaga. »Sie ist nun beim unsterblichen Koschtschej, und es ist sehr schwer, den Koschtschej zu besiegen, denn das Leben des Koschtschej ist in der Spitze einer Nadel, und die Nadel ist in einem Ei, und das Ei ist in einer Ente, und die Ente ist in einem Hasen, und der Hase ist in einer Kiste. Und diese Kiste ruht am Fuße eines alten Eichbaums. Und diesen Eichbaum, den hütet der Koschtschej wie sein linkes und sein rechtes Auge. Aber versuche es immerhin.«

Und sie zeigte Iwan-Zarewitsch den Weg zum Palaste des Koschtschej. Und Iwan-Zarewitsch ging den Weg, den ihm die Baba Jaga gewiesen hatte. Bald sah er den Marmorpalast des Koschtschej, und daneben stand der ungeheure Eichbaum, und Iwan-Zarewitsch wußte nicht, wie er zu dessen Wurzeln gelangen konnte. Aber da trabte ein ungeheurer Bär an ihm vorüber, dieser packte den Eichbaum und riß ihn samt den Wurzeln aus. Und hervor an den Wurzeln kam eine Kiste und heraus sprang ein Hase. Aber ein anderer Hase war hinter ihm her und zerriß ihn, und hervor flog eine Ente und stieg steil empor.

Aber eine andere Ente war über ihr und schlug sie, und noch im Sterben ließ die Ente ein Ei fallen, und das versank in den weiten Fluten des Meeres. Iwan-Zarewitsch war verzweifelt und weinte bitterlich. Denn wie sollte er jetzt noch zu dem Ei kommen? Aber siehe, da schwamm ein Hecht zum Ufer, und er trug das Ei zwischen den Zähnen, und er warf es in den Sand. Iwan-Zarewitsch nahm das Ei und zerbrach es, und er nahm die Nadel und brach die Spitze ab. Und der unsterbliche Koschtschej, sosehr er sich wehrte, er mußte doch sterben.

Da ging Iwan-Zarewitsch in den Palast des Koschtschej, und dort kam ihm Wassilissa, die Allweise, entgegen, und sie küßte ihn auf den Mund. Dann nahm sie Iwan-Zarewitsch bei der Hand, und er zog mit Wassilissa, der Allweisen, in das Reich seines Vaters.

Russisches Märchen,
neu erzählt von Sigrid Früh

Am Ende ein glückliches Paar

Am Ende des Märchens steht ein glückliches, ein liebendes Paar. Eine strahlende Frau und ein strahlender Mann blicken sich in die Augen. Sie küßt ihn auf den Mund, sie nehmen sich bei der Hand, und der Weg steht ihnen offen in das Reich, dessen Regierung sie zweifellos bald übernehmen werden.

Dieses Ende ist aber keineswegs der Beginn ihrer gemeinsamen Geschichte. Iwan und Wassilissa sind schon lange ein Paar, sogar ein mit allen offiziellen Zeremonien verheiratetes Ehepaar. Jahre zuvor schon wurde die »Brautkrone über sie gehalten«, wie das Märchen zu berichten weiß, Jahre der Ehe liegen bereits hinter ihnen, Zeiten der Krise, Zeiten der Einsamkeit und des Kampfes, Zeiten der bitteren Trennung. Erst jetzt, nachdem sie das alles durchgemacht haben, darf sie, kann sie ihn so offen auf den Mund küssen. Erst jetzt kann sich die Liebe zwischen ihnen so frei entfalten.

Wie stark unterscheidet sich dieses Bild von unseren Beziehungsvorstellungen! Da steht das glückliche Paar eher am Anfang. Liebe setzen wir gleich mit Verliebtheit und Leidenschaft, und weil diese im Alltag meist abnehmen, ist unser Bild von der Entwicklung der Paarbeziehung eher von Abflachung, Entleerung und fortschreitender Alltäglichkeit gekennzeichnet als von Vertiefung, Intensivierung und immer neu auflebender Faszination. Unser Bild ist: am Anfang das glückliche Paar, die voll erblühte Liebe, am Ende Enttäuschung und Gleichgültigkeit.

Ganz anders in unserem Märchen. Hier ist es gerade umgekehrt. Die Beziehung zwischen Iwan und Wassilissa beginnt ganz und gar nicht glücklich oder ideal. Sie entsteht vielmehr aus einer Verkettung unglücklicher Umstände und ist von Anfang an von Krisen geschüttelt. Sie muß sogar durch eine lange Phase der Trennung hindurch. Aber dies ist keine Entwicklung nach unten. In diesem Prozeß reifen die beiden. Wassilissa findet zu ihrem Wesen, sie wird zur »Allweisen, schöner als Sonne, Mond und Sterne«, zum Urbild der liebenden Frau, und Iwan gewinnt jene Männlichkeit, die ihn befähigt, dieser Frau als gleichwertiger Partner gegenüberzutreten. Erst der mühsame und leidvolle Weg der beiden über Jahre hin befreit ihre Liebe, die vorher gebunden war.

Theoretisch ist dies ein einleuchtender Gedanke, dem wir in vielen Äußerungen psychologischer und anderer Literatur immer wieder begegnen. Aber in unserem Erleben sind wir tief von dem anderen Bild bestimmt: vom Bild der vollkommenen Liebe als Anfangszustand. Dies führt dazu, daß wir versuchen, diesen Anfangszustand festzuhalten oder die Anfangssituation mit immer neuen Partnern wiederherzustellen.[5] Denn wenn der Anfang mit seinem Zauber und seiner Intensität verlorengeht, geht ja unserer Vorstellung nach die Liebe verloren oder erweist sich überhaupt als Illusion. Dann aber ist Resignation oder Zynismus das Ende.

Das Märchen sagt uns: Die Liebe ist nicht der zauberhafte Anfangszustand. Er muß gar nicht einmal dagewesen sein, und dennoch kann die Liebe zur vollen Frucht heranreifen. Was ist aber dann dieser Anfangszustand, und was ist sein Sinn? Zunächst muß gesagt werden: Sehr oft, und viel öfter als wir es wahrhaben wollen, ist er gar nicht vorhanden, sondern nur ersehnte oder projizierte Phantasie. Viel öfter als wir denken beginnen Beziehungen, auch heute im Zeitalter der »freien Partnerwahl«, nicht mit einem Rausch von Verliebtheit, sondern mit einer Mischung aus moralischer Verpflichtung, eigener seelischer Notlage, Unsicherheit und vagen Sehnsüchten, also viel eher so, wie Iwan-Zarewitsch und das Frosch-Fräulein im Sumpf sich gefunden haben. In der Geschichte der beiden wird aber deutlich, daß dies nicht unbedingt heißen muß, aus einer solchen Beziehung könne nichts werden.

Aber man kann dann trotzdem fragen: Was ist denn der Sinn dieser, wenn auch phantasierten, vollkommenen Liebe des Anfangs? Es ist ja nicht zu leugnen, daß es – Gott sei Dank! – zuweilen dies auch wirklich gibt, daß die Liebe zwei Menschen, die sich vielleicht kaum kennen, wie ein Schicksal überfällt, im innersten Kern trifft, sie berauscht und ekstatisch über sich selbst hinausreißt in wilder und schöpferischer Leidenschaft. Was ist also der Sinn dieses wirklich erlebten, phantasierten oder projizierten rauschhaften Anfangszustands, der nicht festzuhalten ist?

Psychotherapeuten sagen, in diesem Erleben würde die symbiotische Ureinheit mit der Mutter erfahren, jener grundlegende Zustand also, in dem ich mich im innigen Kontakt zur Mutter als das wichtigste Wesen, als der geliebte Mittelpunkt der Welt erlebt und darin meinen einzigartigen Wert erfahren habe. Psychotherapeuten sagen sogar, daß die Intensität der Erfahrung der Verliebtheit um so größer ist, je unvollkommener ich diese symbiotische Urerfahrung als Kind tatsächlich gemacht habe. Die ungestillte Sehnsucht nach der vollen symbiotischen Verschmelzung stürzt sich sozusagen auf den Liebespartner und macht sich vor, in der Vereinigung mit ihm würde die ersehnte und doch nie ausreichend erfahrene Verschmelzung mit der geliebten Mutter nun doch zur Wirklichkeit.

Die Leidenschaft und Faszination der Verliebtheit würden also einen Zustand neu beleben, der der frühen Kindheit angehört und darum entweder Symptom eines psychisch unreifen oder aber – wenn das Mangelerlebnis vorherrscht – eines psychisch krankhaften Zustands sein. Deshalb würde dieser Zustand notwendigerweise wieder in der Vergangenheit versinken müssen, oder aber er müßte – im zweiten Fall – als Wiederholung eines frühen Mangelerlebnisses bewußtgemacht, durchgearbeitet und schließlich hinter sich gelassen werden.

Diese Auffassung enthält sicherlich viel Wahrheit. Zum Verständnis und zur Bearbeitung vieler Beziehungsstörungen ist sie von entscheidender Bedeutung. Dennoch scheint sie mir nur die eine Seite der Wahrheit zu sein. Denn der symbiotische Urzustand, in dem das Kind verschmelzend mit der Mutter sich als unbedingt geliebt und angenommen erfährt, ist nicht nur ein unreifer, hinter sich zu lassender Entwicklungszustand, er ist darüber hinaus das Bild und die Ahnung liebender Vereinigung schlechthin. Denn in der Mutter-Kind-Symbiose kommt das Kind – verschmelzend mit der Mutter – ganz zu sich selbst, und liebende Vereinigung in ihrer Vollgestalt bedeutet dies ebenfalls: in der Hingabe ganz sich selbst im Geliebten verlieren und sich verlierend erst ganz zu sich selber finden. So suchen und erleben wir in der faszinierenden Anfangserfahrung der Verliebtheit nicht nur die Ursprungssymbiose, um sie wiederherzustellen oder erstmals ganz zu erfahren, sondern wir suchen und erfahren darüber hinaus die Vollgestalt liebender Vereinigung überhaupt.

Der Rausch der anfänglichen Verliebtheit hat also nicht nur mit dem Verschmelzungszustand der Vergangenheit zu tun, er ist auch eine zukunftweisende Erfahrung. Er ist ein Vorgeschmack unseres Vollendungszustands in der vollkommenen Hingabe. Er ist ein Vorgeschmack – nicht die Erfahrung selbst in ihrer Fülle. Er ist gleichsam die Intuition der Vollgestalt liebender Vereinigung, nicht ihre Realität. So wie die Intuition des Künstlers nicht schon das Kunstwerk ist, obwohl sie den Künstler vielleicht in hoher Intensität dessen Vollgestalt schon erahnen läßt, so ist das Erleben der Verliebtheit nicht die Realität der liebenden Vereinigung, sondern deren intuitive Vorwegnahme. Diese intuitive Vorwegnahme hat den Sinn, den Prozeß der Realisierung in Gang zu bringen. So wie die Realisierung des Kunstwerks ein mühseliger, vielleicht jahrelanger Prozeß ist und womöglich die intuitiv erfaßte Vollgestalt nie ganz erreichen wird, so ist es auch mit der Liebe: Ihre Realisierung ist ein mühseliger, jahrelanger Prozeß, der sich im Vergleich mit dem im Verliebtheitserlebnis erfahrenen oder erahnten Zustand oft recht bruchstückhaft ausnehmen mag. Dennoch ist es nötig, diesen Weg der konkreten Umsetzung der Anfangsintuition zu gehen, denn das ist die einzige Möglichkeit, uns der in der Verliebtheit intuitiv erfaßten Vollendungsgestalt näherzubringen. Es braucht dazu Kontinuität, Dauer, Geschichte. Mit wechselnden Partnern bleibe ich immer noch im Raum der zwar faszinierenden, aber noch nicht verwirklichten Intuition. So wie der Künstler für die Umsetzung seiner Intuition irgendwann zu experimentieren aufhören und mit Ausdauer und Geduld ein bestimmtes Material immer und immer wieder bearbeiten muß, so braucht es auch für die Realisierung der Liebe eine dauerhafte Beziehung und kontinuierliche Arbeit daran. Diese Arbeit ist viel weniger faszinierend als jenes Verliebtheitserlebnis. Sie hat aber den Vorteil, daß sie Realität hervorbringt, die vielleicht bruchstückhaft, aber eben wirklich ist. Die Erfahrung zeigt, daß dann, wenn sich Paare auf diesen Weg begeben haben, sich auch immer wieder intensive Erlebnisse einstellen, die den ersten Verliebtheitserlebnissen vergleichbar sind und die Vollgestalt der Liebe auf immer neue Weise wieder lebendig machen. Vielleicht sind sie nicht mehr so rauschhaft wie die erste Verliebtheit, vielleicht haben sie nicht mehr diesen unverwechselbaren Zauber des ersten Anfangs, aber sie bekommen dafür eine neue tiefere Qualität, die uns zeigt, daß wir dem, was wir ersehnen, miteinander ein paar Schritte näher gekommen sind.

Iwan und Wassilissa, so wie sie uns am Ende des Märchens begegnen, haben einige Schritte auf diesem Wege hinter sich. Gerade weil ihre Beziehung so gar nicht rauschhaft, sondern recht mühsam begann, können sie uns ermutigen, nicht alten Verliebtheitserlebnissen, tatsächlichen oder geträumten, nachzutrauern und uns dann der Resignation zu überlassen, sondern diese zum Anlaß zu nehmen, uns auf einen ähnlichen Weg zu begeben. Dadurch, daß sie fast schon zu Anfang des Märchens ein Paar sind, aber erst am Ende ein liebendes Paar werden, sagen sie uns eindringlich: Die Liebe liegt immer noch vor uns. Machen wir uns auf den Weg zu ihr!

Der schwierige Anfang

Eines Tages ließ der Zar seine drei Söhne kommen, und er befahl ihnen, daß ihre Frauen bis zum nächsten Morgen ein Brot für ihn backen sollten. Traurig ging Iwan-Zarewitsch nach Hause.

»Warum bist du denn so traurig?« fragte seine Frau, der Frosch.

»Warum soll ich nicht traurig sein? Mein Väterchen, der Zar, befiehlt, daß du ihm bis zum nächsten Morgen ein Brot backen sollst.«

»Sei nicht traurig«, sprach sie, »geh zu Bett. Der Morgen ist weiser denn der Abend.«

Und sie brachte Iwan-Zarewitsch zu Bett. Als er eingeschlafen war, da warf sie ihre Froschhaut ab, und sie war Wassilissa, die Allweise, und sie war schöner als Sonne, Mond und Sterne, und sie ging zur Treppe und rief:

»Kommt ihr Ammen, kommt ihr Kinderfrauen und backt mir ein Brot, wie es mein Väterchen speiste.«

Und am nächsten Morgen schlüpfte sie wieder in die Froschhaut.

Sie übergab Iwan-Zarewitsch ein weißes Brot, das war mit allen Städten des Zarenreiches geschmückt, und er brachte es seinem Vater, dem

Zaren. Dort waren schon die beiden älteren Brüder mit dem Brot, das ihre Frauen gebacken hatten. Der Zar prüfte das Brot des ältesten, und er sprach:

»Das ist für die Knechte.« Und er prüfte das Brot des zweiten und sprach: »Das ist für die Mägde.« Und er prüfte das Brot von Iwan-Zarewitsch und sprach: »Dies werde ich am heiligen Osterfeste selbst speisen.«

Bald darauf ließ der Zar wiederum seine drei Söhne kommen. Er befahl ihnen, daß ihre Frauen bis zum nächsten Morgen ein Hemd für ihn nähen sollten. Traurig ging Iwan-Zarewitsch nach Hause.

»Warum bist du denn so traurig?« fragte seine Frau, der Frosch.

»Warum soll ich nicht traurig sein? Mein Väterchen, der Zar, befiehlt, daß du ihm zum nächsten Morgen ein Hemd nähen sollst.«

»Sei nicht traurig«, sprach sie, »geh zu Bett. Der Morgen ist weiser denn der Abend.«

Und sie brachte Iwan-Zarewitsch zu Bett. Als er eingeschlafen war, da warf sie ihre Froschhaut ab, und sie war Wassilissa, die Allweise, und sie war schöner als Sonne, Mond und Sterne, und sie ging zur Treppe und rief:

»Kommt ihr Ammen, kommt ihr Kinderfrauen und näht mir ein Hemd, wie es mein Väterchen trug.«

Und am nächsten Morgen, da war sie wieder der Frosch. Und sie übergab Iwan-Zarewitsch ein Hemd, das war mit Gold und Silber bestickt, und er brachte es seinem Väterchen, dem Zaren. Dort waren schon die beiden älteren Brüder mit dem

Hemd, das ihre Frauen genäht hatten. Der Zar prüfte das Hemd des ältesten und sprach:

»Das ist für den Stall.« Und er prüfte das Hemd des zweiten und sprach: »Das ist für die Badestube.« Und er prüfte das Hemd von Iwan-Zarewitsch und sprach: »Dies werde ich am heiligen Osterfeste zur Kirche tragen.«

Bald darauf ließ der Zar wiederum seine drei Söhne kommen. Und er befahl ihnen, daß sie mit ihren Frauen geschmückt zu seinem Palaste kommen sollten. Traurig ging Iwan-Zarewitsch nach Hause.

»Warum bist du denn so traurig?« fragte seine Frau, der Frosch.

»Warum soll ich nicht traurig sein? Mein Väterchen, der Zar, befiehlt, daß ich mit dir geschmückt zu seinem Feste kommen soll.«

Iwan und Wassilissa am Anfang des Märchens, in der ersten Zeit ihrer Ehe: Welch ein Gegensatz zu dem stolzen Paar, dem wir am Ende begegnet sind! Kaum zu glauben, daß es sich um dieselben Menschen handelt. Am Anfang sind die beiden wohl eher ein seltsames Gespann! Er, »der Kühnste«, »der Schönste«, der den Pfeil am weitesten von allen schießt, dieser männlichste der Männer – an der Seite eines Fröschleins! Er selbst sagt: »Ich kann doch keinen Frosch zur Frau nehmen!«, und trotzdem ist er mit ihr verheiratet. Eine groteske Paarbeziehung! Grotesk, aber nicht unrealistisch.[6] Es gibt sie zahlreich, diese Beziehungsmuster: Er ist auf den ersten

Blick eine imponierende Erscheinung, ein Mann, der den Pfeil seiner Männlichkeit wohl zu handhaben weiß, ein Karrieretyp, Wissenschaftler, Politiker, Geschäftsmann oder cleverer Pfarrer, gewandt und anscheinend selbstbewußt. Wenn man ihn allein kennenlernt, stellt man sich an seiner Seite spontan eine attraktive Frau mit Ausstrahlung und Format vor. Aber das Gegenteil ist der Fall. Sie, die Frau, ist blaß, hausbacken, unscheinbar, oft schon rein äußerlich, jedenfalls aber in ihrem Wesen. Auch wenn sie mit Kleidung und Make-up ihre Blässe kaschiert, merkt man bald, daß sie in Wahrheit ein »Frosch« ist, und man ist erstaunt, wie zurückhaltend, gehemmt, ja unbedeutend sich diese Frau neben ihrem weltläufigen Mann ausnimmt. Man fragt sich, wie sich die beiden wohl gefunden haben mögen, und man ist enttäuscht, an der Seite dieses Supermanns ein so blasses Wesen zu erblicken: Iwan-Zarewitsch mit Frau Frosch!

Allerdings stellt man bald fest: Dies ist nur nach außen hin so. Nach innen sieht es ganz anders aus – so wie im Märchen. Da fällt nämlich auf, daß Iwans Gemütslage wiederholt mit »traurig« gekennzeichnet wird. Iwans Selbstbewußtsein ist leicht ins Wanken zu bringen. Die Bewährungsaufgaben, die der Vater stellt, stürzen ihn immer wieder in tiefe Verzagtheit. Er ist einer von den Männern, die nach außen hin glänzen und immer besser sind als die andern. Wenn sie aber die Tür zu ihrer Wohnung hinter sich geschlossen haben, sacken sie in sich zusammen. Die Frosch-Frau bekommt einen ganz anderen Iwan zu sehen, einen mutlosen und deprimierten. Später klagen diese Frauen darüber und sagen: »Der tolle Hecht ist er immer nur nach außen. Zu Hause habe ich keinen Mann, sondern ein zweites (drittes, viertes...) Kind!«

Anfangs freilich enttäuscht und ärgert sie das noch nicht. Im Gegenteil, sie erleben sich wie die Frosch-Frau im Märchen angesichts seiner Mutlosigkeit gestärkt. Die Frosch-Frau wird ja förmlich zur Mutter für Iwan: »Warum bist du denn so traurig?« fragt sie immer wieder einfühlsam. »Sei nicht traurig, geh zu Bett. Der Morgen ist weiser denn der Abend«, spricht sie ihm tröstend und aufmunternd zu, obwohl er sie immer wieder abblitzen läßt und ihr nicht zu vertrauen lernt. Schließlich bringt sie ihn auch noch zu Bett wie einen kleinen Jungen. Während er schläft, zeigt sie vollends eine ganz andere Seite ihres Wesens. Jetzt ist sie Wassilissa, die Allweise, schöner als Sonne, Mond und Sterne, und sie versteht es, die Dinge mit Umsicht, Geschick und Organisationstalent in die Hand zu nehmen und die gestellten Aufgaben brillant zu lösen. In der »Innen-Sicht« der Beziehung ist also sie die Starke und er der Schwache. Sie baut ihn immer wieder auf, stärkt ihm den Rücken und verhilft ihm zum Erfolg. Draußen kann Iwan wieder glänzen. Mit dem Brot, das sie gebacken, und mit dem Kleid, das sie genäht hat, ist er der Beste. Sie selbst aber wird als Fröschlein wieder unscheinbar und tritt in den Hintergrund.

Wie ist denn so etwas auf Dauer aufrechtzuerhalten? Wie ist erklärbar, daß dies nach außen hin die »Beziehungsrealität« bleibt, obwohl sich doch nach innen eine ganz andere Realität zeigt? Es ist im Märchen, wie es auch bei vielen der genannten Paare zu erleben ist. Die Frau ist ganz und gar auf den Mann bezogen. Wassilissa, die Allweise mit all ihren Fähigkeiten, ist dies nur für ihn, nicht für sich selbst! Für sich selbst ist sie ein Nichts. Am Morgen, wenn es ihm wieder gutgeht, hat sie als Wassilissa ihre Berechtigung verloren. Erst wenn er am Abend depri- miert nach Hause kommt, bricht ihre Zeit wieder an. Seine Schwächen mobilisieren ihre Stärken. Wenn er befriedigt von dannen zieht, ist sie auch zufrieden und kann wieder zum Fröschlein werden. Ohne ihn ist sie nichts, ihre Stärke lebt vom Bezogensein auf ihn. Wir werden noch sehen, womit das zusammenhängt.

Iwan tut im übrigen das seine dazu, daß es so bleibt. Einerseits klagt er zwar immer wieder über das Schicksal, daß ein Frosch seine Frau ist. Er, der Kühnste und Schönste, wünscht sich natürlich sehnlichst eine Vorzeigefrau. »Kann ich mich denn mit dir vor allem Volke zeigen?« läßt ein anderer deutscher Nacherzähler des Märchens Iwan nach der dritten Aufgabenstellung klagen.

Sie liefert ihm eine Probe ihrer Stärke nach der anderen, aber Iwan scheint es nicht zu bemerken. Er nimmt es nicht als Zeichen, daß in dem Frosch noch etwas anderes stecken muß, nimmt es nicht zum Anlaß, sein Bild von ihr zu überprüfen. Eins ums andere Mal traut er ihr wieder nicht zu, die gestellte Aufgabe zu lösen. Er besteht förmlich darauf, daß sie ein unfähiger Frosch bleibt. Ist das nicht genau die Methode, die wir auch von den Männern in den erwähnten Paarbeziehungen kennen? Mehr oder weniger offen, mehr oder weniger versteckt untergraben sie, ohne es meist ausdrücken zu wollen, das Selbstvertrauen ihrer Frauen. Sie reiten mit zersetzender Kritik immer auf deren schwachen Punkten herum, zweifeln grundsätzlich an allem, was sie Neues ausprobieren wollen und wissen immer alles noch ein bißchen besser, so daß sie das Gefühl bekommen: Es ist aussichtslos, ihm gegenüber schaffe ich es doch nicht!

Auf diese Weise wirken beide dazu zusammen, die »offizielle« Beziehungsrealität zu erhalten: Er ist ein Prinz, sie ist ein Frosch. Daß sie auch eine allweise Wassilissa ist und er auch ein kleiner, deprimierter, jammernder Iwan: Das bleibt allen, oft auch den Beteiligten selbst, verborgen.

Wir können hier deutlich erkennen, wie durch ein bestimmtes Zusammenspiel zweier Menschen Beziehungsrealitäten geschaffen werden, die die Wirklichkeit verzerren oder nur noch sehr ausschnitthaft zur Geltung kommen lassen. Beide haben sich auf eine bestimmte »Definition« ihrer Beziehung geeinigt, die da lautet: er oben – sie unten. Dieser Beziehungsdefinition wird Gültigkeit zugeschrieben, obwohl sie mit dem, was zwischen den beiden tatsächlich passiert, nicht übereinstimmt. Sie legen sich damit auf eine »starr komplementäre« Beziehung fest. Komplementär ist dieses Beziehungsmuster, weil es auf Ergänzung und Anpassung angelegt ist, Wettstreit und Konkurrenz fehlen in der Beziehung völlig. Die Frosch-Frau ist immer für Iwan da. Starr ist dieses Muster, weil die Positionen »oben« und »unten«, jedenfalls offiziell, immer gleich bleiben. Er dominiert, sie paßt sich an.

Seine Werte, seine Normen, seine Bedürfnisse haben Gültigkeit und bestimmen das gemeinsame Leben. Sie ist ganz darauf bezogen und ordnet sich ihnen unter. Es gibt keine Versuche ihrerseits, eigene Vorstellungen zur Geltung zu bringen, oder sie bleiben zaghaft und werden von ihm entmutigt. Dabei könnte sein »Oben« gar nicht aufrechterhalten werden, wenn nicht die Frau mit ihrer ganzen Energie den Sockel bauen würde, auf den er sich dann stellen kann.

Unschwer ist in diesem Beziehungsmuster die Extremform der »patriarchalen Ehe« zu erkennen, wie wir sie heute noch immer, oft in geradezu grotesker Ausprägung, erleben und wie wir es aus einer jahrhundertealten Tradition, aus der jüdischen wie aus der griechischen, den Hauptquellen unserer Kultur, übernommen haben. Diese patriarchale Beziehungsform ist ja patriarchal nur nach außen, sozusagen offiziell. Nach innen, im Binnenraum der Beziehung, ist sie oft genauso einseitig matriarchal – von der Frau dominiert, so wie es auch das Märchen sehr schön zeigt. Darum ist es auch keineswegs so, wie oft gesagt wird, daß es sich dabei um ein einseitiges Ausbeutungsverhältnis handeln würde, in dem die Männer die Täter und die Frauen die Opfer sind. Denn beide »profitieren« aus dieser Beziehungsform, auch die Frosch-Frauen, nicht nur die Iwans. Denn sein Glanz fällt ja auch auf sie. In seinen Strahlen kann sie sich sonnen. Dabei ist sie der Notwendigkeit und des Risikos enthoben, selber zu leuchten. Sie kann es ihm überlassen, sich zu exponieren. Dabei hat sie als immer nur selbstlos Gebende eine hohe moralische Genugtuung. Während er im Lebenskampf Schläge empfängt und Schläge verteilt, muß sie sich die Hände nicht schmutzig machen. In reiner Selbstlosigkeit leuchtet ihr Licht, und sie fühlt sich darin heimlich ihrem Iwan oft himmelhoch überlegen, dessen Bedürftigkeit und Gier sie in ihrem Herzen gründlich verachtet.

Es ist also kein einseitiges Ausbeutungsverhältnis, wohl aber ein gegenseitiges! Denn *beide* beuten einander aus, selbst wenn sie sich bewußt und freiwillig auf dieses Beziehungsarrangement geeinigt haben. Denn gewisse Dinge stehen nicht zur Disposition. Iwan kann nicht seine Blüten allein auf ihrem Boden treiben. Auch wenn sie ihm anbietet, sein Boden zu sein, ist es dennoch ein Übergriff auf ihre unveräußerlichen Rechte. Und sie kann ihn nicht allein für sich blühen lassen. Auch wenn er das bereitwillig tut, er wird sich eines Tages ausgenützt fühlen. Es gibt ein gewisses Maß an Eigenständigkeit, das jeder selbst entwickeln muß und nicht vom andern borgen kann.

Iwan braucht seinen eigenen Boden: eigene Zuversicht, eigenes Vertrauen, eigene Fürsorglichkeit für sich selbst. Das kann nicht alles die Frosch-Frau für ihn aufbringen. Und die Frosch-Frau braucht eigene Blüten und Früchte, eigene Ziele, eigene Aufgaben, einen eigenen Sinn für sich selbst, das läßt sich nicht allein von Iwan borgen. Versuchen Paare es trotzdem, beginnen sie Haß aufeinander zu sammeln, Haß darüber, daß sie sich in ihrer Entwicklung gegenseitig blockieren. Denn dieses Beziehungsarrangement bedeutet ja, daß er sie auf eine Mutterrolle festlegt und sie ihn auf die Rolle des kleinen Jungen.

Sie läßt sich in dieser Beziehung als Mutter benutzen, die ihn aufpäppelt und fit macht für die nächste Runde im Lebenskampf, und er läßt sich zum kleinen Jungen machen, der mit seinen glänzenden Taten die Mutter erfreut. Es dürfen also elterliche und kindliche Qualitäten in der Beziehung leben, aber keine männlich-weiblichen. Die erotische Qualität kommt einer solchen Beziehung immer mehr abhanden, das Ressentiment auf den anderen, weil er die Entwicklung dieser Qualität behindert, nimmt immer mehr zu. Wie Iwan fängt der Mann an, die Frau immer mehr zu verachten, sich von ihr zu distanzieren und sich gegen sie zu wehren, und wie Wassilissa wird sie sich ihm immer mehr und mehr entziehen und als Frau für ihn unerreichbar machen. Dies führt uns jedoch bereits in die Krise dieser Beziehung, und so weit sind wir in unserem Märchen noch nicht fortgeschritten.

Kehren wir zurück zum Ausgangspunkt. Der Frosch und Iwan hier am Anfang des Märchens – und Wassilissa und Iwan am Ende: Welch ein Gegensatz! Am Anfang die wechselseitige Ausbeutung, am Ende die Liebe. Am Anfang die Karikatur, eine patriarchale Ehe, am Ende ein gleichberechtigtes Paar. Sagen wir nicht, dieses patriarchale Ehemuster hätten wir hinter uns. Sicher ist es als Leitbild heute weitgehend außer Kraft gesetzt. Aber in uns drinnen wirkt es noch kräftig nach. Unsere Gesellschaftsstruktur und Arbeitswelt lassen es immer wieder aufleben, denken wir nur an den übermenschlichen Arbeitsstreß, dem viele Männer ausgesetzt sind, so daß es kein Wunder ist, wenn sie wie Iwan eine mütterlich-tüchtige Wassilissa brauchen, die sie immer wieder aufrichtet und vor dem Zusammenbruch bewahrt. Außerdem: Die Beziehungsbilder, die wir in uns tragen, sind davon geprägt. Viele von uns haben Vater und Mutter so miteinander erlebt, und was wir als Kinder am Modell unserer wichtigsten Beziehungspersonen lernen, das prägt sich uns tief ein. Jeder weiß, wie er als Ehemann oder Ehefrau oft viel mehr diesem alten Modell gleicht, das er ablehnt, als dem neuen Leitbild, das er verficht! Und schließlich gibt es noch ureigenste Antriebe in uns selbst, die uns zu diesem Muster drängen. Sie stammen aus den früheren Beziehungserfahrungen unserer Kindheit und drängen darauf, alte ungestillte Beziehungsbedürfnisse in der heutigen Beziehung zu stillen und deshalb ein patriarchal-matriarchales Muster zu etablieren, anstelle eines erwachsen-gleichberechtigten. Iwan steckt (fast) in jedem Mann, und die Frosch-Frau (fast) in jeder Frau. Iwan und die Frosch-Frau sind unsere Geschichte und unser Schicksal. Darum sollten wir uns durch unser heutiges Beziehungsideal der Gleichberechtigung nicht verleiten lassen, Iwan und Wassilissa in uns zu verleugnen. Verleugnete Anteile unserer Person verschwinden nicht, sondern werden destruktiv. In Krisensituationen bricht plötzlich der Macho durch, und die große Wassilissa ist plötzlich der kleine Frosch. Darum ist es besser, Iwan und die Frosch-Frau in uns aufzusuchen und darauf aufmerksam zu werden, wie sehr sie unser Beziehungsleben noch bestimmen. Nur dann können wir uns mit ihnen in Bewegung setzen, in den Prozeß hinein, den das Märchen von den beiden schildert.

Damit das möglich wird, müssen wir aber mit dem

Märchen zurück an den Beginn dieser Beziehungsgeschichte, da, wo die beiden einander zum ersten Mal begegneten. Denn am Anfang von Liebesbeziehungen ist meist wie in einem Brennspiegel die gesamte Dynamik dieser Beziehung bereits »gesammelt«. Welche verborgenen Wünsche und Bedürfnisse »eigentlich« das Wesentliche dieser Beziehung ausmachen, wird hier – freilich oft nur für den Außenstehenden, nicht für die Beteiligten – überdeutlich. Der Anfang der Beziehung gibt Aufschluß über den tieferen Sinn und die tiefere Notwendigkeit, warum gerade diese beiden sich treffen »mußten«, und macht deutlich, welche Entwicklungsaufgaben die beiden und wir mit ihnen zu lösen haben, um vom Iwan und der Frosch-Frau des Anfangs zu Iwan und Wassilissa am Ende des Märchens zu gelangen.

Der große und der kleine Iwan

Weit hinter den blauen Meeren und hinter den sieben Bergen, da lebten einmal ein Zar und eine Zarin. Lang hatte der Zar in der Welt gelebt, und er hatte zu seinem Beistand drei Söhne, drei Zarewitsche. Alle drei waren jung und kühn. Am kühnsten aber und am schönsten war der jüngste, Iwan-Zarewitsch.

Eines Morgens ließ der Zar seine drei Söhne kommen und sprach: »Meine Kinder, ihr seid alt genug, um zu heiraten, ihr sollt Frauen bekommen. Darum nehmt eure Pfeile und Bogen, geht an die Grenze der Gemarkung und schießt eure Pfeile ab. Und wo euer Pfeil niederfällt, dort geht hin und freiet.« Also zogen die Zarensöhne zur Grenze, und es schoß der älteste. Sein Pfeil flog in den Hof eines Bojaren, und der älteste Zarensohn ging hin und freite die Bojarentochter. Es schoß der zweite. Sein Pfeil flog in das Haus eines Kaufmanns, eines reichen Mannes, und der zweite Zarensohn ging hin und freite um die Kaufmannstochter. Es schoß Iwan-Zarewitsch, und sein Pfeil flog auf zur Sonne, und man sah ihn nicht herniedersinken. Iwan-Zarewitsch suchte einen Tag, und er suchte auch noch einen zweiten Tag, und am dritten Tag, ...

Was für ein Mensch ist dieser Iwan zu dem Zeitpunkt, da er die Froschprinzessin trifft und die beiden ein Paar werden?[7] Er ist ein Königssohn, ein Zarewitsch, der jüngste von dreien. Als Jüngster scheint er aber zunächst nicht, wie das oft in Märchen, in denen drei Brüder vorkommen, der Fall ist, der Dümmste, Einfältigste oder Benachteiligte zu sein. Er wird vielmehr als der Kühnste und Schönste der drei geschildert und als derjenige, der den Pfeil am weitesten zu schießen weiß. Aber er erleidet dann doch das häufige Schicksal der jüngsten Söhne. Er hat den anderen gegenüber Pech. Während diese wenigstens Frauen aus Fleisch und Blut finden, führt ihn sein Pfeilschuß zu einem Frosch.

Wie läßt sich dieses Geschehen psychologisch verstehen? »Lang hatte der Zar in der Welt gelebt... Eines Morgens ließ (er) ... seine drei Söhne kommen und sprach: ›Meine Kinder, ihr seid alt genug, um zu heiraten, ihr sollt Frauen bekommen.‹« Aus diesen Sätzen ergibt sich, daß ein Generationswechsel ansteht. Der Lebensbogen des alten Zaren neigt sich zu seinem Ende. Die Söhne sollen heiraten, und damit soll die Voraussetzung für die Nachfolge geschaffen werden. Der Zar leitet, ohne uns und den Söhnen dies weiter durchsichtig zu machen, eine Art Ausscheidungsverfahren ein, das einen würdigen Nachfolger erweisen soll. Denn es scheint von großer Bedeutung zu sein, welche Frauen die Söhne nach Hause bringen, und dies wiederum scheint mit der Qualität des Pfeilschusses zusammenzuhängen. Jedenfalls scheint Iwan-Zarewitsch zu hoffen, daß er mit dem besten Pfeilschuß auch die beste Frau nach Hause bringen und sich damit als Thronfolger empfehlen wird.

»Nehmt eure Pfeile und Bogen, geht an die Grenze der Gemarkung und schießt eure Pfeile ab. Und wo euer Pfeil niederfällt, dort geht hin und freiet.« Der Zar schickt seine Söhne aus dem Haus, dem Bereich der Kindheit, hinaus an die Grenze zur Welt der Erwachsenen. Es gilt, die alten Grenzen zu überschreiten und in Neuland vorzustoßen. Dies ist eine Krisensituation, sie macht gewöhnlich Angst und bringt an den Tag, was in der Kindheit zu wenig vorbereitet wurde. Viele junge Menschen, vor allem junge Männer, kommen an dieser Schwelle ihres Lebens in ernste Krisen. Mit dem Pfeil der eigenen, noch unsicheren Männlichkeit in die unbekannte Weite des Erwachsenenalters vorzudringen, löst zuweilen sogar Panik aus, vor allem dann, wenn ein übermächtiger Vater oder eine festhaltende Mutter sie nicht auf diesen Schritt vorbereitet haben. Daß unsere drei mit solchen Vorerfahrungen zu tun haben könnten, klingt in unserem Märchen an, wenn der Zar sie, die bereits Herangewachsenen, nach wie vor »Kinder« nennt und sie, ohne sie über die Situation und sein Vorhaben auch nur mit einem Wort aufzuklären, einfach losschickt.

Junge Menschen in dieser Situation fühlen sich manchmal überfordert. Sie weichen gerade an solchen Wendepunkten ihres Lebens in Krankheiten, Passivität, Drogen oder Psychosen aus. Solche Symptome im jungen Erwachsenenalter sind keine Seltenheit. Sie sind Versuche, sich der befürchteten Überforderung zu entziehen, Zeichen einer mißglückten Ablösung und unbewußte »Strategien«, den als zu abrupt erlebten Schritt ins Erwachsenenalter hinauszuzögern.

Auch in unserem Märchen scheint sich ein solches Mißlingen des Ablöseprozesses abzuzeichnen. Alle drei Söhne nehmen zwar ihre Pfeile, gehen an die Grenze und schießen. Aber, wie sich später herausstellt, schießen die beiden Älteren zu kurz, und Iwan, der Jüngste, schießt zu weit. Die Pfeile der Älteren landen beim Bojaren und beim Kaufmann. Deren Töchter werden an den gestellten Aufgaben scheitern, der Zar wird sie aus dem Hause jagen. Stehen die beiden im Schatten des großen Vaters? Wagen sie es nicht, den Pfeil ihrer Männlichkeit so weit zu treiben, daß er zu einer würdigen Frau findet? Kapitulieren sie von allem Anfang an, weil es ohnehin aussichtslos erscheint, es diesem Vater gleichzutun? Oder aber – was sich oft mit dieser Resignation mischt, obwohl es wie das Gegenteil aussieht – ist der ungenügende Pfeilschuß ihre Form der Rebellion gegen den Vater? Wie in vielen anderen Märchen fällt auf, daß die älteren Brüder keine Mühe an den Tag legen, die von ihnen erwartete Leistung zu erbringen. Ist das ihre Methode, der Übermacht ihres Vaters ein Schnippchen zu schlagen? Zu versagen ist jedenfalls ein häufiger Weg von Söhnen, leistungsbetonte Väter kleinzukriegen. Dies ist ihre Weigerung, erwachsen zu werden. Sie setzen sich mit den gestellten Aufgaben nicht auseinander, sondern weichen aus.

Der Jüngste tut gerade das Gegenteil. »Es schoß Iwan-Zarewitsch. Sein Pfeil flog zur Sonne, und man sah ihn nicht herniedersinken.« Iwan tritt die Flucht nach vorne an. Er will der Kühnste und Schönste sein. Vielleicht ruht das Auge des Vaters auf ihm besonders hoffnungsvoll. Vielleicht hat er am meisten die Last seiner Erwartung zu tragen. Und außerdem: Er hat zwei ältere Brüder. Als Kind war er ihnen körperlich unterlegen – für viele Jüngste oft eine verletzende Dauerkränkung. Jetzt schickt ihn der Vater wie die anderen »an die Grenze«. Das ist seine Chance. Jetzt kann er sie vielleicht überflügeln. Iwan jagt seinen Pfeil bis zur Sonne, und man sieht ihn nicht mehr herabkommen. Die anderen schießen zu kurz, er schießt über das Ziel hinaus. Während die anderen vor dem Vater kapitulieren, versucht er seine Erwartungen zu übertreffen. Er will über sich selbst hinauswachsen, er will es ihnen allen »zeigen«.

Iwan-Zarewitsch scheint ein typischer »Jüngster« zu sein. Die Geschichte der Jüngsten ist oft davon geprägt, daß sie unter ihrer Kleinheit als Kind gelitten haben. Die älteren Geschwister haben oft über sie gelacht, den Vater haben sie als unerreichbar erlebt, und für die Mutter waren sie der »liebe Junge«, das letzte ihrer Kinder, das sie gerne für sich und darum klein behalten wollte.

Wenn Iwan den Pfeil bis zur Sonne schießt, heißt das auch: Er »überidentifiziert« sich mit dem männlichen Prinzip, mit der männlichen Welt. Mit ungeheurer Anstrengung versucht er dorthin zu gelangen, wo er Stärke, Kraft und Größe für sich erhofft. Das aber bedeutet andererseits, daß er das weibliche Prinzip in sich abwehrt. Anders als der Frosch im Grimmschen Märchen, der den weiblichen Seiten seiner Mutter nachlebt und seine Männlichkeit nicht entwickelt, wehrt Iwan sich gegen die Mutter, lehnt das Weibliche überhaupt ab und geht, um es endlich loszuwerden, mit fliegenden Fahnen ins männliche Lager über. So identifizieren sich die »Iwans« als die Kühnsten mit einer extrem einseitigen Männlichkeit. Sie werden Machtmenschen, Verstandesmenschen, Geistesmenschen, Politiker, Manager, Professoren, Geistliche; sie sind als solche einsame Spitze, aber eben »einsam«, das heißt ohne die Fähigkeit zu echter Bezogenheit – und »Spitze«, das heißt, es fehlt ihnen das Runde, Volle, Satte, eben das Weibliche. Sie haben es nicht integriert, aber auch nicht wirklich überwunden. Wie Iwan kippen sie plötzlich und werden der weinerliche, deprimierte kleine Junge, der zu Hause die Mutter dringend braucht, damit sie ihn aufrichtet und tröstet. Sie sind in höchstem Maße krisenanfällig und bedroht, selbst wenn das aufgrund ausgeklügelter »Sicherheitssysteme«, mit denen sie sich umgeben, nicht mehr nach außen sichtbar wird. Solche Sicherheitssysteme sind ihre Intelligenz, ihre Tüchtigkeit, ihre Kreativität, alles, worin sie »Spitze« sind. Aber unmittelbar neben dieser Grandiosität lauert die Depression: »Da geriet er in einen Sumpf, und er suchte einen Ausweg.«

Die Dinge haben aber immer zwei Seiten. Den Pfeilschuß des Jüngsten kann man als das Bild einer »krankhaften Entwicklung« sehen. Verglichen damit sind die Pfeilschüsse der Brüder die viel »normaleren«. Die andere Seite aber ist, daß die Älteren sich damit der gestellten Lebensaufgabe verweigern, während der Pfeilschuß des Jüngsten eine Entwicklung in

Gang setzt, die sich zwar in einem dramatischen und krisenhaften Prozeß vollzieht, letztlich aber doch der viel produktivere Weg ist. Damit wird das Märchen zu einer kritischen Anfrage an eine weitverbreitete Auffassung, nach der als krankhaft das abweichende, als gesund das unauffällige, weil angepaßte Verhalten angesehen wird. Der durchweg unangepaßte, ja exzentrische Iwan findet Wassilissa und damit sein Glück, den älteren unauffälligen Brüdern dagegen wird die Herrschaft verweigert. Jene Weltsicht, die gesund mit angepaßt und krank mit abweichend gleichsetzt, wäre aber nicht überwunden, sondern im Grunde nur bestätigt, würde das Märchen nun Iwan ausschließlich als den Gesunden, die Brüder ausschließlich als die Kranken hinstellen. Das Märchen tut dies nicht, es kennt überhaupt die Kategorien gesund und krank nicht. Alle drei Pfeilschüsse und ihre Ergebnisse haben ihre Problematik. Jeder hat, um es so zu sagen, seine Neurose, das heißt sein unerledigtes Lebensproblem, das ihn begleitet, sich in alle gegenwärtigen Lebensbezüge einmischt und ihm Mühe bereitet, jeder hat seine irrationalen Ängste und seine ungestillten Bedürfnisse, die eine heile Welt in weite Ferne rücken. Unterschiedlich ist nur, wie damit umgegangen wird. Die Brüder schießen zu kurz, Iwan zu weit. Beides symbolisiert einen destruktiven Umgang mit dem jeweiligen Lebensproblem. Beides kann zu einem zwanghaften, immer wiederkehrenden unproduktiven Muster werden. Aber es gibt einen Unterschied: Iwan ist der Leidenschaftlichere im Vergleich zu seinen Brüdern. Pathos, Leidenschaft, innere Glut zeichnen ihn aus. Sie lassen ihn nicht zur Ruhe kommen. Iwan geht weiter, sucht weiter, kämpft weiter – auf vielen Irrwegen zwar, aber er bleibt dabei lebendig. Das macht seinen Weg produktiv, das bringt ihn gegenüber seinen Brüdern weiter.

Freie Partnerwahl?

Da geriet er in einen tiefen Sumpf, und er suchte den Ausweg. Und wie er so suchte, da sah er einen Pfeil bei einem Frosche liegen. Schon wollte er sich umwenden, da rief ihm der Frosch zu:

»Iwan-Zarewitsch, du suchest doch deinen Pfeil! Nimm deinen Pfeil, nimm aber auch mich mit, sonst wirst du nie mehr aus diesem Sumpf herausfinden.«

Was blieb Iwan-Zarewitsch anderes übrig, er nahm seinen Pfeil, packte den Frosch und schob ihn in seine Rocktasche, ging traurig zu seinem Väterchen, dem Zaren, und sprach:

»Sieh an, ich kann doch keinen Frosch zur Frau nehmen.«

Solche »Übermänner« wie Iwan fühlen sich innerlich sehr unsicher. Sie sind viel kleiner, viel mehr von Angst getrieben, als es nach außen sichtbar wird. Sie geraten außerhalb ihrer gewohnten Umgebung und außerhalb ihrer eingespielten Berufsrolle plötzlich in einen Sumpf, in dem sie zu versinken drohen. Unsicherheit, Depression und Hilflosigkeit überfallen sie. Darum suchen sie jemanden, der ihnen Halt bietet. Aber an selbstbewußte, starke Frauen trauen sie sich nicht heran, aus Angst, die könnten sie festhalten, ihnen ihre Männlichkeit rauben, wie ihre Mutter. Jedenfalls für eine Dauerbeziehung meiden sie diese Frauen, obwohl sie natürlich in ihren Träumen den Kopf voll von tollen Superfrauen haben, die ihrer Schönheit und Kühnheit neuen Glanz verleihen könnten. In ihrer Partnersuche landen sie aber meist bei einem kleinen Frosch-Fräulein. Hier finden sie ihren Pfeil wieder. Iwan will natürlich keine solche Partnerin haben und sucht das Weite. Aber die Frosch-Frau will mitgenommen werden.

Im Gegensatz zu ihrer späteren Sanftheit und Zurückhaltung zeigt sie hier eine ganz andere Seite. Ähnlich wie der Frosch im Grimmschen Märchen, allerdings viel weniger direkt, wie es einem weiblichen Frosch in einer patriarchalen Gesellschaft ziemt, weiß sie zu drohen: »Nimm aber auch mich mit, sonst wirst du nie mehr aus diesem Sumpf herausfinden.« Das Frosch-Fräulein spürt sehr wohl, wo der große Iwan zu packen ist. Intuitiv spürt sie seine seelische Notlage, aber auch sein Problem, sich zu binden. Da muß eine leise Drohung nachhelfen, eine vage Unglücksverheißung oder eine Klage, die schlechtes Gewissen macht. Männer wie Iwan haben Probleme, sich von Frauen abzugrenzen, wenn sie mit ihren Wünschen konfrontiert sind. Sie sind ja auch gute Söhne ihrer Mütter, die es also Frauen recht machen wollen. Darum kommen sie in große Schwierigkeiten, wenn sie so angegangen werden. Außerdem will er ja aus dem Sumpf heraus, und dazu braucht er sie.

Aber auch das Frosch-Fräulein braucht ihn. Sie

sieht in ihm die Chance, zu einem ansehnlichen Mann zu kommen. Darum packt sie hier, was man ihr gar nicht zutrauen würde, so fest zu. Es geht umgekehrt wie im »Froschkönig« der Brüder Grimm: Hier ist der Mann der Kühnste und Schönste und die Frau der Frosch. Sie verspricht sich von seinem Glanz die Erlösung aus ihrer Froschhaut. Dafür ist sie hier die Hilfreiche (und versteckt Dominante), die Mütterliche, die ihm in seiner Haltlosigkeit Orientierung und Unterstützung verspricht: »Ich weiß den Weg aus dem Sumpf! Mit mir zusammen wirst du es schaffen.« Daß sie ein kleines Fröschlein ist, ist dabei von Vorteil. So gemahnt sie ihn nicht zu sehr an seine Mutter und macht ihm darum keine Angst. Iwan braucht sie gerade so, wie sie ist. In dieser Umkehrung ist das Beziehungsmuster allerdings doch wieder sehr ähnlich wie im »Froschkönig«: Die Basis der Beziehung ist nicht Liebe, sondern Bedürftigkeit. Einer verspricht sich vom andern, was ihm fehlt. Die eigenen Entwicklungsdefizite sollen vom andern ausgefüllt werden.

»Was blieb Iwan-Zarewitsch anderes übrig...« Damit wird die existentielle Not und »Notwendigkeit« dieser Partnerwahl ausgedrückt, und es ist eine Tatsache, daß sehr viele Beziehungen so entstehen: nicht aus Liebe in Freiheit, sondern aus dem Zwang innerer Not. Unsere »freie Partnerwahl« ist nicht wirklich frei. Früher bestimmten die Eltern äußerlich den Ehepartner, heute tun sie es innerlich. Innerlich fühlt Iwan sich ihnen gegenüber noch so klein, daß er eine andere Frau gar nicht finden könnte. Um sich stark zu fühlen, muß er sie »in die Rocktasche schieben« können. Dabei meldet sich freilich sogleich wieder die andere Seite, die des Schönen und Kühnen, der sich die tollste aller Frauen erträumt. Darum geht er traurig zu seinem Väterchen, dem Zaren, und jammert: »Ich kann doch keinen Frosch zur Frau nehmen.«

So oder ähnlich sieht oft die Vorgeschichte des Mannes in der »patriarchalen Ehe« aus. Der harte Politiker, der glänzende Professor, der risikofreudige Manager wird in seinem Handeln von einem kleinen, angstvollen Iwan bestimmt, der den Bogen überspannt, um es seinen Brüdern und seinem Vater zu zeigen, aber im Bemühen, von seiner Mutter los- und auf eigene Füße zu kommen, landet er in seiner Partnerwahl bei dem kleinen Fröschlein.

Der kleine Frosch – die große Wassilissa

Wie Iwan seine Frau finden »mußte«, das ist aus dem Zusammenhang des Märchens recht deutlich geworden. Über das Frosch-Fräulein, das sich so geheimnisvoll in der Nacht zur schönen Wassilissa wandelt, erfahren wir auf den ersten Blick nicht viel. Um ihre Geschichte und ihre Partnerwahl zu verstehen, müssen wir die Hinweise aus dem ganzen Märchen zusammensuchen.

Sie ist ein kleiner unscheinbarer Frosch. Der mächtige Druck, den sie mit ihrem ersten Satz auf Iwan ausübt, macht deutlich, wie existentiell wichtig es für sie sein muß, diese Beziehung zustande zu bringen. In diesem ersten Kontakt der beiden ist die ganze spätere Beziehung enthalten: Nach außen ist sie das Fröschlein, das er in die Tasche steckt, aber nach innen bestimmt sie das Geschehen. Sie erzwingt die Beziehung. Ihr Druck läßt Iwan keine Wahl. Was für eine Frau bildet sich in diesem Frosch-Fräulein ab?

Der alte Mann, dem Iwan später begegnet, sagt über sie: »Wassilissa wurde klüger und mächtiger als ihr Vater. Deshalb hat er sie in einem unbedachten Augenblick in einen Frosch verwandelt.« Bei einem anderen Nacherzähler lautet die Stelle: »Wassilissa, die Weise, kam klüger und gewitzter als ihr Vater zur

Welt, und aus Zorn darüber machte er sie für drei Jahre zum Fröschlein.«

Wer ist dieser Vater? Wir erfahren das nicht direkt aus diesem Märchen, können es aber aus anderen Wassilissa-Märchen der russischen Tradition erschließen: Ihr Vater ist der »unsterbliche Koschtschej«[8] selber, der sie in unserer Geschichte nach der Trennung von Iwan in Gewahrsam nimmt. Der unsterbliche Koschtschej nämlich ist oft identisch mit dem »Wasser-Zaren«[9], und dieser wiederum erscheint in anderen Märchen als der Vater Wassilissas. Koschtschej hat sie also aus Zorn darüber, daß sie klüger und mächtiger war oder wurde als er selbst, in einen Frosch verwandelt.

Eine typische, tragische Vater-Tochter-Geschichte scheint hier angedeutet, die verständlich macht, warum Wassilissa als Frosch-Frau gerade Iwan zum Partner wählen mußte.

Koschtschej heißt übersetzt »der Knochige«. Er ist mächtig, hart und grausam. Er tritt immer als Feind des Weiblichen auf und trennt die Heldin von ihrem Helden, sobald die Liebenden irgendeinen Fehler begehen. Er wird »der Unsterbliche« genannt, aber dies hat eher die Funktion einer Maskerade, die Eindruck erwecken soll, denn der angeblich Unsterbliche wird letzten Endes in den Märchen ständig überwunden, besiegt, getötet. Sein Leben, so wird gesagt, ist »in der Spitze einer Nadel«. Diese Nadel ist mit komplizierten Sicherheitssystemen umgeben: Sie ist in einem Ei, dieses ist in einer Ente, die Ente in einem Hasen, der Hase in einer Kiste, und die Kiste ruht unter einer Eiche. Aber die Nadel ist zerbrechlich, und sie befindet sich außerhalb seiner selbst. Trotz der undurchdringlich erscheinenden Abschirmung ist seine Lebenskraft somit in höchstem Maße gefährdet. Das Spitzige, das Knochige, die Frauenfeindlichkeit: Das deutet wiederum auf eine einseitige, extrem betonte Männlichkeit hin, und das Runde, in sich Ruhende, Erdhafte, das Weibliche fehlt ihm völlig. Hier zeigt sich überraschend eine Parallele zum Pfeil und zum überzogenen Pfeilschuß Iwans am Anfang des Märchens. In der einseitig betonten Männlichkeit sind sich die beiden ähnlich.

Dieser Koschtschej ist Wassilissas Vater. Die Tochter hat seinen Zorn erregt, und darum mußte sie zum Frosch werden. Koschtschej und Wassilissa: Das erinnert mich an so manche Vater-Tochter-Geschichte, die ich in stark patriarchal-strukturierten Familien kennengelernt habe. Zum Beispiel fällt mir ein solcher »Koschtschej« auf einem norddeutschen Bauernhof ein, ein harter, arbeitsamer Mann, Haupt einer fünfköpfigen Familie, Herr über einen stattlichen Hof.

Alle Felder, die ihm gehörten, lagen rund um den Hof. So sah »Koschtschej« auch sich selbst: als Mittelpunkt der Familie, die er als Besitz betrachtete. Damit er sich anerkannt fühlen konnte, durfte niemand an dieser Position rütteln. Dabei war er keineswegs ein Unmensch. Er liebte seine Familie, vor allem seine Töchter und von ihnen besonders eine, seine »Wassilissa«, die sich als besonders zupackend, vital und tüchtig zeigte, schon als kleines Mädchen. Das imponierte ihm. Aber er vermochte seine Liebe nicht zu zeigen, außer durch seinen Besitzanspruch.

Wenn »Wassilissa« auf seinen Schoß kletterte, um ein wenig mit ihm zu schmusen, streckte er ihr den spitzen Stoppelbart hin und lachte darüber, wenn die Kleine verstört das Weite suchte. Er wußte nicht, wie man mit einem kleinen Mädchen umgeht, er brachte kein zärtliches Wort über seine Lippen und er konnte, als sie größer wurde, unheimlich hart werden, wenn sie ihre eigenen Interessen vor die seinen oder die der Familie stellte. Blieb sie einmal länger bei einer Freundin, konnte es sein, daß er sie unbarmherzig schlug und erniedrigte. An Kontakt zu Jungen war schon gar nicht zu denken. Aber mit guten Schulnoten konnte sie ihn beeindrucken, das merkte sie, und vor allem, wenn sie im Haus und auf dem Feld kräftig zupackte, dann erzielte sie Wirkung bei ihm. Sie bekam mit, daß er nach außen hin, vor anderen, kräftig mit ihr prahlte, also offenbar mächtig stolz auf sie war. So gab er ihr indirekt immer wieder zu verstehen: »Du bist in Ordnung, wenn du ganz für mich da bist. Dann bist du für mich wichtig ... sogar wichtiger als die Mutter!«

Diese Mutter war kränklich und schon relativ alt, als das Mädchen zur Welt kam. Die junge und vitale »Wassilissa« mußte den Eindruck bekommen: Eigentlich wäre ich die viel bessere Frau für ihn! Verstärkt wurde dies noch, als der Hof in wirtschaftliche Turbulenzen geriet. Weil sie immer wieder abgewiesen worden war, wollte die Mutter von diesen Dingen nichts mehr wissen, sie zog sich zurück, »Koschtschej« aber kam in arge Schwierigkeiten. Der Hof war sein ein und alles, sozusagen die Nadel, in deren Spitze seine Lebenskraft saß. »Wassilissa« spürte seine Not, über die er nicht reden konnte. Anstatt sich um ihr eigenes Leben zu kümmern, zermarterte sie sich Tag und Nacht das Gehirn, wie sie ihm nur helfen könnte. So lernte sie, wie man eine Menge Tüchtigkeit, Kraft, Klugheit und Durchhaltevermögen entwickelt, aber nicht für sich, nicht für eigene Ziele, sondern nur für andere, für ihn und für die Familie. Die Tüchtigkeit für sich selber nutzbar zu machen, das war mit strengsten Verboten belegt.

»Koschtschejs« Zorn traf »Wassilissa« immer dann, wenn sie etwas für sich wollte. Immer wenn sie weise und mächtig für sich selber sein wollte, bedeutete das für ihn: weiser und mächtiger als er. »Koschtschej« konnte sich nur vorstellen: Entweder ist sie ganz für mich da, oder ich bin nichts mehr für sie. Dagegen kämpfte er mit aller Macht. Dies war sein Bannfluch, der »Wassilissa« mehr und mehr zur Frosch-Frau werden ließ, die ihre Fähigkeiten nur noch im Verborgenen und für ihn entfalten konnte.

In ihrer Mutter hatte sie leider keine Alternative, denn diese hatte den Kampf um ihre Eigenart schon lange aufgegeben. Sie diente still und resigniert. Damit gab sie unbeabsichtigt der Tochter dieselbe Aufforderung noch einmal: Kümmere du dich um den Vater, mach ihn zufrieden, gib es auf, für dich etwas zu wollen!

So oder ähnlich ist das Kindheitsschicksal vieler »Wassilissas«. Dabei ist wichtig zu beachten, daß das weibliche Potential solcher Frauen durchaus vorhanden ist. Es hat ja trotz allem auch viele Entwicklungsanstöße und Herausforderungen erfahren. Auch die erotische Seite fehlt keineswegs, denn sie spielt unausgesprochen oft eine große Rolle in solchen Vater-Tochter-Beziehungen. Aber das alles bleibt gebunden im väterlichen Bereich. Frau ist sie nun für »ihn«. Sie darf sich nur entfalten, wenn sie sich für ihn »aufopfert«. So wie der Vater auf dem Hof inmitten seiner Felder regiert, regiert er auch mitten in ihrem Herzen. Wenn sie dann »Iwan« trifft, dann hofft sie vielleicht, daß dieser Kühnste und Schönste ihre Weiblichkeit vom Vater löst. Er ist jünger und attraktiver, also scheint er ganz anders zu sein als der Vater. Und er befindet sich in einer Notlage. Intuitiv benützt sie diese als Zugang, ohne dabei zu merken, daß sie genau dasselbe wieder einzufädeln beginnt: Er wird sie brauchen, das wird ihr Gelegenheit geben, ihre Wassilissa-Seiten voll auszufahren – aber wieder nur »für ihn«. Dasselbe Muster wie mit ihrem Vater beginnt sich wieder abzuzeichnen. Denn Iwan, der Pfeilschütze, hat in Wirklichkeit viel mehr Ähnlichkeiten mit dem knochigen, aber brüchigen Koschtschej, als es zunächst den Anschein hat. Wassilissa stellt im Märchen selbst diese Verbindung her. Das Brot wird für Iwan so gebacken, »wie es mein Väterchen speiste«, und das Kleid wird so genäht, »wie es mein Väterchen trug«. Nur in der Nacht, wenn es niemand sieht, wird sie wieder Wassilissa sein. Am Tag bleibt sie der Frosch, damit Iwan und in ihm das »Väterchen« der Große bleibt!

Wenn Iwan und das Frosch-Fräulein so zu einem Paar werden, spielt dann dabei die erotische Liebe zueinander überhaupt eine Rolle? Sie heiraten sich aus der spezifischen Beziehungsdynamik ihrer Herkunftsfamilien heraus, also weil sie sich brauchen, nicht weil sie sich lieben. Aber stimmt denn dieser Gegensatz? Ich habe im »Froschkönig«[10] Brauchen und Lieben als Gegensätze bezeichnet, und in gewissem Sinn stimmt das nach wie vor. Brauchen und Lieben rein für sich genommen schließen sich aus. Denn Brauchen heißt, daß ich den andern auf mich beziehe, im Extremfall ihn mir »einverleibe«. Liebe dagegen ist Hingabe, also Bezogenheit auf den anderen. Die Bewegungsrichtung ist die umgekehrte. Dennoch sind Brauchen und Lieben eng miteinander vermischt. Darum möchte ich diese Gegensatzformulierung modifizieren.

Was ist eigentlich Liebe? In Platons berühmtem »Gastmahl« antwortet einer der Teilnehmer auf diese Frage mit einem alten Mythos. Die Menschen – jeweils Mann und Frau – waren in fernen Zeiten am Nabel zusammengewachsen. Dieses vollkommene Menschenwesen wurde den Göttern zu mächtig, deshalb trennten sie es. Seither sucht die eine Hälfte die andere: Das ist der Eros, die Liebe.

Liebe wird hier gesehen im Zusammenhang mit Vereinigung von »männlich« und »weiblich« zu einer ursprünglicheren, umfassenderen Einheit. Liebe ist demnach die Triebkraft zur Vereinigung der Gegensätze in einer umfassenden Ganzheit. Diese Ganzheit, die ein Symbol für das Göttliche ist, suchen und ersehnen wir. Dieses Suchen nach der Ganzheit ist die geheime Antriebsfeder jeder Liebe.

Auch Iwans und der Frosch-Frau gegenseitiges »Brauchen« ist bei allen problematischen Anteilen ein Suchen und Abbilden dieser höheren Einheit. Jeder sucht beim anderen oder mit Hilfe des anderen seine »andere Hälfte« und damit die größere Ganzheit und Fülle des Lebens. Darum ist dieses gegenseitige Brauchen auch schon ein Lieben – auf einer noch sehr unreifen Stufe. Diese Unreife bringt es mit sich, daß die Verbindung der beiden auf dieser Stufe des Brauchens wieder aufgelöst werden muß, damit ein weiterer Reifungsprozeß zu einer neuen Ganzheit auf höherer Ebene möglich wird. Auch hier ist es darum gefährlich, eine Liebe wie zwischen Iwan und Wassilissa neurotisch oder krankhaft zu nennen. Denn es geht nicht darum, etwas Krankes zu beseitigen, was zum Beispiel heißen könnte, diese Beziehung wieder aufzulösen, sondern es geht darum, etwas Unreifes reifen zu lassen, zu läutern, zu verwandeln. Dazu braucht es ein »Hindurchgehen«, ein »Durchleben« und ein »Durchleiden«. Anders ist reife Liebe nicht zu haben.

Nimm sie immerhin ...

»Nimm sie immerhin«, sprach der Zar, »vielleicht ist sie dein Schicksal.« Also wurde die Brautkrone über Iwan-Zarewitsch und den Frosch gehalten, und so waren sie einstweilen verheiratet.

So wie im »Froschkönig« die Prinzessin kurz nach ihrem Eheversprechen dem Frosch davonläuft, so versucht auch in unserem Märchen der Zarewitsch den Konsequenzen seines Versprechens zu entrinnen. Er beklagt sich bei seinem Vater: »Sieh an, ich kann doch keinen Frosch zur Frau nehmen!« Und wie im »Froschkönig« der Vater der Prinzessin, so sorgt auch hier das »Väterchen Zar« dafür, daß das Begonnene nicht rückgängig gemacht, sondern weitergeführt wird: »Nimm sie immerhin ... vielleicht ist sie dein Schicksal.«

Wie der Zar das hier sagt, klingt es allerdings abgeklärter und versöhnlicher als die Moralmaxime des Königs bei den Brüdern Grimm (»Was du versprochen hast, das mußt du auch halten!«). Vielleicht ist es dieser weisere Ton, der mir eine Überlegung nahegebracht hat, die mir im nachhinein nun auch den Vater im »Froschkönig« in freundlicherem Licht erscheinen läßt.[11] Eigentlich ist es ja ärgerlich, was der Zar hier und der König dort sagen. In hellem Zorn könnte man antworten: Du hast gut reden, mit deinem »Nimm sie nur«. Bist du nicht selber schuld an dieser unmöglichen Partnerwahl deines Kindes, die so viel Leid und Plage über das Paar bringen wird? Du solltest mehr Verständnis für Iwans Not aufbringen, eigentlich müßtest du Schuldgefühle haben, eigentlich müßtest du ihm helfen, daß er da wieder herauskommt!

Natürlich ist es richtig: Hätten die Eltern ihr Kind wirklich annehmen können, hätten sie sein Selbstbewußtsein mehr gestärkt, hätten sie seiner Geschlechtsentwicklung mehr Unterstützung angedeihen lassen, Iwan müßte heute keinen Frosch freien und Wassilissa wäre kein auf einen Iwan angewiesener Frosch. Dennoch sagt der Zar, von solchen Überlegungen anscheinend nicht beunruhigt: »Nimm sie ... vielleicht ist sie dein Schicksal.« Bringt er damit vielleicht die Einsicht zum Ausdruck, daß niemand von uns es seinen Kindern ersparen kann, die elterlichen Defizite und Verbiegungen mit in das eigene Leben hineinzunehmen? Das konnten unsere Eltern uns nicht ersparen, und wir können es unseren Kindern nicht abnehmen. Auch wenn wir uns noch so bemühen, Therapien machen und psychologische Bücher lesen, wir geben nicht nur Segen weiter, sondern auch Fluch.

Früher, bevor wir an den Erkenntnissen der Tiefenpsychologie teilhatten, waren wir geneigt, die Eltern zu entschuldigen und zu idealisieren. Heute, nachdem wir zum Beispiel Alice Millers Bücher gelesen haben[12], neigen wir dazu, sie zu beschuldigen, zu verteufeln und uns selbst als Eltern mit Schuldgefühlen zu plagen.

Hinter beidem, der Idealisierung wie der Verteufelung, steckt ein und dasselbe Ideal: das scheinbar humanistische Ideal einer heilen Natur des Menschen. Demnach muß es möglich sein, nur positiv, nur liebevoll und fördernd zu sein. Es darf nicht sein, daß Eltern – unsere Eltern und wir selbst als Eltern – Segen *und* Fluch weitergeben. Natürlich ist dieses Ideal gut, solange es dem ehrlichen Bemühen dient, im Umgang mit Kindern selbstkritisch, aufrichtig und aufmerksam zu sein. Es wird aber destruktiv und unmenschlich, wenn wir mit Hilfe dieses Ideals die Realität verleugnen. Und die Realität ist, daß wir beides an unsere Kinder weitergeben: Segen *und* Fluch. Dies ist nicht vermeidbar, weder bei unserer Erbmasse, die wir auch mit ihren dunklen Anteilen weitergeben, noch bei dem sozialen Geflecht mit seinen Unrechtsstrukturen, das wir mitgeschaffen haben und immer wieder neu schaffen und in das wir unsere Kinder hineinweben. Wir geben schließlich auch unsere Begrenzungen weiter, die unseren Kindern viele schöne, wichtige und auch nötige Lebensbereiche verschließen, und ebenso unseren inneren »Dämon«, wie Eric Berne die tiefsitzende zerstörerische Neigung in uns genannt hat. Mit all dem bestimmen und beeinträchtigen wir die Lebensbedingungen und Startchancen unserer Kinder. Dies ist die psychologische Wahrheit der Lehre von der Erbschuld, die ja nicht im moralischen, sondern in diesem schicksalhaften Sinn von Schuld spricht. Unser Familiensystem, dem wir angehören und an dem wir weiterbauen, ist von

Generationen her bestimmt auch von Unrecht, Bosheit und Einengung. Wir sind dem ausgeliefert, und Kinder zu zeugen und zu gebären heißt, sie diesem Geflecht ebenfalls auszuliefern.

Wir können diesem Erbe nicht entrinnen, und wir werden es auch nicht völlig »gereinigt« weitergeben. Wenn wir dies erzwingen wollen, ergeht es uns genau wie Iwan, der mit seinem übermenschlichen Pfeilschuß seiner Geschichte entrinnen wollte: Wir fallen gerade voll in sie zurück.

Darum sagt der Zar in anderen Worten: »Es gibt keine Alternative. Die Frosch-Frau ist eben die Frau, die dir, so wie du heute bist, entspricht. Darum nimm sie!« – Wie der weitere Verlauf des Märchens zeigt, versteht Iwan das noch lange nicht. Er hadert weiter mit seinem Schicksal, wie seine immer wiederkehrende Traurigkeit zeigt. Offenbar fühlt er sich festgelegt, in der Falle. Seine großen Ideen rücken in die Ferne, seine Auserwählung zum Thronfolger scheint in Frage gestellt, seine strahlende Männlichkeit blamiert. Er sieht noch nicht, daß diese Partnerwahl, weil sie seinem Entwicklungsstand entspricht, ihm genau jene Entwicklungsaufgabe stellt, die für ihn jetzt dran ist. Seine Aufgabe ist es nämlich, ein Stück des Fluches, den er geerbt und der ihn auch in diese Beziehung hineingeführt hat, mit Hilfe eben dieser Beziehung in Segen zu verwandeln. Das ist unsere Aufgabe: nicht aus dem geerbten Schicksal herauszuspringen, sondern es, wo es fluchbeladen ist, ein Stück weit in Segen zu verwandeln.

In den Märchen, vor allem in den russischen, spielt sich dieser Verwandlungsprozeß oft auf dem

Schauplatz der Beziehung zwischen Mann und Frau ab. Das ist psychologisch gesehen nicht zufällig: In der Partnerbeziehung wird alles wieder aktualisiert, was wir in den Beziehungserfahrungen unserer Herkunftsfamilie an schlimmem Erbe übernommen haben. Alles, was wir da nicht bekommen haben, lebt als Wunsch in der Paarbeziehung wieder auf; alles, was wir da Schlimmes erlebt haben, wollen wir in der Partnerbeziehung nicht mehr erleben oder fürchten, es wieder zu erleben; alles, was wir da an Bewältigungsstrategien und Ausweichmanövern entwickelt haben, wiederholen wir in der Partnerbeziehung. Das Bedürfnis nach Ausgleich für erlittenes Unrecht richten wir auf den Partner, um es an ihm zu stillen. Unsere Mutter-, Vater- und Geschwisterbeziehungen bestimmen als *das* Modell von Beziehung unser Leben mit späteren Partnern. Ist das nicht schlimm? Es ist schlimm – und es ist eine einmalige Chance! Denn dadurch, daß das alles in der Paarbeziehung wieder aktualisiert wird, wird es ja auch heutiger Bearbeitung zugänglich. Unsere Blockaden von damals tauchen wieder auf und können sich lösen, unsere Unreife von damals wird wieder aktuell und kann nachreifen. Die Ungerechtigkeit, die wir erlitten, wird wieder erlebbar und kann – anders freilich, als wir es unbewußt angestrebt haben – einen Ausgleich erfahren. Dazu gehen wir Beziehungen ein, die nicht nur vorübergehend, sondern auf Dauer und verbindlich sind. Sie schaffen den Raum und die Zeit, den anstehenden Reifungsprozeß nicht mehr zu übergehen, sondern den Fluch zu transformieren, ein Stück Destruktivität und Lebensfeindlichkeit abzubauen und der Liebe und dem Leben neuen Raum zu schaffen. Das ist die Aufgabe Iwans und Wassilissas als Paar, und dazu schickt sie der Zar auf den Weg, wenn er sagt: »Nimm sie immerhin ... vielleicht ist sie dein Schicksal.«

Beziehungskrise als Entwicklungschance

Bald darauf ließ der Zar wiederum seine drei Söhne kommen. Und er befahl ihnen, daß sie mit ihren Frauen geschmückt zu seinem Palaste kommen sollten. Traurig ging Iwan-Zarewitsch nach Hause.

»Warum bist du denn so traurig?« fragte seine Frau, der Frosch.

»Warum soll ich nicht traurig sein? Mein Väterchen, der Zar, befiehlt, daß ich mit dir geschmückt zu seinem Feste kommen soll.«

»Sei nicht traurig«, sprach sie, »geh einstweilen allein, aber wenn du es donnern hörst, dann sprich: ›Dies ist meine Frau, der Frosch, die nun angefahren kommt.‹«

Und so ging Iwan-Zarewitsch alleine zum Palaste des Zaren. Dort waren schon seine beiden älteren Brüder mit ihren Frauen, die sich aufgeputzt hatten, und sie verspotteten ihn. Plötzlich aber ertönte ein lauter Donner, so daß die Gäste des Zaren erschrocken von ihren Sitzen aufsprangen.

»Erschreckt nicht«, sprach Iwan-Zarewitsch, »dies ist nur meine Frau, der Frosch, die angefahren kommt.«

Und zum Palaste des Zaren kam eine goldene Kutsche, bespannt mit sieben Schimmeln, und heraus stieg Wassilissa, die Allweise, sie war schöner als Sonne, Mond und Sterne, sie war schöner, als man es in einem Märchen erzählen kann. Sie ergriff Iwan-Zarewitsch bei der Hand, und sie setzte sich mit ihm zur Tafel. Sie speiste vom Schwanenbraten, und sie steckte die Knöchelchen in den rechten Ärmel, und sie trank vom Wein, und sie schüttete die Neige in den linken Ärmel. Die beiden Schwägerinnen, die beobachteten sie ganz genau und machten ihr alles nach. Dann aber ergriff Wassilissa, die Allweise, Iwan-Zarewitsch bei der Hand und führte ihn zum Tanze, und sie schwenkte den linken Ärmel, und es entstand ein See, und sie schwenkte den rechten Ärmel, und es schwammen Schwäne darauf. Die beiden Schwägerinnen, die ihr alles nachmachten, die beschmutzten nur die Gäste, so daß der Zar sie erzürnt davonjagte. Iwan-Zarewitsch aber ritt heimlich nach Hause, und er suchte so lange, bis er die Froschhaut fand, und da nahm er sie und verbrannte sie. Bald darauf kam Wassilissa, die Allweise, angefahren. Und als sie ihre Froschhaut nicht mehr fand, da erschrak sie, und sie sprach zu Iwan-Zarewitsch:

»Wehe, was hast du getan? Hättest du noch drei Tage gewartet, dann hättest du mich erlöst. So aber muß ich von dir. Suche mich hinter dreimal neun Reichen, hinterm dreimal zehnten Zarenreich, beim unsterblichen Koschtschej.«

Und sie verwandelte sich in einen Schwan und flog zum Fenster hinaus.

Dieser Abschnitt des Märchens schürzt den dramatischen Knoten. Er zeigt uns, wie Iwan und die Frosch-Frau in die Krise ihrer Beziehung geraten.

Wir haben gesehen: Die Lebensläufe der beiden, ihrer beider Skripts, wie Eric Berne dies genannt hat[13], passen genau incinander. Dies benützen die beiden jedoch, wie es meist der Fall ist, zunächst noch nicht, um sich in ihrer Entwicklung gegenseitig voranzubringen, sondern um zu vermeiden, was anzugehen anstünde. Iwan, der hinter der Maske des kühnsten aller Pfeilschützen den kleinen hilflosen Jungen verbirgt, »benützt« seine Frau in ihrer stillen Stärke, damit er nach außen weiter glänzen kann. Weil sich aber die starke Wassilissa in ihrer Froschhaut verbirgt, darum wird er in seinem schwachen Selbstwertgefühl nicht in Frage gestellt und kann sich mit ihr zusammen als der Große fühlen. Wassilissa wiederum »benützt« ihren Mann, indem sie ihn nach außen das leben läßt, was sie sich nicht erlauben darf. So hat sie teil daran und kann weiterhin vermeiden, selber groß zu sein. Iwan vermeidet in dieser Beziehung, mit seiner eigenen Kleinheit und seinem Elend konfrontiert zu werden. Er kann diese Kleinheit auf seine Frau abschieben, dort mit Verachtung und Kritik bekämpfen und so von sich wegschieben. Wassilissa aber vermeidet, sich ihrer Stärke und ihrer weiblichen Potenz zu stellen, also »weiser und mächtiger zu sein als ihr Vater« und damit den Kampf mit ihm aufzunehmen. Sie kann ihre starken Seiten auf ihren Mann abschieben, sie dort bewundern (und heimlich bekämpfen) und von sich fernhalten. Dazu halten beide die starre Komplementarität der Beziehung aufrecht, von der wir gesprochen haben, und alle gegenteiligen Erfahrungen – seine dauernden Depressionen und ihre offenkundige Meisterschaft – bleiben ausgeblendet zugunsten ihrer Beziehungswirklichkeit »Iwan-Zarewitsch – Frosch«. Insofern ist es richtig zu sagen, daß eine solche Beziehung immer der Versuch ist, sich den alten Problemen, dem alten Beziehungsdrama der Herkunftsfamilie, nicht zu stellen, und viele Paare benützen ihre Beziehung dazu jahrelang. Aber irgendwann kommt dieser Versuch in die Krise, wobei diese Krise manchmal erst durch einen Paartherapeuten »induziert« werden muß, und dann beginnt sich die Beziehung vom Abwehrmanöver in einen Entwicklungsweg zu verwandeln.

Kehren wir zum Märchen zurück. Der Erzählverlauf legt zweierlei nahe: Einmal scheinen die den Söhnen und ihren Frauen gestellten Aufgaben im Zusammenhang mit der Thronfolge zu stehen. Der Zar scheint prüfen zu wollen, welches Paar das würdigste für die Nachfolge ist. Zum andern haben die Aufgaben mit dem Osterfest zu tun, denn der Zar sagt, daß er das Brot Wassilissas beim Osterfest essen und ihr Kleid beim Osterfest tragen will, und man fragt sich, ob das Fest, auf dem die dritte Aufgabe zur Entscheidung kommen soll, nicht sogar im Rahmen dieses Osterfestes stattfindet und ob es nicht unmittelbar die Herrschaftsübergabe an das würdigste Paar einleiten soll. Da Ostern das Fest der Wandlung und des neuen Lebens ist, würde dieses Vorhaben sehr gut dazu passen.

So hätte der alte Zar alles sorgfältig geplant und vorbereitet. Aber leider wird nichts daraus. Keines der drei Paare erweist sich als würdig. Die Frauen der beiden älteren Brüder versagen völlig und werden vom Zaren davongejagt, Wassilissa glänzt zwar, aber Iwan zerstört ihren Erfolg, so daß sie ebenfalls weichen muß. Offenbar ist es noch nicht soweit. Keines der drei Paare ist der Aufgabe schon gewachsen. Das Fest des Lebens muß vertagt werden.

Daß drei Brüdern drei Aufgaben gestellt werden, ist ein bekanntes Motiv aus vielen Märchen. Interessant ist, daß der Zar damit hier nicht die Söhne selbst, sondern ihre Frauen auf die Probe stellt, und zwar mit Aufgaben, die einen typisch weiblichen Charakter haben: Brot soll gebacken werden, das Leben nährt, ein Kleid soll genäht werden, das Leben schützt, und beim Fest des Lebens, beim Osterfest, sollen sie sich in ihrer ganzen Schönheit zeigen. Von der Bewährung in diesen drei Aufgaben macht es der Zar abhängig, wem die Herrschaft übertragen wird. Steht dahinter die Überzeugung, daß nur ein Mann, der eine reife Frau hat, einer verantwortungsvollen öffentlichen Aufgabe gewachsen ist? Eine reife Frau als Partnerin zu haben, könnte vom Zaren als Zeichen gewertet werden, daß auch der zugehörige Mann ein reifer, erwachsener Mensch ist, und dies wiederum ist er ja nur, wenn er auch die Frau in sich, seine eigenen weiblichen Seiten, zur Entfaltung gebracht hat. Unter diesem Gesichtspunkt sieht es freilich recht schlecht mit Iwans Brüdern aus. Deren Frauen versagen völlig. Für die Knechte und Mägde, für den Stall und die Badestube ist gerade gut genug, was sie zustande gebracht haben. Die im Vergleich mit Iwan und seiner Frosch-Frau viel normaleren

Paare zeigen sich von vornherein und endgültig als die Entwicklungsunfähigen. Die bizarre, unmögliche Partnerwahl Iwans dagegen erweist sich als entwicklungsträchtig, trotz aller Probleme, die die beiden miteinander haben. Iwan und Wassilissa sind zwei Menschen mit leidenden, brennenden Herzen, Menschen, die auf der Suche sind. So kann zuweilen in der Verrücktheit und im bizarren Beziehungschaos mancher Paare viel mehr Lebendigkeit liegen als in angepaßter Normalität. Immer wieder denke ich, wenn ich Paare in Therapie mit anderen vergleiche, die viel unauffälliger sind und die zum Beispiel nie auf die Idee kämen, eine Therapie zu machen: Eigentlich sind diese schwierigen Paare doch die viel gesünderen. Denn sie fragen, leiden, suchen und – lieben. Oft ist es eine Liebe voller Schmerz und Qual, die sie verbindet, aber es ist Liebe und damit Leben, während die »normalen« Paare erstarrt sind und in den Aufgaben, die das Fest des Lebens stellt, völlig versagen, so wie die älteren Söhne mit ihren Frauen.

Das heißt allerdings nicht, daß Paare wie Iwan und Wassilissa nicht ihre großen Schwierigkeiten zu bewältigen hätten. Denn auch sie stürzt die dritte Aufgabe in eine schwere Krise.

Es geht bei der dritten Aufgabe darum, daß die Söhne sich mit ihren Frauen beim Fest öffentlich zeigen. Sich mit einer Frau als »seiner« Frau öffentlich zu zeigen, bringt Männer wie Iwan in tausend Nöte. Wir haben gesehen: Nach außen schämt er sich ihrer wegen ihrer Unansehnlichkeit. Hinter dieser Scham steckt etwas Tieferes: Sich öffentlich mit seiner Frau zeigen heißt zu ihr stehen, dazu stehen, daß ich mich entschieden habe, an diese Frau gebunden zu sein. Alle anderen – tollen – Möglichkeiten sind damit offiziell ausgeschlossen. Droht Iwan, der Kühnste, der Schönste, damit nicht in der totalen Bedeutungslosigkeit zu versinken und ausgelacht zu werden, wie es die Frauen der anderen Söhne auch tatsächlich tun? Männer wie Iwan fürchten offiziell deklarierte Bindungen über alles, weil damit ihre in der Phantasie aufrechterhaltene Großartigkeit auf ein normales Maß gestutzt würde, sie ihre – ebenfalls phantasierte – Freiheit zu verlieren drohen und in bedrohliche Nähe von Mutters festhaltenden Armen geraten. Darum vermeiden sie oft – wo es gesellschaftlich möglich ist –, überhaupt zu heiraten. Wo es nicht vermeidbar ist, zeigen sie sich möglichst wenig mit ihren Frauen in der Öffentlichkeit und halten sich mit Vorliebe in Kegel-, Sport- und anderen Männerclubs auf, und wo sich schließlich ein Zusammensein mit ihren Frauen nicht vermeiden läßt, demonstrieren sie manchmal auf äußerst kränkende Weise, daß sie mit ihr nicht viel am Hut haben.

In Iwans Not, mit dem Fröschlein aufs Fest zu gehen, kommt aber noch etwas Weiteres zum Tragen: Männer wie Iwan fürchten, wenn sie sich mit ihrer Frau in der Öffentlichkeit zeigen, könnte ihr Besitzanspruch leiden. Sie könnten die Kontrolle über sie verlieren.

Zunächst scheint dies in unserer Geschichte noch nicht das Problem zu sein. Iwan schafft es zunächst ganz gut, wieder auf des Fröschleins beruhigende Worte einzugehen und ihr die Angelegenheit zu überlassen. Er geht zunächst allein zum Fest. Wassilissa zeigt nun zum ersten Mal, wer sie wirklich ist. Sie kommt mit sieben Schimmeln und im goldenen Wagen angefahren und entsteigt ihm in ihrer ganzen Schönheit. Sie zeigt sich so zum ersten Mal – aber nicht unter vier Augen und nur vor Iwan, sondern auf dem großen Fest vor allen Leuten. Es ist, wie ich es manchmal bei Wassilissa-Frauen erlebe: Die Zeit ist nicht stehengeblieben. In aller Stille hat sich – manchmal ihnen selbst unbewußt – eine gewaltige Entwicklung getan. Während ihre Männer damit beschäftigt waren, immer wieder ihre Pfeile mit übermenschlicher Anstrengung zur Sonne zu schießen und dabei ihre eigene Weiterentwicklung vergessen haben, haben sie sich gewandelt. Offenbar ist ihr Hausfrauendasein, der tägliche Umgang mit den Fragen von Leib und Seele ihrer Kinder, der Austausch mit anderen Frauen, offenbar ist diese Lebensform doch die entwicklungsträchtigere verglichen mit der Leistungswelt ihrer Männer. Jedenfalls stellt sich heraus: Sie haben diese weit überholt. Sie haben sich von ihnen gelöst und begonnen, ihr Frau-Sein selber in Besitz zu nehmen. Oft wagen sie es aber noch nicht, als diese neue Wassilissa-Frau ihrem Mann direkt gegenüberzutreten. Sie brauchen andere Leute, um sich zu zeigen. Dann wundert sich ihr Iwan, wie sie plötzlich loslegt, sprüht und funkelt, flirtet und diskutiert, während sie zu Hause, mit ihm zusammen, wieder zum Fröschlein wird.

Das kränkt seine Eitelkeit (»Bei anderen kannst du, aber bei mir . . .!«), und es macht ihm angst. Es macht ihm angst, die Kontrolle über sie zu verlieren, plötzlich nicht mehr oben zu sein.

Dazu gibt es ja auch Grund. Im Märchen erweist sich Wassilissa als der Star und Mittelpunkt des Abends. Sie ist eindeutig die Führende. Sie ergreift Iwan-Zarewitsch bei der Hand und setzt sich mit ihm zu Tisch. Und sie ergreift ihn nochmals bei der Hand und führt ihn zum Tanz. Schön ist dieses Bild: Die strahlende Wassilissa nimmt den ängstlichen Iwan, der nicht weiß wie ihm geschieht, in ihren Tanz mit hinein. Gerade der Tanz in den vielen Formen, in denen er uns heute wieder zugänglich wird, hat viele dieser Frauen in ihrer weiblichen Stärke erweckt, und ich weiß nur zu gut aus eigener Erfahrung, welche Mühe wir Männer haben, uns mit in diesen Tanz hineinnehmen zu lassen. Er ist etwas so anderes als das Pfeilschießen, das wir gewohnt sind, er ist so körperlich, so wiegend, so rund. Wir sträuben uns dagegen, er macht uns angst, weil er eine so andere Daseinsform abbildet als jene, die wir täglich üben. Wassilissa ist nun mit einem Mal wirklich der Star des Abends. Mit ihren Kunststücken bezaubert sie die anwesenden Gäste, was den Frauen der Brüder durchaus nicht gelingen will. Wenn die Lebendigkeit in einem Menschen aufbricht, verleiht ihm dies einen besonderen Zauber, der andere fasziniert, ja verzaubert. Es ist ein Wunder, so spektakulär wie die Kunststücke, die uns das Märchen von Wassilissa berichtet.

Es käme jetzt darauf an, daß Iwan sich wirklich auf diesen wunderbaren Tanz Wassilissas einließe, daß er in den Entwicklungsstrom, der seine Frau erfaßt hat, eintauchen könnte und sich mittragen ließe. Dann wäre die Aufgabe gelöst. Zweifellos würde der alte Zar ihnen dann die Krone aufsetzen.

Aber so weit ist Iwan noch nicht. Er läßt sich nicht wirklich auf Wassilissa ein. Heimlich reitet er nach Hause, sucht so lange, bis er die Froschhaut gefunden hat und verbrennt sie. Der Pfeilschuß hat ihn wieder eingeholt. Er bleibt nicht bei ihr. Er muß sich wieder von ihr distanzieren. Eigenartige Angst von uns Männern, solche Nähe auszuhalten, dabei zu bleiben, sich einzulassen! Iwan sagt kein Wort, er macht sich seine eigenen Gedanken und verschwindet einfach vom Fest. Eigenartige Angst von uns Männern, daß wir die wichtigen Dinge, die uns bewegen, nicht zur Sprache bringen. Alles könnte geklärt werden, wenn er mit ihr reden würde. So wird es erst klar, als es zu spät ist. Iwan nimmt die Dinge selber in die Hand, er reitet, sucht und verbrennt – und macht alles falsch. Eigenartige Angst von uns Männern, den Dingen ihre Entwicklung zu lassen und zu vertrauen, daß in manchen Dingen die Frauen besser wissen als wir, was dran ist! Es ist ja auch ganz positiv, daß Iwan nun endlich etwas in die Hand nimmt in der Beziehung, nachdem er bisher nur passiv und deprimiert herumhing. Aber leider macht er genau das Falsche.

Iwan kann die Nähe nicht ertragen, Iwan kann nicht über die wichtigen Dinge sprechen, und Iwan kann die spannungsreiche Situation nicht aushalten. Er hat keine Geduld, keine »Frustrationstoleranz«. Es muß jetzt plötzlich alles auf einmal und sofort sein. Der Macher Iwan will die Dinge unter Kontrolle haben. Er muß die Froschhaut finden und verbrennen.

Beim Lesen des Märchens versteht man im ersten Moment nicht, warum dies so strafbar sein soll und alles zerstört, wo doch Wassilissa lediglich noch drei

Tage Frosch sein sollte und dann ohnehin davon befreit gewesen wäre. Auch denkt man, daß Iwan doch im Sinne Wassilissas handelt, wenn er die Froschhaut verbrennt. Warum ist das so verfehlt? Wie meist stekken in solchen Verständnishürden, über die man beim Lesen stolpert, wichtige Wahrheiten.

Eine solche könnte die Erfahrung sein, daß Entwicklungsprozesse ihre Zeit und ihren Rhythmus brauchen. Wassilissa braucht es, nach ihrem großen Auftritt auch wieder vorübergehend Frosch sein zu dürfen. Phasen der Progression brauchen wieder Phasen der Regression. Ich habe mir von Frauen, die angefangen haben, aus ihrer alten Rolle herauszugehen, sagen lassen, wieviel Energie dies kostet und wie sehr sie darauf angewiesen waren, aus dieser Anstrengung wieder in die Rolle der kleinen Angepaßten zurückzukehren und dabei einen Mann zu haben, der dies akzeptiert und nicht höhnisch »siehste« sagt oder ungeduldig Druck ausübt. Genau das kann Iwan nicht. Er kann nicht warten. Er kann nicht unterstützen und im Hintergrund bleiben. Für ihn gibt es kein Auf und Ab der Entwicklung. So wie er immer vorne sein muß, obwohl er es in Wirklichkeit gar nicht immer ist, so verlangt er dasselbe auch und noch viel strenger von Wassilissa. Er kann nicht akzeptieren, daß sie die Regression nach der Progression braucht zur Regeneration und zum Atemholen. Denn er erlaubt sich solche Phasen ja selbst nicht. Sie überfallen ihn zwar wie ein Schicksal, wenn er in seine Depression kippt und jammert, doch akzeptieren tut er es nicht. Die Frosch-Frau muß schnell alles tun, damit er da wieder herauskommt. Darum kann er auch die drei Tage nicht mehr abwarten und zerstört damit die Beziehung.

Iwan unterstützt die Frosch-Frau in ihrem Wandlungsprozeß zu Wassilissa nicht, er versucht, sie zur Verwandlung zu zwingen. Darin wird deutlich – das ist der zweite Gedanke, den die sperrige Darstellung des Märchens bei mir anregt –, daß er das alte Beziehungsmuster aufrechtzuerhalten versucht, anstatt es zu verändern. Will er denn wirklich, daß sie nicht wieder zum Frosch wird? Im übertragenen Sinn will Iwan das genaue Gegenteil. Er will nämlich der Bestimmende bleiben, der festlegt, wann Wassilissa die Froschhaut endgültig ablegt. Wenn Wassilissa, dann soll sie Wassilissa von seinen Gnaden sein, nicht aus eigener Kraft. Iwan stellt also nicht Gleichberechtigung her, sondern wieder das alte Beziehungsmuster, er »oben« – sie »unten«.

Ich erinnere mich hier an einen Mann, der wirklich besten Willens war, seiner Frau aus einer Depression zu helfen, dabei aber in penetranter Weise immer alles viel besser wußte als sie und immer noch eins draufsetzen mußte, so daß seine Frau in das Dilemma geriet: Entweder stimme ich dir zu, dann habe ich das Gefühl, du bist immer der Tolle, und ich schaffe gar nichts. Oder ich lehne mich dagegen auf, dann bin ich wieder nur die unreife Kleine, die sich gegen all die vernünftigen Vorschläge von dir stellt. Sie konnte es machen, wie sie wollte – immer blieb sie ihm gegenüber in der »unteren Position«, also in der Depression – und das, obwohl er ihr doch wirklich ehrlich und mit ganzer Kraft helfen wollte! Solche Männer sind »Froschhaut-Verbrenner« wie Iwan.

Ich kenne das von vielen, die mit bestem Willen keine Patriarchen sein und ihren Frauen bei ihrer Entwicklung ehrlichen Herzens helfen wollen. Sie nehmen ihnen die Kinder ab, sie gehen mit auf Workshops, sie machen Paartherapie mit, lesen psychologische Bücher – und trotzdem ändert sich das Beziehungsmuster nicht. Denn bei all dem müssen sie die Kontrolle behalten. Den Raum für die Entwicklung ihren Frauen wirklich frei zu geben, das macht ihnen noch immer zu viel angst.

Diese Angst ist eine doppelte: Entweder wird Wassilissa dann nichts mehr von ihm wissen wollen und andere Männer toller finden, oder sie wird ihn beherrschen wollen und klein machen. Es ist dieselbe Angst, die Iwans Pfeilschuß beseelte und seine Partnerwahl bestimmte: die Angst des kleinen Jungen vor der übermächtigen, nicht kontrollierbaren Mutter, die hier auf die Partnerin projiziert wird.

Aber nun ist ein Stadium erreicht, in dem das nicht mehr geht. Wassilissa läßt sich nicht mehr unter Kontrolle bringen. Ihre Entwicklung ist darüber hinaus. »Wehe, was hast du getan? Hättest du noch drei Tage gewartet, dann hättest du mich erlöst. So aber muß ich von dir.« Aus dieser Klage höre ich den Schmerz so mancher Frau, die wie Wassilissa in einen stürmischen und unaufhaltsamen Entwicklungsprozeß hineingeraten ist und dabei nichts sehnlicher wünscht, als diesen Weg mit ihrem Mann zusammen gehen zu können; die auch seinen guten Willen sieht, wie auch Iwan mit seiner Verbrennungsaktion guten Willen zeigt, die aber trotzdem spürt, daß er in Wirklichkeit noch nichts verstanden hat und daß bei ihm zu bleiben hieße, auch die eigene Entwicklung wieder aufs Spiel zu setzen, und die darum keine Alternative findet, als »fortzufliegen«. Es ist der Konflikt zwischen der Verpflichtung dem eigenen Leben und seiner Entwicklung gegenüber und der Verpflichtung dem Lebenspartner gegenüber, der sich hier in tragischer Weise zuspitzt.[14] Es gibt keine harmonische Lösung mehr. Jede mögliche Entscheidung fügt Schmerz zu, jede Entscheidung erscheint zerstörerisch, entweder für das eigene Leben oder für die Beziehung.

Das stürzt eine Frau, die von ihrer ganzen Geschichte her daran gewöhnt ist, auf den Mann bezogen zu leben und sich selbst zurückzustellen, in ein furchtbares inneres Dilemma, vor allem dann, wenn auch noch das Leben anderer, das Leben von Kindern, mitbetroffen ist. Oft ist aber im inneren Erleben das Dilemma viel größer, als es demjenigen erscheint, der das Geschehen von außen betrachtet. Ein solcher Beobachter sieht, daß es in derartigen Fällen eigentlich keine Alternative zum »Fortfliegen« gibt. Meist ist es im Interesse aller: Es ist im Interesse der Frau, weil es sich für ihre persönliche Entwicklung als nötig erweist, es ist im Interesse des Mannes, denn sehr oft muß er einen Trennungsschmerz erleiden, damit er zu verstehen beginnt, und es ist oft auch im Interesse der Kinder, denn ein derartig zerstörerisches Beziehungsmuster, wie wir es zwischen Iwan und der Frosch-Frau beobachten konnten, vergiftet auch die Atmosphäre, in der sie aufwachsen, und eine Auflösung dieses Musters bringt oft eine große Entspannung auch für sie. Es ist schließlich auch im Interesse der Mann-Frau-Beziehung, weil in diesem

Trennungsschritt sehr oft ein Reifungsprozeß in Gang gesetzt wird, der beide zu reiferen Beziehungsformen befähigt, entweder wieder miteinander oder, wenn das nicht mehr möglich ist, mit anderen Partnern.

Das »Fortfliegen« muß ja keineswegs immer eine Trennung im Sinn einer juristisch vollzogenen Scheidung sein. Es gibt auch innerhalb einer Paarbeziehung vielfältige Möglichkeiten, voneinander auf Distanz zu gehen, nein zu sagen und sich dem Besitzanspruch des anderen zu verweigern. Sofort das Gespenst der Scheidung an die Wand zu malen, wenn von Trennung und Distanz die Rede ist, dient meist nur dazu, den Schrecken zu erzeugen, der eine Veränderung innerhalb der Beziehung unmöglich macht. Sich von der Depression des Mannes nicht mehr zur Mutter machen zu lassen, sich abzugrenzen von seinen kindlichen Versorgungs- und seinen patriarchalen Dominanzwünschen, ein eigenes Zimmer einzurichten, eigenständige Beziehungen aufzubauen und vieles mehr, sind solche sehr realen und meist sehr wirksamen Akte des »Davonfliegens«, ohne daß damit über das Schicksal der Beziehung schon endgültig entschieden wäre.

Es gibt noch aus einem weiteren Grund in solchen Fällen wie den beschriebenen keine Alternative zum »Fortfliegen«. Wenn nämlich einer der Partner in einen persönlichen Entwicklungsprozeß hineingekommen ist, der andere aber diese Entwicklung durch die eigene Stagnation blockiert, wendet sich das Entwicklungsbedürfnis gegen denjenigen selbst, der mit Rücksicht auf den Partner die nötigen Schritte nicht tut. Eine Trennung erfolgt auch dann, aber eine unbewußte, die sich zerstörerisch auswirkt. Frauen lassen dann ihre Innenwelt aus der Beziehung davonfliegen, so daß sie nichts mehr empfinden und fühlen für den Mann. Oder sie entziehen sich ihm und fliehen in Alkoholgenuß und Depressionen, werden auf diese Weise unerreichbar für ihn und »autonom« auf eine für sie selbst zerstörerische Weise. Wenn man aufbrechendes Leben sich nicht entfalten läßt, sucht es destruktive Wege. Aufhalten läßt es sich nicht. Es gibt eine Verpflichtung sich selbst gegenüber, der man nicht ungestraft entkommt. Auch Menschen, vor allem viele Frauen, die jahrelang darauf trainiert worden sind, von sich abzusehen und auf den »großen Koschtschej« zu blicken, stehen eines Tages vor dieser gebieterischen Verpflichtung, die den Schmerz einer Trennung fordert. Frigidität, Alkohol, Depression, Freßanfälle und ähnliche Erscheinungen sind häufig Anzeichen, daß der eigene Lebensprozeß an eine Stelle geführt hat, wo es kein Zurück mehr gibt, außer um den Preis körperlicher und seelischer Erkrankung.

Wassilissa verwandelt sich, um fortzufliegen, in einen Schwan. Das heißt, sie kehrt nicht mehr in die Froschgestalt zurück. Dazu ist offenbar ihre Entwicklung schon zu weit vorangeschritten. Aber sie kann auch noch nicht Wassilissa bleiben. Es reicht noch nicht zur vollen Menschwerdung. Der Schwan gehört als Wasservogel dem Reich der Luft und dem des Wassers an. Schwäne stehen in Märchen oft für Frauen, denen es noch nicht gelungen ist, »ihre Beine auf den Boden zu bekommen« und ganz irdisch zu werden. Die Entwicklung der Frosch-Frau ist zwar im Gang, aber noch nicht an ihrem Ende. Daß sie zu ihrem Vater Koschtschej fliegt, zeigt, was uns schon deutlich geworden ist, daß sie bei ihm und mit ihm noch Unerledigtes zu erledigen hat. An Paarkonflikten wird oft deutlich, was im Hinblick auf die eigene Herkunftsfamilie noch an Unerledigtem zur Bearbeitung ansteht: Iwan hat wie Koschtschej versucht, Wassilissa zu kontrollieren, sie nicht weiser und klüger werden zu lassen als er selbst. Das ist nun zum Konflikt geworden. Aber anders als damals hat Wassilissa verhindert, von ihm wieder zum Frosch gemacht zu werden. Das hat sie zwar von Iwan distanziert, aber es hat den Schritt zum Schwan möglich gemacht, und es hat sie befähigt, nun auch dem furchtbaren Koschtschej gegenüberzutreten und die Konfrontation mit ihm zu wagen. Hier wird deutlich, wie in Paarbeziehungen alte Beziehungsmuster aktiviert werden und auf welche Weise sich dabei die Chance eröffnet, alte Beziehungsdefizite anzugehen.

Entwicklungsphasen der Paarbeziehung

Nun ist er fortgeflogen, der stolze Schwan. Iwan bleibt zurück und weint bitterlich. Wir werden sehen, daß dies der erste Schritt zur Veränderung ist. Geht es denn nur über Trennung? Darauf antworte ich: Ja! Entwicklung und Reifung vollziehen sich nur über Trennung. Ich setze aber sogleich hinzu: Das muß nicht gleichbedeutend sein mit »Auseinandergehen«, »sich eine eigene Wohnung nehmen«, geschweige denn, daß es das gleiche wie »Scheidung« bedeuten müßte. Meiner Meinung nach wird heutzutage häufig zu früh und zu hastig geschieden. Dennoch sage ich: Ohne Trennung keine Entwicklung.

Um dies zu erläutern, muß ich etwas weiter ausholen. Paarbeziehungen – und das hieß früher fast ausschließlich Ehen – wurden in vergangenen Zeiten durch wirtschaftliche und familienpolitische Notwendigkeiten fest zusammengehalten. Außerdem wurde bis nach dem Zweiten Weltkrieg die Stabilität der Ehe durch die kirchliche Lehre gewährleistet, die am prägnantesten in der Eheschließungsformel »bis der Tod euch scheidet« zum Ausdruck kommt. Mit der Unauflöslichkeit war konsequenterweise gegeben, daß man jene Ehe als ideal ansah, die eine immerwährende Stabilität am wenigsten gefährdete, also jene, die am wenigsten von Zwietracht und Konflikt und am meisten von Einheit und Harmonie der Partner geprägt war. Je mehr beide – freilich im Rahmen des beschriebenen patriarchalen Beziehungsmusters – füreinander da waren, je mehr der eine den andern brauchte und je weniger er ohne den anderen leben konnte, desto mehr glich seine Ehe diesem Ideal. Dabei blieb völlig außer acht, daß der Satz »bis der Tod euch scheidet« im Lauf der Zeit unbemerkt einen großen Bedeutungswandel erfuhr.

Bis ins 19. Jahrhundert hinein war die Lebenserwartung der Menschen insgesamt sehr viel kürzer, vor allem die der Frauen. Viele von ihnen starben – geschwächt durch viel Arbeit und zahlreiche Geburten – meist an damals nicht behandelbaren Infektionen. Die Zahl der Jahre einer Ehe war darum insgesamt viel geringer. Es kam viel häufiger vor, daß ein Mann wegen der hohen Frauensterblickeit mehrere Frauen hintereinander heiratete. »Bis der Tod euch scheidet«, das bedeutete somit für sehr viele Menschen – vor allem Männer – keineswegs eine »lebenslange Ehe«, und »lebenslang« hatte in einer von ständiger Todesbedrohung bestimmten Atmosphäre eine völlig andere Bedeutung. Das Leben sorgte damals selbst für häufige Trennungen. Auf diesem Hintergrund hatte auch das Ideal von Einheit und Harmonie einen anderen Sinn. Abgesehen davon, daß Einheit und Harmonie damals keineswegs so stark emotional, als Gleichklang der Herzen und der Seelen, verstanden wurden, wie dies heute der Fall ist[15], waren sie durch die Wechselfälle des Lebens ohnehin von Grund auf ständig bedroht.

Heute ist das ganz anders. Die Lebenserwartung der Menschen hat sich nahezu verdoppelt; die Frauen haben inzwischen eine noch erheblich höhere Lebenserwartung als die Männer. Auf diesem Hintergrund hat das Ideal der Einheit verbunden mit dem Anspruch auf immerwährende Dauer eine vollkommen andere Bedeutung bekommen und ist unter psychologischen Gesichtspunkten, wenn es ohne Bedeutungswandel einfach übernommen und auf die Ehe übertragen wird, als gefährlich und destruktiv zu bezeichnen.

Denn das Grundgesetz des Lebens ist Entwicklung, und Entwicklung bedeutet immer eine Abfolge von Phasen der Vereinigung und Phasen der Auflösung, also der Trennung. Eine bestehende Einheit muß sich, um lebendig zu bleiben, immer weiter ausdifferenzieren, damit eine neue Einheit in einer neuen Form entstehen kann. Dies läßt sich an jeder Zelle, dem Grundbaustein alles Lebendigen, eindrücklich beobachten. Dieser Prozeß von Vereinigung und Trennung spiegelt sich wider in unseren beiden Grundbedürfnissen, dem Bedürfnis nach Bindung und dem Bedürfnis nach Autonomie. Das Bedürfnis nach Bindung strebt die Vereinigung an, das Bedürfnis nach Autonomie die Trennung. Denn es geht dabei um Unterscheidung, um Ausbildung der unverwechselbaren Eigenart des einzelnen. Wenn dieses Autonomiebedürfnis einige Zeit im Vordergrund stand, drängt es mich nach einiger Zeit wieder nach Vereinigung und Verschmelzung. Wenn ich mit jemandem oder mit etwas zur Einheit verschmolzen bin, dann drängt es mich nach einiger Zeit wieder zur Distanzierung und zum Rückzug auf mich selbst, bis dann wieder das Bedürfnis nach Kontakt, Verbindung, Vereinigung in den Vordergrund tritt. Diese Bewegung zwischen den Polen Autonomie und Verbundenheit, zwischen Trennung und Vereinigung, macht das Leben aus. Der höchste Inbegriff von Leben und darum der treffendste Begriff für Gott war deshalb für den Theologen Nikolaus Cusanus die »coincidentia oppositorum«: Gott als die Vereinigung der Gegensätze. Die entgegengesetzten Pole in höchster Ausdifferenzierung, vereinigt zu höchster Einheit und Ganzheit, darin sah Cusanus den tiefsten Ausdruck für Gott. Dieser Rhythmus von Trennung und Vereinigung ist wie für alles Leben auch das Grundgesetz der Paarbeziehung, solange sie lebendig ist. Das heißt aber, und dies widerspricht dem erwähnten Ehe-Einheits-Ideal, Trennung ist nicht im Gegensatz zu einer Paarbeziehung zu sehen, sondern gehört in die Geschichte einer Paarbeziehung hinein. Eine Paarbeziehung braucht Phasen der Einheit und Phasen der Trennung.

Trennung heißt dabei, wie schon erwähnt, nicht einfach »Auseinandergehen«. Es bedeutet aber immer irgendeine Form von Distanzierung. Es heißt zum Beispiel seine eigenen Aktivitäten pflegen, seinen eigenen Bekanntenkreis aufbauen, es heißt zum Beispiel einzeln Urlaub machen, und es heißt – unter Umständen auch, einige Zeit, vielleicht sogar lange – nicht mehr miteinander schlafen. Es kann eine Trennung innerhalb derselben Wohnung, desselben Hauses sein, es kann auch ein räumliches Auseinandergehen sein, ohne daß dies alles schon hieße »endgültige

Trennung« oder Scheidung. Viel Haß, viel Enttäuschung, viel resignierte Gleichgültigkeit und Langeweile könnten vermieden werden, wenn die Partner nicht den Anspruch auf pausenlose Einheit hätten und solche Phasen der Trennung innerhalb der Beziehung zulassen würden. Der Widerstand gegen die Einheit zeigt in der Regel nicht in erster Linie, daß die Beziehung nicht mehr gut ist, sondern daß eine neue Phase der Individuation, der Ausbildung eigener Autonomie ansteht. Das Leben verlangt Ausdifferenzierung, und wenn sich die Partner dem verweigern, machen sie sich das Leben zur Hölle, weil sie sich dem Fluß des individuellen Lebens entgegenstellen, wie wir es von Iwan, dem Froschhaut-Verbrenner, gegenüber Wassilissa gesehen haben.

Schwierig wird es freilich dann, wenn die Entwicklung nicht parallel läuft, sondern das Autonomiebedürfnis des einen dem Verschmelzungsbedürfnis des anderen widerspricht. Doch solche Disharmonien und Reibungsflächen sind ebenfalls Teil des Lebens. Dank ihnen können die Partner vieles lernen, zum Beispiel das Aushalten einer Situation um des andern willen, auch wenn es gerade für den einen sehr schwer ist, jenes Aushalten also, das Iwan hätte lernen sollen, anstatt die Froschhaut zu verbrennen.

Die Idee, daß es in Paarbeziehungen Entwicklungen in unterschiedlichen Phasen der Trennung und der Vereinigung gibt, erleben viele Paare als wahre Befreiung, als Befreiung von dem zerstörerischen Einheitsideal der Ehe, das sie noch in sich tragen. Darum möchte ich hier in einer Art Zwischenkapitel auf dieses Phasenmodell der Beziehung eingehen. In der Entwicklung von Paarbeziehungen scheint es mehrere und sich in ihrer Abfolge wiederholende Phasen zu geben. Im konkreten Fall lassen sie sich natürlich nicht so fein säuberlich voneinander trennen. Der Orientierung halber sollen sie jedoch hier klar voneinander unterschieden aufgezählt werden:

1. Die Phase der Verschmelzung
2. Die Phase des Widerstands gegen die Verschmelzung
3. Die Phase der Distanzierung
4. Die Phase der Wiederannäherung
5. Die Phase neuer Vereinigung auf einer reiferen Stufe.

Die erste Phase, die Phase der Verschmelzung, ist die Phase der Verliebtheit, in der, wie wir gesehen haben, die vollkommene Vereinigung der Gegensätze vorweggenommen, vorweggeahnt, aber natürlich noch nicht verwirklicht wird. Dies ist eine Phase symbiotischer Einheit. Die zwei verschmelzen quasi zu einer Person, so wie ich es einmal in einem Bahnabteil bei einem verliebten Pärchen erlebte: Sie steckte ihm den zweiten Kopfhörer ihres Walkman ins Ohr, und er streckte ihr gleichzeitig das Buch, in dem er las, zum Mitlesen hin. Jeder verschmolz mit der Tätigkeit des anderen. Weil dies eine Phase symbiotischer Einheit ist, fließen in sie viele unerledigte Probleme aus der Zeit der frühen Eltern-Kind-Symbiose ein. Dies bleibt aber meist unbewußt und unerkannt. Die Partner projizieren ihre Idealbilder aufeinander und haben darum »das wunderbare Gefühl, eins zu sein und sich schon seit Jahrhunderten zu kennen«[16].

Es ist die Phase, in der einer versucht, seine Mängel mit den Stärken des anderen zuzudecken, also sich den andern gewissermaßen »einzuverleiben«, wie wir es bei Iwan und dem Fröschlein am Anfang gesehen haben. Iwan glänzt mit dem Brot, dem Kleid und der Schönheit seiner Wassilissa, und sie geht als Frosch ganz in seiner Größe und Kühnheit auf. So meint mancher kontaktgehemmte Mann sich die Kontaktfreudigkeit seiner Geliebten und manche von Emotionen geschüttelte Frau sich die kühle Klarheit ihres »kopfigen« Geliebten einverleiben zu können. Wie das Baby sich von der Mutter noch nicht zu unterscheiden vermag und nur in ihr sich spiegelnd sich selbst als wertvoll und liebenswert erfährt, so unterscheiden auch Verliebte sich nicht als Individuen voll voneinander und haben das Gefühl, im anderen sich selbst zu finden. Diese Phase wird oft, aber lange nicht immer, als glückseliger Rausch erlebt. Bei Iwan und dem Frosch-Fräulein war es nicht so: Da steht, jedenfalls bei Iwan, die Frustration von Anfang an im Vordergrund. Die symbiotische Vereinigung ist eher ein Wunschbild, eine Sehnsuchtsvorstellung. Das ist oftmals der Fall. Trotzdem halten viele daran fest und gestehen sich die wirklichen Erfahrungen mit dem anderen nicht ein.

Wenn versucht wird, diesen wirklich erlebten oder auch nur ersehnten Zustand auf Dauer festzuhalten, wird er zur Blockade individueller Entwicklung. Die Verschmelzungsphase kann nicht von Dauer sein. Einer oder beide beginnen bewußt oder unbewußt Widerstand zu leisten. Dies kann sich wie bei Iwan im Märchen als ständige Depressivität und Unzufriedenheit eines der Partner ausdrücken, oder auch in plötzlich und unerklärlich ausbrechenden heftigen Streitigkeiten. Stellen sich die Partner solchen Anzeichen nicht, halten sie dennoch an der Verschmelzungsvorstellung fest, kann es sein, daß der Widerstand andere, indirekte Wege sucht: Sexuelle Erlebnisunfähigkeit, Sucht, psychosomatische Erkrankungen stellen sich dann ein. Meistens zeigt sich aber der Übertritt aus der symbiotischen in die widerständige Phase in weniger schwerwiegenden Erscheinungen wie in vielen kleinen täglichen Rangeleien und Streitigkeiten. Sie sind Zeichen, daß die Verschmelzung in der Wirklichkeit oder der Vorstellung nicht mehr aufrechtzuerhalten ist. Keineswegs aber sind sie schon Zeichen einer größeren Autonomie. Die beiden hängen immer noch sehr aneinander, wenn auch jetzt mit negativen Gefühlen. In dieser zweiten Phase spielen die Paare oft viele unerquicklichen »Spiele«. Sie machen sich gegenseitig Vorwürfe, und das, was früher Grund der Anziehung war, wird nun zum Grund der Abstoßung. Die früher bewunderte Größe des Mannes wird zum Beispiel von der Frau jetzt als aufgeblasene Übermacht erlebt, und die früher genossene Anschmiegsamkeit der Frau vom Mann als lästiges Klammern. Beide sind noch stark aufeinander bezogen, allerdings nicht mehr positiv und idealisierend, sondern jetzt negativ und verteufelnd. Was bei einem selber nicht so gut läuft, wird dem andern als Schuld zugeschrieben: »Wie soll ich denn nicht traurig sein – wenn du doch so bist, wie du bist«, sagt Iwan in immer neuen Variationen zu seiner armen Frosch-Frau. Keiner der beiden hat noch für seine eigenen Angelegenheiten Selbstverantwortung übernommen.

Geschieht dies auf einer oder auf beiden Seiten, dann tritt das Paar in die dritte Phase, die Phase der Distanzierung ein. Diese Phase besagt, daß jeder oder einer von beiden den Schritt aus der gegenseitigen Verklammerung tatsächlich tut, sich auf die eigenen Füße stellt und die Verantwortung für seine Angelegenheiten selbst übernimmt. Es ist der Schritt, der im Märchen mit dem Wegfliegen des Schwans dargestellt ist.

Wie in unserem Märchen muß dieser Schritt leider manchmal einseitig getan werden, weil der andere noch nicht so weit ist, sondern noch an der symbiotischen Phase festhält, so wie es Iwan tut, wenn er die Entwicklung Wassilissas durch das Verbrennen der Froschhaut unter seiner Kontrolle behalten will. Die Weigerung eines der Partner, den Schritt der Distanzierung mitzuvollziehen, zwingt den andern manchmal zu einem dramatischen Schritt, dramatischer als es nötig wäre, wenn er mitgehen würde. So muß Wassilissa unter Klagen sich ganz entziehen, erst dann kommt bei Iwan die Einsicht, erst dann läßt er sich auf einen eigenen Prozeß ein.

Worum es in dieser Phase der Distanzierung geht, hat das Märchen bei Wassilissa schon angedeutet, indem es sie zum Vater Koschtschej fliegen läßt. Es geht um die Lösung alter unaufgelöster Bindungen, es geht um Autonomie, Individualität, um ein tieferes Finden ihrer selbst als Frau. Während in der Phase der Verschmelzung das Anderssein des andern idealisiert, in der Phase des Widerstands dagegen verteufelt wurde, wird es nun in der dritten Phase, der Phase der Distanzierung, »gelassen«. Der andere wird losgelassen, und man wendet sich den eigenen Entwicklungsaufgaben zu. Anders ausgedrückt: Während der Phase der Verschmelzung haben die Lichtseiten des einen die Schattenseiten des andern überstrahlt, in der Phase des Widerstands wurden nur die Schattenseiten des Partners erlebt und für die eigenen verantwortlich gemacht, in dieser dritten Phase der Distanzierung nun wird dem andern die Verantwortung für seine Schattenseiten gelassen und die Verantwortung für die eigenen selbst übernommen. Auch Iwan übernimmt sie, wenn er im weiteren Verlauf des Märchens, wie Wassilissa zu ihrem Vater, sich nun seinerseits auf den »langen Marsch« zur Baba Jaga, der Repräsentantin des Mütterlichen, begibt.

Eine solche Entwicklung bedeutet in jedem Fall, auch wenn das Paar zusammenbleibt, ein starkes Auseinanderrücken, eine »psychologische Scheidung«[17]. Psychologisch ist diese Scheidung, weil in ihr jene Bänder gelöst oder gelockert werden, die aus den ungestillten Bedürfnissen der Seele und ihren frühen Erfahrungen geknüpft wurden, und um eine Scheidung handelt es sich, weil diese Bänder die beiden aneinandergekettet haben. Dies war der Versuch, die unerledigten Mutter- und Vater-Geschäfte mit Hilfe des Partners zu bewältigen, so wie wir es am Beispiel von Iwan und der Frosch-Frau gesehen haben. Diese Bindungen werden nun gelöst, weil jeder – freilich angestoßen und provoziert durch den andern – die Auseinandersetzung mit den ungelösten Bindungen seiner Geschichte nun selbst übernimmt.

Damit sind wir wieder an der Stelle des Märchens angelangt, die wir vorhin verlassen haben. Trennung ist nicht ein Gegensatz zur Paarbeziehung, sondern gehört zu ihr dazu. Sie ist immer wieder in verschiedensten Formen nötig, damit das Paar in die beiden weiteren Phasen, die ich genannt habe, in die Phase der Wiederannäherung und die Phase der Vereinigung auf einer reiferen Stufe, eintreten kann. Die Trennung dient der Individuation. Sie ist darum die Voraussetzung, daß die Liebe reifen, sich vertiefen und intensivieren kann. Wenn uns das Märchen an die Stelle geführt haben wird, wo dies deutlich zutage tritt, werde ich auf die beiden bisher nicht besprochenen Phasen noch näher eingehen. Der folgende Teil schildert den inneren Prozeß der Distanzierungsphase ausführlich im Blick auf Iwan.

Solidarität unter Männern

Iwan-Zarewitsch weinte bitterlich. Er weinte ein ganzes Jahr, er weinte auch ein zweites Jahr, im dritten Jahr, da ermannte er sich endlich, er bat um den Segen von Vater und Mutter und machte sich auf, Wassilissa, die Allweise, zu suchen. Er ging kurze Wege, und er ging lange Wege. Schnell ist ein Märchen erzählt, aber lange dauert der Weg des Helden. Da begegnete ihm ein uralter Mann.

»Hollah, Bursche, wohin gehst du denn?« rief der Alte, und Iwan-Zarewitsch erzählte dem Alten alles. Er erzählte, daß er Wassilissa, die Allweise, suche und was er mit ihr erlebt hatte. »Wie konntest du nur«, zürnte der Alte, »du hast dem Mädchen die Froschhaut nicht gegeben, also konntest du sie ihr auch nicht nehmen. Wassilissa wurde klüger und mächtiger als ihr Vater. Deshalb hat er sie in einem unbedachten Augenblick in einen Frosch verwandelt.[4] Es ist jetzt sehr schwer für dich, sie noch zu finden. Aber nimm dieses Knäuel«, und er reichte Iwan-Zarewitsch ein Knäuel Garn, »und folge dem Knäuel, vielleicht führt es dich zum Ziel.«

Die Trennung bewirkt etwas bei Iwan. Alles andere hat nichts genützt. Nicht das gute Brot, nicht das kunstvolle Hemd, auch nicht der große Auftritt Wassilissas. Sie vermochte Iwan nicht aus seinem fatalen Lebensmuster des Hin- und Herkippens zwischen »großer Held« und »kleiner Junge« zu befreien. Er muß nicht mehr, er kann gar nicht mehr groß sein. Er ist auch nicht nur »traurig«. Die vage, flache Depression, das traurige »Herumhängen« löst sich in einen tiefen Schmerz, die Tränen fließen in Strömen. Vom pfeilschießenden Überflieger ist nichts mehr da, aber auch nichts mehr vom jammernden Jungen. Einsichtsvoller Schmerz und schmerzvolle Einsicht haben ihn erfaßt. Wie es oft bei Männern der Fall ist, werden Einsicht und Schmerz erst möglich, wenn der Schwan davongeflogen ist. Manchmal brauchen sie das wirklich. Die Angst, selber loszulassen, ist zu mächtig. Sie können von dem Versuch nicht lassen, der Große bleiben zu müssen, sich der Frau und in ihr der Mutter zu versichern und sie zugleich unter Kontrolle zu halten. Erst wenn diese sich wirklich verweigert, bricht dieser Zwang in sich zusammen, und sie sind bei allem Schmerz zugleich wie befreit: sowohl vom Zwang, der Kühnste sein zu müssen, als auch vom Zwang, die Frau und in ihr die Mutter festhalten zu müssen.

Wassilissa mußte also Iwan den Schmerz dieser Trennung zufügen. Es ist schon eigenartig: Auch hier, in der umgekehrten Konstellation wie im »Froschkönig«, ist es doch wieder die Frau, die den Schritt der Trennung und damit zur Entwicklung tut. Warum fällt es uns Männern so schwer, uns innerlich von der Frau als Mutter zu lösen, selbständig, erwachsen zu werden? Wir können uns abschotten, in die Arbeit oder zu anderen Frauen fliehen oder uns unnahbar machen und hart. Das ist aber nicht Eigenständigkeit, damit vermeiden wir nur, mit unserer Abhängigkeit konfrontiert zu sein, aber wir haben sie nicht überwunden. Eigenverantwortlich sein, das eigene Leben in die Hand nehmen, für sich selber sorgen und fürsorglich für andere werden, seinen eigenen Rhythmus, sein eigenes Maß finden und das neben und mit einer Partnerin: Ich kenne so viele Männer, auch in höchst anspruchsvollen und verantwortlichen Positionen, Männer, die unsere Zukunft planen, die neue Technologien entwickeln, die weittragende Entscheidungen treffen, die dazu nicht imstande sind. Es ist interessant, daß dies schon die Märchen so darstellen. Es scheint also nicht nur an unserer Gegenwart zu liegen, die ja davon bestimmt ist, daß unsere Väter im Kriege abwesend und im nachfolgenden Wirtschaftsboom von Aufbauarbeit und Expansion absorbiert waren, so daß unsere Mütter von ihnen allein gelassen wurden und uns Söhne als hauptsächliche Zuwendungsquelle gebraucht und festgehalten haben. Darin sind die überzogenen Männlichkeitsideale und die dahinter verborgene Mutterabhängigkeit sehr vieler heutiger Männer begründet und kommen in vielen Paarbeziehungen besonders kraß zum Vorschein. Darüber hinaus scheint dies aber auch ein männliches Wesensproblem zu sein. Wir entstammen dem Mütterlichen, sind aber selbst, anders als das kleine Mädchen, nicht weiblich, sondern wesensverschieden von der Mutter. Das Mütterliche ist unser Grund, aber wir gehören selber dem Mütterlichen nicht an. Meinen wir deshalb, den Boden unter den Füßen zu verlieren, wenn wir in uns selbst Halt finden sollen? Fliehen wir deshalb in überzogene Männlichkeitsklischees wie das des großen Pfeilschützen, um uns davor zu retten?

Das Märchen läßt den armen Iwan volle drei Jahre weinen. Das ist märchenhafte Übersteigerung, macht uns aber auf zweierlei aufmerksam: einmal, daß Lösungsprozesse und die damit verbundene Trauer ihre Zeit brauchen, und zum andern, daß dazu eine ausreichende Zeit des Alleinseins nötig ist. Iwan widersteht der Versuchung, die Zeit durch neue Beziehungen abzukürzen. Sehr viele Männer geben sich diese Zeit nicht. Die alte Größe wieder zu gewinnen und wieder jemanden zu Hause haben, der sie versorgt, damit können sie nicht warten. Aber es ist klar, daß das nur auf eine Wiederholung des alten Musters hinausläuft und keine Entwicklung bringt. Damit, daß sie das Alleinsein in der Tiefe des Schmerzes nicht aushalten können, verspielen viele Männer die Chance, die ihnen durch eine Trennung eröffnet ist.

Bei Iwan ist es anders. Er hält aus. Vom großen Pfeilschützen, dem Schönen, Kühnen, ist nichts mehr übrig. Der Verlust des grandiosen »falschen Selbst«[18] ist der erste Schritt zu wirklicher männlicher Stärke. Darum heißt es in der Geschichte: Nach dieser Zeit »ermannte er sich«. Jetzt erst beginnt seine Entwicklung zum Mann-Sein. Das Leben, das Iwan jetzt beginnt, hat einen sehr anderen Charakter. Es ist stiller und unansehnlicher. Iwan begibt sich auf die Suche nach Wassilissa und damit, wie der weitere Verlauf des Märchens zeigen wird, auch auf die Suche nach seiner eigenen »inneren Frau«, dem abgeschnittenen, abgespaltenen weiblichen Teil seiner selbst. Er geht »lange Wege und kurze Wege«. »Seine Stiefel waren zerrissen, der Kaftan zerschlissen, die Mütze hatte der Regen verfärbt«, heißt es in einer anderen Nacherzählung des Märchens. So sieht er aus, der wahre »Weg des Helden«!

Da trifft er einen »uralten Mann«. Hier erfährt Iwan etwas ganz Neues: ein alter Mann, der ihm Fragen stellt und aufmuntert: »Hollah Bursche, wohin gehst du?« Es ist eine aufmunternde Frage, eine zugewandte, interessierte Frage, die die Bereitschaft zur Unterstützung erkennen läßt. Wahrscheinlich ist das Iwan noch nie passiert. Von seinem Vater hat er bis jetzt nur Aufträge bekommen, und mit seinen Brüdern hat er rivalisiert. Seine Beziehung zum Männlichen ist von Konkurrenz und »Sich-beweisen-Müssen« gekennzeichnet. Nun stellt ihm ein Mann – ein alter Mann, der dem Platzhirsch-Gehabe seiner Geschlechtsgenossen schon entwachsen ist – eine einfühlsame, aufmunternde und interessierte Frage. Das braucht Iwan jetzt, und das brauchen Männer in seiner Lage: daß sie Männer finden, die anders sind, bei denen sie sich aussprechen, die ihnen interessiert zuhören können. Es kommt jetzt darauf an, sich helfen zu lassen, es aufzugeben, immer alles allein schaffen zu müssen. Nicht herumjammern, das ist etwas anderes, aber sich helfen lassen! Und Männer sind dazu gut geeignet,[19] besser als Frauen – jedenfalls in diesem Stadium. Es ist darum kein Zufall, daß hier im Märchen ein Mann der erste ist, der Iwan den Weg weist. Das »Weibliche« ist – nach allem, was er erlebt hat – wohl noch zu konfliktbeladen, und es ist wichtig, daß Iwan, was er sich ohnehin so sehnlichst gewünscht hat, nun einen Zugang zur männlichen Welt bekommt, und zwar einen anderen, als er immer gesucht hat, einen, der nicht von Konkurrenz, sondern von Interesse, Zugewandtheit und Solidarität geprägt ist.

Iwan »erzählt dem Alten alles«. Man spürt förmlich, wie gut das tut, alles zu erzählen, immer und immer wieder. Dabei lernt Iwan, was er bisher nicht konnte: über sich selber sprechen. Das war ja ein Grund, daß es zur Trennung kam: daß er nicht imstande war, im rechten Moment über die wichtigen Dinge, die ihn bewegten, zu reden. Nun, im Kontakt zum Alten, lernt er, sein Innenleben zu buchstabieren. Man hat den Eindruck, Iwan habe jetzt den richtigen Therapeuten für sich gefunden (endlich tut er etwas für sich!). Der faßt ihn übrigens, wie eben ein guter Therapeut, gar nicht mit Samthandschuhen an: »›Wie konntest du nur‹, zürnte der Alte, ›du hast dem Mädchen die Froschhaut nicht gegeben, also konntest du sie ihr auch nicht nehmen!‹« Der Alte konfrontiert ihn mit seinem zwanghaften Kontrollverhalten und seiner Größen-Idee. Denn daß er es schaffen würde, aus ihr endgültig Wassilissa zu machen, das ist wahrlich eine Größen-Idee. Gute Therapeuten hören nicht nur zu und verbalisieren Gefühle. Sie sagen harte Sachen sehr direkt, und bei einem Iwan ist das auch bitter nötig.

Dann deutet ihm der Alte die Geschichte mit Wassilissa: »Wassilissa wurde klüger und mächtiger als ihr Vater. Deshalb hat er sie in einem unbedachten

Augenblick in einen Frosch verwandelt.« So beginnt Iwan den Sinn des bisherigen Geschehens zu verstehen. Der Schmerz der Trennung hat ihn bereit gemacht. Nun ist er fähig, die klärenden Worte des Alten in sich aufzunehmen.

Dieser macht ihm auch nichts vor und klärt ihn, wieder wie ein guter Therapeut, über die Schwierigkeiten unmißverständlich auf: »Es ist jetzt sehr schwer für dich, sie noch zu finden.« Damit macht der Alte klar, daß es Hoffnung gibt, aber daß es nicht ohne seine Anstrengung gehen wird: Suchen mußt du selbst, auch wenn ich dir helfe. Machen mußt du es!

Schließlich reicht er ihm ein Knäuel Garn: »Folge dem Knäuel, vielleicht führt es dich zum Ziel.« Er ist wirklich ein guter Therapeut, dieser Alte! Denn er macht ihm keine falschen Versprechungen: Was er anzubieten hat führt *vielleicht* (nicht sicher) zum Ziel, und zum andern gibt er kein Patentrezept, sondern – ein Knäuel Garn. Ich kann mir gut die Reaktion eines Machers wie Iwan vorstellen. Der will ein Problemlösungsrezept, eine klare Gebrauchsanweisung, und in einer Woche soll die Sache erledigt sein. Aber so einfach geht es nicht. Das Knäuel enthält wohl einen wichtigen Hinweis, aber Rezept ist es keines. Das Knäuel Garn stammt aus dem weiblichen Bereich. Es ist rund und damit ein Symbol der Ganzheit. Indem der Alte Iwan das Knäuel reicht, sagt er ihm: Das ist der Weg zu Wassilissa. Du mußt dich von deiner einseitig überbetonten Männlichkeit weg entwickeln, mußt als Person vollständig werden, und dazu mußt du dich dem Weiblichen in dir zuwenden und es in dir zur Entwicklung bringen. Somit wird ihm zwar kein

Rezept, aber der »rote Faden« gegeben, dem Iwan nun zu folgen hat.

Männer in der Situation Iwans fragen oft (und erstmals in ihrem Leben) nach therapeutischer Hilfe. Es ist gut, daß sie der Schmerz dafür geöffnet hat. Aber sie sind auf diesem Parkett sehr unbeholfen und wissen nicht, wie sie zum Beispiel entscheiden sollen, welche Therapie und welcher Therapeut für sie das richtige ist. Dafür gibt es leider auch kein sicheres Rezept, aber es gibt bestimmte Beurteilungskriterien. Sie sind in einer so treffenden Weise in der Schilderung der Begegnung Iwans mit dem Alten enthalten, daß ich sie hier nochmals zusammenfassen möchte:

1. Wichtiger als eine bestimmte Therapiemethode ist der Therapeut als Person. Das wichtigste Kriterium ist also, ob seine Person so wie die des Alten überzeugend ist. Und das merkt man meist sehr deutlich an wenigen Anzeichen, so wie auch in unserem Märchen in wenigen Zeilen die Person des Alten deutlich hervortritt.

2. Meist ist es für Männer in dieser Situation leichter, mit einem Mann zu arbeiten als mit einer Frau.

3. Im Kontakt mit dem Therapeuten sollte »Iwan« spüren, daß dieser Interesse an ihm hat und ihn ernst nimmt, so daß er ihm einfach mal »alles erzählen« kann.

4. Aber mitgehen und Verständnis haben allein ist noch nicht genug. »Iwan« braucht dringend jemand, der den Mut hat, ihn auch hart zu konfrontieren und den Finger auf seine wunden Stellen zu legen.

5. Weiter braucht er jemanden, der imstande und willens ist, ihm auch manches schlicht zu erklären. »Iwan« ist in seelischen Dingen manchmal wirklich ein Analphabet. Er braucht Unterweisung, Aufklärung, oft auch einfach Ratschläge.

6. Dabei soll »Iwan« keine Patentrezepte erwarten. Aber er sollte den Eindruck bekommen, daß der Therapeut über die wesentlichen Themen des menschlichen Lebens Bescheid weiß und seine Probleme diesen auch zuzuordnen weiß. Denn es geht jetzt darum, daß »Iwan« sich den wesentlichen Lebensfragen öffnet. Darum muß sein Therapeut das Leben in seinen Höhen und Tiefen selber kennen.

7. »Iwan« sollte sich dabei im klaren sein, daß er, auch wenn er viel Geld dafür bezahlen muß, keine Sicherheit bekommen kann, daß die Therapie ein Erfolg wird. Der Therapeut ist kein Selbstbedienungsautomat!

8. Schließlich sollte »Iwan« sich darauf gefaßt machen, daß es eine harte Zeit für ihn wird und daß er sehr viel dazu wird tun müssen, wenn er etwas erreichen will. Psychotherapeuten verabreichen keine Pillen, die von selber wirken. Auch Einsicht, die vermittelt wird, ändert meist noch wenig. Die Bereitschaft und Entschlossenheit, Neues zu tun, mit neuem Verhalten zu experimentieren und alte Verhaltensweisen zu ändern (zum Beispiel Schlaf-, Trink- und Rauchgewohnheiten), sind unabdingbar für den Erfolg. Iwan muß den Weg zu Wassilissa selber gehen, und dieser ist zuweilen sehr entbehrungsreich.

Ein Weiteres ist hier noch anzufügen: Iwan hat von jeher gemeint, immer der Beste sein zu müssen. Er hat versucht, mit einem Sprung von der untersten Sprosse der Leiter als Jüngster auf die oberste zu kommen und der Schönste und Kühnste sein zu müssen. Damit hängt ein Problem zusammen, das Männern wie Iwan zu schaffen macht. Sie haben nämlich nicht gelernt zu lernen. Sie haben nicht gelernt, sich schrittweise über Versuch und Irrtum, Erfolg und Mißerfolg, über Experiment und Erfahrung Kenntnisse und Fähigkeiten über das Leben anzueignen. Sie hatten dazu keine Anleitung und keine innere Erlaubnis. Sie meinten, immer schon der Beste sein zu müssen, ohne den Weg dahin. Darum verbirgt sich hinter dem hervorragenden Pfeilschützen nicht selten einer, der in Wirklichkeit wenig weiß und wenig kann, oder lediglich in einem einzigen schmalen Fachbereich ein wirklicher Experte ist. Die Begegnung mit dem »Alten« ist auch deshalb so zentral wichtig, weil sie den Punkt kennzeichnet, an dem Iwan, nachdem er den großen Zarewitsch hat fahrenlassen können, bereit und fähig geworden ist, sich unterweisen zu lassen, sich auf einen Weg der Erfahrung zu begeben und schrittweise zu lernen. Dies bedeutet auch, daß er den Hochmut aufgibt, der verachtend auf diejenigen hinabblickt, die sich Schritt für Schritt mit kleinen Dingen abplagen. Es bedeutet, daß er sich aus seinen lichten Höhen in die Niederungen der »Gewöhnlichkeit« hinunterbegibt. Damit ist er in eine wesentliche Phase seiner Nachreifung eingetreten.

Der Weg »zu den Müttern«

Iwan-Zarewitsch nahm das Knäuel, und er ging kurze Wege, und er ging lange Wege. Da trabte ihm ein ungeheurer Bär über den Weg. Ich werde das Tier töten, dachte er, aber der Bär sprach ihn an mit menschlicher Stimme: »Laß mich leben, Iwan-Zarewitsch, habe Mitleid.« Und Iwan-Zarewitsch hatte Mitleid mit dem Tier, und er ließ es leben. Er ging weiter, und es sprang ein Hase vor ihm auf. Ich werde das Tier töten, dachte er, aber der Hase sprach ihn an mit menschlicher Stimme: »Habe Mitleid, Iwan-Zarewitsch, laß mich leben.« Und Iwan-Zarewitsch hatte Mitleid mit dem Tier, und er ließ es leben. Er ging weiter, und es flatterte plötzlich eine Ente vor ihm auf. Er spannte Pfeil und Bogen und wollte die Ente schießen. Aber die Ente sprach ihn an mit menschlicher Stimme: »Habe Mitleid, Iwan-Zarewitsch, laß mich leben.«

Und Iwan-Zarewitsch hatte Mitleid mit dem Tier, und er ließ es leben. Und er ging immer fort weiter. Da kam er zum weiten Ufer des Meeres, dort lag ein Hecht im Sand, und er sprach ihn an: »Habe Erbarmen, Iwan-Zarewitsch, trage mich zum Wasser.« Iwan-Zarewitsch fühlte Erbarmen mit dem Tier, und er trug es zum Wasser.

Iwan folgt dem Knäuel. Wohin führt es ihn auf seinem Weg zu Wassilissa? Welche Aufgaben hat er zu lösen, damit er zu ihr findet?

Als erstes führt ihn das Knäuel zur Begegnung mit verschiedenen Tieren. Dabei gelangt er ans Ufer des Meeres, und schließlich hat er sich mit der Hexe des russischen Märchens, mit der alten Baba Jaga, auseinanderzusetzen.

Tiere im allgemeinen symbolisieren den vitalen, animalischen Bereich. Sie sind Wesen, die einen noch ursprünglichen, instinktiven Kontakt zum Leben haben. Sie erscheinen dem Menschen darum elementarer, ursprünglicher, geheimnisvoller als seine eigenen Artgenossen. In vielen Religionen treten Tiere als Göttergestalten auf, weil sie dem Ursprung des Lebens näher scheinen als der Mensch. Hase und Ente sind darüber hinaus im Märchen Symbole des Weiblichen. Denn auch das Weibliche wird aufgrund seiner Fähigkeit zu gebären als dem Ursprung des Lebens näher erlebt. Darum verehrte man in den ursprünglicheren Religionen auch vor allem weibliche Gottheiten.

Die Tiere treten in den Märchen meist als Helfer auf, die dem Menschen zur Lösung seiner Lebensrätsel entscheidende Dienste leisten, die ihn also näher an den Ursprung des Lebens heranbringen. Sie symbolisieren somit auch das »tiefere Potential« unserer Seele, das in Krisensituationen in Bewegung gerät und uns neue Möglichkeiten eröffnet. Iwan ist nach seiner Begegnung mit dem alten Mann geduldig dem Faden seines Knäuels gefolgt. Nun ist er reif für dieses Zusammentreffen. Was lernt er dabei?

Zunächst – jedenfalls als er den Bären trifft – bekommt er es mit der Angst zu tun. Er will ihn töten. Männer wie Iwan lernen vor allem in Situationen, in denen sich Frauen von ihnen abzugrenzen beginnen, manchmal unter großem Erschrecken, ganz neue Seiten an sich kennen: Wut, Haß, Eifersucht, Gier und andere wilde Impulse drohen sie zu verschlingen. In ihren Träumen tauchen riesige Hunde, Bären, Stiere auf. Eine Schicht ihrer Seele bricht auf, die sie nicht kennen, die ihnen angst macht und die sie darum schnell wieder weghaben, die sie töten wollen. Sie zielen darauf mit ihrem Pfeil wie Iwan. Wenn sie ihn abschießen, schneiden sie sich allerdings auch den Weg zu einer neuen, größeren Vitalität und Lebendigkeit ab, die sich auf ungebärdige Weise in ihren Traumbildern äußert und durch die Trennung in ihnen freizuwerden beginnt. Die inneren wilden Tiere symbolisieren jene Seiten, die früher nicht gezeigt werden durften, jene Kräfte, die sie von der Mutter hätten lösen können und die zur eigenen vitalen Männlichkeit drängen. Es ist darum wichtig, als ersten Schritt diese wilden Tiere in sich nicht gleich wieder zu verjagen oder gar zu töten, sondern sie zunächst einmal einfach zuzulassen, sie »am Leben zu lassen«. Im Interesse Iwans selbst, wie sich nachher herausstellen wird, bitten die Tiere im Märchen um Schonung. Iwan lernt, daß dies möglich ist: Man wird nicht gefressen, wenn man sich dieser unheimlich neuen Welt öffnet. Im Bären taucht der »wilde Mann« in seiner ursprünglichen Kraft auf, der der Männerbewegung inzwischen so wichtig geworden ist.[20]

Hase und Ente sind nicht so gefährlich. Wenn

Iwan auch sie töten will, dann wohl nicht aus Angst, sondern weil sie ihm auf seiner anstrengenden Reise einen guten Braten abgeben würden. Die wilde Männlichkeit, die auftaucht, will Iwan im ersten Impuls töten, das Weibliche – in Hase und Ente verkörpert – will er sich einverleiben! Iwan hebt wieder Pfeil und Bogen, will sich so ihrer bemächtigen. Hat er nicht immer wieder versucht, sich auch der Frosch-Frau zu bemächtigen und sich von ihrem Können, ihren Fähigkeiten, ihrem Dasein zu nähren? Er lernt jetzt, Hase und Ente die Freiheit zu lassen, er lernt das Loslassen, das er bei Wassilissa noch nicht kannte.

Damit lernt er auch, auf eigene Befriedigung zu verzichten. Denn der Verzicht auf Hase und Ente bedeutet ja Verzicht auf Nahrung. Wir haben davon gesprochen, daß Iwan Frustrationen nicht auszuhalten vermochte. Darum mußte er die Froschhaut verbrennen. Nun lernt er, was Männern wie Iwan unheimlich not tut: Er lernt verzichten und Verzicht aushalten, er lernt Frustrationstoleranz.

Wenn Mäner mit ihren Frauen »immer schlafen müssen« oder, wenn die eigene Frau nicht (mehr) da ist, sofort eine andere »brauchen«, ist dies keineswegs ein Zeichen von Männlichkeit, wie sie sich vielleicht vormachen. Vielmehr ist es die kindliche Unfähigkeit, aufkommende Bedürfnisse auszuhalten und ihre Befriedigung aufzuschieben. Dies kann aber nötig sein, um tieferliegende Anliegen wahrzunehmen. Indem Iwan verzichtet und aushalten lernt, bleibt er auf seiner Spur. Er lenkt sich nicht von dem ab, was er eigentlich will. An einer Sache wirklich dranbleiben, das erfordert auch Verzicht. Männer wie Iwan können diesen meist ganz gut erbringen, wenn es sich dabei um »Pflichten« und »Aufgaben« handelt, die ihnen von außen gestellt sind. Wenn es sich aber um ihre ganz persönlichen Anliegen und Ziele, ihre Entwicklungsaufgaben handelt, fällt es ihnen ungeheuer schwer. Durch jedes Häschen und jede Ente sind sie davon abzulenken.

Was Iwan in diesen Begegnungen mit den Tieren außerdem und vor allem noch lernt, wird beim vierten Tier, beim Fisch im Sand, besonders deutlich: Iwan lernt Mitleid und Erbarmen. Das sind ausgesprochen weibliche Eigenschaften, die er nun in sich zum Leben erweckt. Sie stehen im krassen Gegensatz zum Pfeilschuß, der siegen, unterwerfen und töten will. Mitleid und Erbarmen bedeuten: sich auf den andern beziehen, die Not des andern nachempfinden, sich um das Leid des andern kümmern. Dies zu lernen hat Iwan durchaus nötig. Denn bisher erschien er uns als einer, der nur auf sich, auf seine Größe oder seinen Kummer bezogen war. Er schien geradezu verliebt in seine Traurigkeit, wenn er immer wieder, trotz wiederholter gegenteiliger Erfahrung, deprimiert nach Hause kam und dem Fröschlein vorjammerte. Nie spielte in seinem bisherigen Tun und Reden jemand anderer als er selbst eine Rolle: Im Pfeilschuß mußte er sich beweisen, die Frosch-Frau brauchte er, damit sie für ihn arbeitete und ihm zuhörte. Die Froschhaut hat er beseitigt, ohne Rücksicht auf Wassilissas Interessen. Er war so sehr mit sich und seinen Problemen beschäftigt, daß er niemand anderen wahrnehmen konnte. Die Welt war ihm voller Konkurrenten oder aber versorgender und festhaltender Mütter. Daß es da noch andere gab, die seiner Hilfe bedurften, dafür war in Iwans Aufmerksamkeit kein Platz. Jetzt lernt er die Not anderer wahrzunehmen, mit ihnen zu fühlen und fürsorglich zu sein. Er trägt den Hecht zum Wasser, und dabei »fühlte er Erbarmen«. Er handelt nicht nur anders, er spürt auch ein ganz neues Gefühl in sich: Erbarmen. Die Schale der Selbstbezogenheit ist von innen her aufgebrochen, etwas in ihm beginnt, hin zum andern zu strömen. Iwan ist befreit aus dem Gefängnis seiner Ich-Bezogenheit. Hat ihn sein eigenes Leiden dies gelehrt? So erlebe ich es oft bei Männern, die Iwans Weg gehen. Der Schmerz der Trennung befreit in ihnen das Gefühl für den anderen. Sie werden liebevolle Väter, treue Freunde und bessere Liebhaber.

Beim letzten Tier hat Iwan Pfeil und Bogen gar nicht mehr erhoben. Er hat eine neue Einstellung zum Leben gelernt: Nicht mehr kämpfen, sondern sich ihm aufmerksam öffnen in Mitleid und Erbarmen. Er hat die »weibliche Einstellung« zum Leben gelernt. So ist es kein Wunder, daß er auf diesem Weg ans Meer gelangt, an Wasser und Welle, fließend und unendlich, Leben gebärend und wieder verschlingend – Ursymbol des Weiblichen, aber auch Ursymbol des Lebendigen überhaupt. Das Leben in seiner Ganzheit taucht vor Iwan auf. Er ist befreit aus dem Zwang, immer wieder den Bogen zu spannen und seine Pfeile zur Sonne treiben zu müssen, befreit auch aus dem Zwang, das alte Spiel des »Oben-Unten« immer wieder neu zu spielen. Aber er hat noch einen wichtigen Schritt zu tun: die Konfrontation mit der Baba Jaga, der Hexe.

Die Begegnung mit der Hexe

Und immerfort wanderte er weiter. Da kam er zu einem Hüttchen, das auf Hühnerfüßen stand und sich immerfort drehte. Und Iwan-Zarewitsch verneigte sich und sprach den Spruch: »Dreh dich, mein Hüttchen, dreh dich zu mir, so wie dich die Mutter am Morgen aufgestellt.«

Und das Hüttchen blieb stehen, mit dem Eingang zu ihm. Er kletterte hinein und fand drinnen die Baba Jaga. Und die Baba Jaga erhob sich und rief:

»Noch nie sah ich einen Russen, und nun kommt ein Russe selbst zu mir. Wen suchest du denn?«

Und Iwan-Zarewitsch erzählte der Baba Jaga, daß er Wassilissa, die Allweise, suche und was er mit ihr erlebt hatte.

»Ich weiß, ich weiß«, sprach die Baba Jaga. »Sie ist nun beim unsterblichen Koschtschej, und es ist sehr schwer, den Koschtschej zu besiegen, denn das Leben des Koschtschej ist in der Spitze einer Nadel, und die Nadel ist in einem Ei, und das Ei ist in einer Ente, und die Ente ist in einem Hasen, und der Hase ist in einer Kiste. Und diese Kiste ruht am Fuße eines alten Eichbaums. Und diesen Eichbaum, den hütet der Koschtschej wie sein linkes *und sein rechtes Auge. Aber versuche es immerhin.«*

Und sie zeigte Iwan-Zarewitsch den Weg zum Palaste des Koschtschej.

Daß mit der russischen Hexe eine Mutterfigur dargestellt ist, sagt schon der Name: Baba ist nämlich das russische Wort für Mutter. Die russische Hexe unterscheidet sich allerdings von der Hexe unserer westlichen Märchen erheblich. Wir kennen die Hexe als durchweg negative Figur. Sie repräsentiert in unseren Märchen ausschließlich die negativ erlebten Aspekte des Mütterlichen, als Personanteil sowohl der Frau als auch des Mannes. Daher kommt es auch, daß in unseren Märchen die Hexe immer überwältigt und vernichtet werden muß. Die russische Baba Jaga hat nicht nur diese negativen Seiten. Auch ihr sind die bekannten hexenhaften Züge eigen, sie ist alt, häßlich, furchterregend, heimtückisch, schlau, auffressend und darum äußerst gefährlich. Sie ist aber auch weise, fürsorglich, mütterlich, ja sogar auf eine rauhe Art herzlich. Sie ist vergleichbar mit Frau Holle, die ja ebenfalls diese beiden Seiten hat, die strenge vernichtende und die fürsorglich spendende. Die Auseinandersetzung mit der russischen Hexe ist darum nicht ganz so einfach, weil nicht so eindeutig. Dafür entspricht sie mehr dem realen Leben. Wenn der Held ihr begegnet, weiß er nie genau, woran er mit ihr ist. Wenn Iwan vor ihrem geheimnisvollen Hüttchen steht, weiß er nie, was in der Begegnung mit ihr dieses Mal passieren wird. Darin ist sehr genau jene Mischung aus Anziehung und Abstoßung, Versorgungsbedürfnis und Abgrenzungswunsch, Angst und Sehnsucht wiederzuerkennen, die vielen Männern ihren konkreten Müttern (und Frauen) gegenüber eignet.

Dadurch wird aber die Aufgabe, die Iwan bei Baba Jaga auf seinem Weg zu Wassilissa zu lösen hat, für uns auch besonders interessant und wichtig.

Für unsere Vorstellungswelt ist das Hüttchen auf Hühnerbeinen ein fremdes, seltsames Bild. Baba Jaga wohnt immer in diesem Hüttchen, und dieses dreht sich auch immer und muß durch den immer gleichen Bannspruch des Helden zum Stehen gebracht werden, so daß es den Eingang ihm zuwendet. Nach einem bedeutenden russischen Märchenforscher handelt es sich hier um die Überreste eines Initiationsritus[21]. Die Hühnerbeine erinnern an Tiere, die bei diesem Ritus eine wichtige Rolle spielten, und die Hütte steht gewissermaßen an der Grenze zweier Lebensabschnitte, zwischen Kindheit und Erwachsenenalter. Der Initiand muß die Hütte zum Stehen bringen und »einsteigen«, damit er sich in ihr dem neuen Lebensabschnitt zuwenden kann. Im Dunkel der Hütte geschieht seine Initiation, seine Einweihung in die Welt der Erwachsenen.

Damit klingt ganz deutlich das Thema an, das sich uns schon hier und dort aufdrängte: Der Weg zu Wassilissa ist der Weg des Erwachsenwerdens. Er führt für Iwan in die direkte Auseinandersetzung mit der Mutter. Diese Auseinandersetzung verläuft sehr viel undramatischer als sie in westlichen Märchen geschildert wird, aber vielleicht wird gerade dadurch um so deutlicher, worauf es dabei ankommt. Iwan bringt die Hütte zum Stehen und tritt ein. Das klingt sehr anders als zum Beispiel die vergleichbare Stelle in »Hänsel und Gretel«. Hier gerät Hänsel zufällig an das Häuschen, knabbert daran herum, ohne zu wissen, was er tut, und wird von der Hexe dann ins Innere gelockt. Hänsel geht der Hexe auf den Leim. Iwan aber steuert direkt auf ihr Haus zu und betritt es. Das ist der Unterschied von kindlich-ambivalenter und erwachsen-eindeutiger Kontaktaufnahme mit der Mutter. Viele Männer werden im Kontakt zu ihren Müttern viel eher zu Hänsel: »Halb zog sie ihn, halb sank er hin.« Iwan könnte ihnen ein gutes Gegenmodell sein.

Männlich bestimmt und entschieden betritt er die Hütte der Hexe. Diese ist neugierig und forscht ihn aus. In anderen Nacherzählungen des Märchens verweigert ihr Iwan aber zunächst die Antwort. Darin wird deutlich, daß er sich das Gesetz des Handelns nicht gleich von ihr aufzwingen läßt, sondern selber bestimmt, auf welche Weise er mit ihr in Kontakt treten will. Auch dies ist ein wichtiger Hinweis für erwachsene Söhne, wenn sie Beziehung zu ihren Müttern aufnehmen. In den erwähnten anderen Nacherzählungen will Iwan, bevor er bereit ist, Antwort zu geben, von ihr vorerst zu essen, zu trinken, ein Bad und ein Bett.

Spätestens hier stutzen wir wieder. Was hat dies alles mit Erwachsenwerden zu tun? Wird Iwan bei dieser seiner Rückkehr zur Mutter nicht geradewegs wieder zum kleinen Jungen, der sich von ihr nähren, reinigen und zu Bett bringen läßt? Iwan »kehrt zur

Mutter zurück« – dies ist in jedem wirklichen Ablöse- und Reifungsprozeß tatsächlich nötig. Denn einfach den Kontakt zu den Eltern abbrechen, einfach den Elternteil, an den man in besonderer Weise durch unerledigte Geschäfte gebunden ist, nie mehr sehen – das ist keine Auseinandersetzung, höchstens ein vorübergehendes erstes Stadium. Bleibt der Prozeß dabei stehen, läuft das auf eine Vermeidungsstrategie hinaus. Die übermächtige Mutter, der übermächtige Vater, sie regieren dann zwar nicht mehr äußerlich, aber in meinem Inneren um so unbehelligter, auch wenn sie Tausende von Kilometern von mir entfernt leben, und hindern mich an einer erwachsenen Partnerschaft. Es braucht ein intensives und wenn möglich auch äußeres Zurückkehren zu den Müttern und Vätern, damit wir uns von ihnen lösen und frei werden für das eigene Leben und die eigene Liebe. Wenn Liebe zwischen erwachsenen Menschen nicht gelingt, spielt dabei immer mit, daß sie mit ihren Eltern, häufig besonders mit einem Elternteil, noch etwas zu erledigen haben. Dieses Unerledigte bindet sie. Es muß wieder aufgegriffen werden, und zwar wenn möglich in der direkten erwachsenen Auseinandersetzung zwischen den Betroffenen. Darum muß Wassilissa zu Koschtschej zurück und Iwan zu Baba Jaga.

Wenn wir außerdem den Erzählzusammenhang berücksichtigen, erscheint Iwans Verlangen nach Bad, Speise und Bett nicht mehr als kindliche Regression, die wir im ersten Moment hier zu erblicken meinen. Er hat ja die ungeheuren Strapazen der langen Wanderschaft hinter sich. Was er verlangt, ist seiner Situation angemessen und kommt nicht aus dem Bedürfnis des kleinen Jungen, versorgt zu werden. Er lehnt es ab, gleich Baba Jagas Neugier zur Verfügung zu stehen, er pocht auf das, was nach slawischem Brauch jedem erwachsenen Fremdling zusteht, nämlich Gastfreundschaft. Er macht es nicht, wie wir es von vielen erwachsenen Männern kennen, daß sie sich von ihren Müttern einfach mit Liebes- und Fürsorglichkeitsbeweisen überschütten lassen und nicht sagen, daß sie das alles gar nicht brauchen und wollen, er sagt sehr gezielt, was er braucht: Essen, Bad und Bett. Und er sagt, was er jetzt nicht will: nämlich gleich Auskunft geben. Das ist nicht mehr der liebe angepaßte Junge, der alles schluckt, und auch nicht der trotzige Junge, der alles ablehnt, das ist ein erwachsener, eigenverantwortlicher Mann.

Es ist nicht schon ein Zeichen von erwachsener Reife und Ablösung von den Eltern, wenn man »nichts mehr von ihnen will«. Es kann sein, daß man auch als Erwachsener durchaus noch etwas von ihnen braucht, es kommt nur darauf an, wie man damit umgeht. Iwan zeigt mit seiner klaren Abgrenzung und mit seinem klaren, gezielten Wunsch, wie erwachsenes »Brauchen« der Mutter gegenüber aussehen könnte.

Iwan erhält, was er will. Baba Jaga tut ihm seinen Willen. Es zeigt sich, was oft zu erleben ist: daß man ihr, der Mutter, durchaus erwachsenes Verhalten zumuten kann. Es ist vielleicht ungewohnt für beide, aber ich habe immer wieder die Erfahrung gemacht, daß es schließlich auch für die Eltern eine große Hilfe ist, wenn ihre Söhne und Töchter anfangen, sich ihnen gegenüber erwachsen zu verhalten. Dann lernen sie oft sehr schnell, auch ihrerseits angemessen zu reagieren, weder sich beleidigt zu verschließen noch sie weiter mit unerwünschten Liebesbeweisen zu überschütten. Auch Baba Jaga lernt es hier sehr schnell und problemlos, auf das klare Verlangen Iwans zu reagieren.

Es fällt auf, daß das Märchen in der Auseinandersetzung zwischen Iwan und Baba Jaga keine heftigen Aggressionen zeigt. Es scheint hier nicht nötig zu sein, die Hexe im Ofen oder anderswo zu verbrennen und zu massakrieren. Aggressive Auseinandersetzungen zwischen Mutter und erwachsenem Sohn sind vielleicht manchmal punktuell unvermeidlich. Aber die Heftigkeit ist nicht das Entscheidende.

Entscheidend ist, daß darin geschieht, was der ursprüngliche Sinn des Wortes Aggression aus dem lateinischen »ad-gredi«, »an jemanden herantreten«, besagt: daß der Sohn seiner Mutter als erwachsener Mann entgegen- oder gegenübertritt. Dazu bedarf es nicht unbedingt lautstarker Heftigkeit, wie unser Märchen zeigt.

Erst nachdem Baba Jaga Iwan ein Essen, ein Bad und ein Bett bereitet hat, beginnt er zu erzählen. Der Zusammenhang macht deutlich, daß es nicht ein Erzählen ist, einfach um sich auszusprechen oder auszuweinen, wozu viele »starke« Männer immer noch ihre Mütter zu brauchen meinen. Iwan erzählt mit der klaren Absicht, Auskunft und Rat von der Hexe zu bekommen.

Iwan erzählt ihr von seiner Beziehungsgeschichte, er erzählt, was er falsch gemacht hat, was darum mit Wassilissa geschehen ist und daß sie sich nun in der

Gewalt Koschtschejs befindet. Die Hexe gibt sich zwar äußerst spröde mit ihrem »ich weiß, ich weiß«, »es ist sehr schwer« und »versuche es immerhin«, aber Iwan hat Zugang zu ihr gewonnen. Er erfährt von ihr das Geheimnis der Macht – und Ohnmacht – Koschtschejs. Er erfährt, auf welche Weise Koschtschej sein Leben verbirgt und damit seine Macht sichert.

Was ist hier geschehen? Iwan hat der Hexe gegenüber von den Dingen geredet, die ihn wirklich bewegen. Offenbar hat er dies beim Alten gelernt. Er hat nicht mehr versucht, ein tolles Bild von sich zu zeichnen. Er hat den Trümmerhaufen ausgebreitet, vor dem er nun steht. Damit hat er etwas getan, wovor viele Männer ihren Müttern gegenüber große Angst haben: zu sagen, was wirklich mit ihnen los ist, ohne Beschönigung und ohne Schonung. Zu sagen, wie wir wirklich sind und wie es uns wirklich geht, anstatt wie sie, die Mutter, uns gerne sehen möchte, das kann ein sehr emanzipatorischer Schritt sein. Im Märchen bringt dieser Schritt Baba Jaga dazu, ebenfalls von wesentlichen Dingen zu reden und zu sagen, was Sache ist, anstatt zu jammern, abzuwiegeln oder Phrasen zu dreschen. Iwan konfrontiert die Muttergestalt des Märchens, die Baba Jaga, mit seiner inneren Wahrheit und erreicht damit, daß sie das wesentliche Geheimnis lüftet.

Das Geheimnis lüften: Darum geht es in der dritten Phase der Paarbeziehung, von der wir gesprochen haben, der Phase der Distanzierung, denn hier wird für jeden der Partner die Auseinandersetzung mit den eigenen Eltern aktuell. Darum geht es, daß wir mit unseren Eltern über die wichtigen und unerledigten Dinge zwischen uns zu reden beginnen, soweit sie uns in der Krise unserer Partnerbeziehung deutlich geworden sind. Darum geht es, daß wir anfangen, die wirklich wichtigen Fragen zu stellen und die Tabus zu lüften, die keiner anzurühren wagt und die uns darum alle gefangen halten. Diese Fragen können unsere Entstehung und Geburt betreffen, unsere Stellung in der Geschwisterreihe, die Liebesbeziehung unserer Eltern, die Schicksalsschläge, die die Familie getroffen, die Enttäuschungen, die unsere Eltern erlitten haben und so weiter. Dann kann zum Beispiel deutlich werden, warum die Mutter ihren »Iwan« so festhalten mußte und warum der Vater so weit weg war, daß »Iwan« seine Rettung im übermenschlichen Pfeilschuß suchen mußte ...

Wenn das Geheimnis unserer Gebundenheit an Mutter und an Vater, die uns an der Liebe zu unserem Partner hindert, gelüftet ist, ist auch der Bann dieses Geheimnisses gebrochen. Dabei ist es nicht einmal so wichtig, daß die Eltern auf unsere Fragen immer befriedigende Antworten geben und wir wirklich erfahren, »was los war«. Allein die Tatsache, daß wir danach fragen und uns damit nicht mehr der Tabuisierung unterwerfen, hat oft schon eine befreiende Wirkung, verändert das Klima und löst die Gebundenheit.

Diese Gedanken von der Lüftung der Familiengeheimnisse, die uns an einem eigenständigen Weg als liebendes Paar hindern und die ich hier eher assoziativ als interpretativ aus der Erzählung des Märchens herauslese, finden eine überraschende Bestätigung, wenn wir uns Baba Jagas Aussagen über Koschtschejs Lebensgeheimnis inhaltlich ansehen. Koschtschejs Lebenssitz, die Nadel, ist mit einem komplizierten Sicherheitssystem umgeben: Ei, Ente, Hase, Kiste, Eichbaum. Was uns hier sofort stutzig werden läßt: Das sind alles weibliche Symbole! Wieder so eine Verständigungshürde, die das Märchen vor uns aufbaut: das Leben Koschtschejs, den wir als Inbegriff extrem einseitiger destruktiver Männlichkeit kennengelernt haben – umgeben von lauter Repräsentanten des Weiblichen? Könnte das bedeuten: Koschtschej besitzt sein Leben nicht in sich selbst, sondern er ist gefangen im Weiblichen? Er hat das Weibliche nicht integriert, es hält ihn gefangen? Ist die zarte Nadelspitze, umgeben von so viel Weiblichkeit, nicht ein extremes, groteskes Bild für Muttergebundenheit? Ist Koschtschej also deshalb so grausam, hart und starr, weil er damit seine Gebundenheit an die Mutter, seine Entfremdung von sich selbst kaschieren muß? Damit würde vollends deutlich, wie seelenverwandt der junge Pfeilschütze Iwan und der alte Koschtschej sind! Und so würde deutlich, was hinter vielen männlichen Drohgebärden und supermännlichem Gehabe eigentlich steckt.

In der Antwort der Hexe, im Geheimnis des Koschtschej, wird also Iwan sein eigenes Lebensgeheimnis erschlossen, das in seinem Schicksal verborgen war, warum er einen Frosch heiraten mußte und eine Wassilissa nicht zu halten vermochte: weil er selber noch im Weiblichen gefangen war und es nicht wirklich in sich integriert hatte. Was Iwan auf seinem Weg zu Baba Jaga erfahren hat, hat ihn offenbar bereit gemacht, diese Erkenntnis tief in seine Seele fallen und sich von ihr verwandeln zu lassen.

Blicken wir von hier aus zurück auf unser Phasenmodell der Paarentwicklung, so füllen sich uns die in dieser Phase dem Mann gestellten Entwicklungsaufgaben nun mit konkretem Inhalt: Es geht darum, daß jeder sich den eigenen Angelegenheiten zuwendet, die sich störend in die Partnerbeziehung einmischen, anstatt die Probleme dem anderen in die Schuhe zu schieben. Das bedeutet für den Mann – im Bild des Märchens gesprochen –, daß er dem Fröschlein nicht mehr vorwirft, daß es nicht die richtige Frau sei, beziehungsweise nach dessen Verwandlung Wassilissa sich nicht mehr durch Maßnahmen wie die Froschhautverbrennung als Besitz aneignen will, sondern daß er sich seiner eigenen verkümmerten Weiblichkeit zuwendet und sie zur Entfaltung bringt.

Diese Integration des Weiblichen vollzieht sich, wie an Iwans Weg zu sehen ist, immer in zwei Schritten, die zwar einander bedingen, aber nicht unbedingt in einer zeitlichen Reihenfolge aufeinanderfolgen müssen: Der eine Schritt ist die Abgrenzung vom Weiblichen außen und die Eigendefinition als Mann, der andere Schritt ist eine neue liebevolle Hinwendung zum Weiblichen, sowohl in der Außenwelt als auch im eigenen Inneren. Der kleine Junge im Mann muß zuerst die Bänder seiner Kindheit, seine psychische Nabelschnur, durchtrennen. Der Anfang davon widerfährt vielen Männern heutzutage gegen ihren Willen, so wie Iwan, dem Wassilissa als Schwan einfach davon fliegt. Dann aber muß dieser Schritt der Lostrennung auch eigenverantwortlich übernommen werden, wie Iwan es mit Hilfe des alten Mannes tut und sich auf den Weg begibt. Dieser Weg muß immer auch in die Auseinandersetzung mit der konkreten Mutter führen und zur Verhandlung der mit ihr unerledigten Geschäfte, so wie Iwan sich mit Baba Jaga, der Repräsentantin des Mütterlichen, konfrontiert.

Wenn er in diesem Prozeß ist, kann es beim Mann durchaus Zeiten einer allgemeinen Gereiztheit dem Weiblichen gegenüber geben, Zeiten, in denen er Ärger und Streit mit Frauen förmlich sucht. Als Ganzes gesehen bedingt diese Entwicklung aber den zweiten Schritt dieser Phase, den Schritt einer neuen und liebevollen Hinwendung zum Weiblichen. Iwan »lernt Erbarmen«, der erwachsene Sohn lernt seiner konkreten Mutter gegenüber Verstehen, Verzeihen und Sich-Versöhnen. Und dies bedeutet immer auch, daß er beginnt, sich liebevoller den eigenen weiblichen Seiten zuzuwenden und sich mit ihnen auszusöhnen. Dies wiederum ist schließlich die Voraussetzung dafür, sich in neuer Weise als erwachsener Mann liebevoll auf Frauen zu beziehen.

Während also in der ersten, der symbiotischen Phase der Paarbeziehung, der Mann dazu neigt, sich die weiblichen Seiten durch Verschmelzung mit der Frau einzuverleiben, in der zweiten Phase, der Phase des Widerstands, die weiblichen Seiten an der Frau zu bekämpfen, geht es in der dritten Phase, der Phase der Distanzierung, darum, sich einerseits wirklich abzugrenzen, andererseits aber ein neues Verhältnis zum Weiblichen in sich selbst und im Gegenüber aufzubauen und damit auf eine erwachsene Weise beziehungsfähig zu werden.

Das Märchen stellt uns diesen Weg detailliert nur von Iwan vor Augen. Die Darstellung des Weges der Wassilissa ist deutlich nur bis zum Anfang der Phase der Distanzierung zu erkennen, die ja von Wassilissa eingeleitet wird. Wir erfahren noch, daß sie zu Koschtschej, ihrem Vater, muß, aber von da an schweigt das Märchen über ihren Weg. So sind wir auf die Vermutung angewiesen, daß sie bei Koschtschej ähnliche unerledigte Geschäfte wie Iwan bei Baba Jaga zu erledigen hat. Auch für die Frau geht es in dieser Phase um Abgrenzung, Selbstdefinition und Aufnehmen einer neuen, liebevollen Bezogenheit – ihrerseits nun zum Männlichen in sich selbst und im Gegenüber. Durch die Frauenbewegung gibt es hinsichtlich dieses Weges heute schon so viele Erfahrungen und so zahlreiche Literatur, daß die Verschwiegenheit des Märchens in dieser Hinsicht zu verschmerzen ist.

Die Befreiung der Liebe

Und Iwan-Zarewitsch ging den Weg, den ihm die Baba Jaga gewiesen hatte. Bald sah er den Marmorpalast des Koschtschej, und daneben stand der ungeheure Eichbaum, und Iwan-Zarewitsch wußte nicht, wie er zu dessen Wurzeln gelangen konnte. Aber da trabte ein ungeheurer Bär an ihm vorüber, dieser packte den Eichbaum und riß ihn samt den Wurzeln aus. Und hervor an den Wurzeln kam eine Kiste und heraus sprang ein Hase. Aber ein anderer Hase war hinter ihm her und zerriß ihn, und hervor flog eine Ente und stieg steil empor. Aber eine andere Ente war über ihr und schlug sie, und noch im Sterben ließ die Ente ein Ei fallen, und das versank in den weiten Fluten des Meeres. Iwan-Zarewitsch war verzweifelt und weinte bitterlich. Denn wie sollte er jetzt noch zu dem Ei kommen? Aber siehe, da schwamm ein Hecht zum Ufer, und er trug das Ei zwischen den Zähnen, und er warf es in den Sand. Iwan-Zarewitsch nahm das Ei und zerbrach es, und er nahm die Nadel und brach die Spitze ab. Und der unsterbliche Koschtschej, sosehr er sich wehrte, er mußte doch sterben.

Da ging Iwan-Zarewitsch in den Palast des

Koschtschej, und dort kam ihm Wassilissa, die Allweise, entgegen, und sie küßte ihn auf den Mund. Dann nahm sie Iwan-Zarewitsch bei der Hand, und er zog mit Wassilissa, der Allweisen, in das Reich seines Vaters.

Nun kommt es zur letzten entscheidenden Auseinandersetzung, zum eigentlichen »Heldenkampf«, dem wir in Märchen, Mythen und Sagen immer wieder begegnen und der sich in vielen Variationen bis in unsere Tage erhalten hat, wenn sich beispielsweise der Westernheld kurz vor dem Ende des Films den Bösewichtern zum Kampf zu stellen hat oder im Krimi die abschließende Gangsterjagd beginnt. Es ist die Situation des »Drachenkampfes«, den der Held bestehen muß. Meist steht er einer aussichtslos scheinenden Übermacht gegenüber und erlebt darum Angst und Verzagtheit, und oft dauert der Kampf unendlich lange, weil beispielsweise dem geköpften Drachen immer wieder neue Köpfe nachwachsen. Auch Iwan hat mit Angst und Verzagtheit umzugehen, und gleich zu Beginn fühlt er sich recht hilflos: Er weiß nicht, wie er die Aufgabe lösen soll, zu den Wurzeln des Eichbaumes vorzudringen. Angesichts des ausgeklügelten Sicherheitssystems ist dies wohl auch verständlich.

Unwillkürlich dachte ich an dieser Stelle an die »Sicherheitssysteme« der Waffenarsenale, mit denen die Machtblöcke unserer heutigen Welt sich umgeben haben und die ihr Leben schützen sollen. Auch sie haben etwas ähnlich Abschreckendes wie Koschtschejs Schutzvorrichtungen. Die Ähnlichkeit ist nicht zufällig: Die Waffensysteme unserer Zeit sind aus derselben ins Extrem gesteigerten einseitigen männlichen Geisteshaltung geboren, die wir in Koschtschej – und Iwan am Anfang des Märchens – verkörpert sehen. Wie wenig sie wirklich sicher sind, das haben wir erlebt, und das sagen heute alle Experten: Mit jeder neuen derartigen Sicherheitsmaßnahme steigt im Grunde die Unsicherheit und die Gefährdung.

Wenn wir dieses in sich verschachtelte Schutzsystem betrachten und daneben Iwan sehen, wie er auf den Pfeilschuß verzichtet und Mitleid hat, den Bären, die Ente und den Hasen schont und den Hecht ins Wasser trägt – wieviel ungeschützter, preisgegebener wirkt er doch! Man kann verstehen, daß er angesichts der Aufgabe verzagt.

Aber es geht alles überraschend einfach (ginge es doch auch so einfach, die furchtbaren »Sicherheitssysteme« unserer Welt loszuwerden!). Die verschonten Tiere eilen als Helfer herbei, immer genau in dem Augenblick, da sie gebraucht werden. Iwan stehen diese Kräfte nun zur Verfügung, während Koschtschejs Lebenskraft zwar von solchen Kräften umgeben, aber darin gefangen und gebunden ist. Iwan hat noch nicht ganz gelernt, seinen eigenen »Tier-Kräften« zu vertrauen. Verzagtheit droht ihn zu übermannen. Aber anders als zu Beginn, da es noch die Frosch-Frau für ihn machen sollte, stellt er jetzt selbst mit Überraschung fest, daß er dem großen Koschtschej gewachsen ist, daß die neuen Kräfte ihm zur Verfügung stehen. Im Laufe seiner Entwicklung hat er die wahre Stärke gewonnen. Der furchtbare, unsterblich erscheinende Koschtschej muß ihr weichen. Iwan kann nun endlich den Palast betreten und Wassilissa befeien.

Wassilissa befreien? War das nicht gerade das Fatale, daß er dies versuchte? Hat nicht Wassilissa zu ihm gesagt: »Wehe, was hast du getan?« Und hat nicht der alte Mann gesagt: »Wie konntest du nur ... du hast dem Mädchen die Froschhaut nicht gegeben, also konntest du ihr sie auch nicht nehmen!« Ist das nicht eine sehr zerstörerische Idee, die schon unendlich viel Leid über Paare gebracht hat, wenn einer aus dem anderen etwas machen, wenn einer den anderen erlösen wollte? Das wurde doch in der Zerstörung der Froschhaut durch Iwan mehr als deutlich. Dagegen hat wirklich weitergeführt, was Wassilissa getan hat: indem sie nicht der Frosch geblieben, sondern zum Fest als Wassilissa erschienen ist, indem sie sich ihm nicht unterworfen, sondern sich ihm als Schwan entzogen hat. Indem sie das getan hat, was in ihrer eigenen Entwicklung dran war, hat sie das wirklich Wichtige auch für Iwan getan. Das hat zwar Iwan in eine schreckliche Krise gestürzt, aber es hat bei ihm die entscheidenen Schritte in Gang gebracht. Und ähnlich ist es wohl nun auch umgekehrt: Iwan trägt zur Befreiung Wassilissas bei, nicht indem er ihre Froschhaut zerstört, sondern indem er sich selbst entwickelt hat, indem er selbst rund und ganz, indem er selbst erwachsen geworden ist. In diesem Sinn sind wir als Paare aufeinander angewiesen und können ein Stück Erlösung füreinander werden. So, wie wir uns in destruktiven Mustern gegenseitig gefangensetzen – Iwan macht das Frosch-Fräulein immer mehr zum

Frosch, und das Frosch-Fräulein macht Iwan immer mehr zum quengelig unzufriedenen Patriarchen –, so fordern wir uns durch eigene Entwicklung gegenseitig heraus und ermöglichen uns die Schritte, die wir ohne den anderen nicht hätten gehen können.

Um hier noch mal auf die dritte Phase der Paarentwicklung, die Phase der Distanzierung, zurückzukommen: Paare, die gelernt haben, diese Phase nicht gegeneinander zu leben, schaffen es immer mehr, die eigenen Schritte in der individuellen Entwicklung des andern nicht als gegen sich gerichtet zu erleben, sondern als Anspruch und Herausforderung zu eigenen Entwicklungsschritten. Insofern inspirieren sie sich auch in dieser Distanzierungsphase gegenseitig, und wenn dieser Prozeß auch von Auseinandersetzung und Kampf bestimmt ist, ist dies doch nicht ein unfruchtbarer Streit, in dem die beiden immer wieder auf derselben Stelle treten, sondern ein Streit, der beide immer wieder voranbringt und vorantreibt. Das Märchen schildert eine lange, lange Zeit, in der beide ihren Weg getrennt gehen mußten. So lange wird es in der Realität meist nicht nötig sein, aber so lange mag es den Betroffenen gleichwohl durchaus erscheinen. Es wäre so schön, doch wieder zusammen zu kuscheln, so wie es früher war, mit dem alten oder mit einem neuen Partner! Aber es muß anders sein: Der Weg der Individuation muß gegangen werden, um dann – mit dem alten oder einem neuen Partner – in ein neues Stadium der Vereinigung, die vierte und fünfte Phase, einzutreten.

»Da ging Iwan-Zarewitsch in den Palast des Koschtschej, und dort kam ihm Wassilissa, die Allweise, entgegen.« Iwan hat nun seinen Beitrag zur Erlösung Wassilissas und zu ihrer Verwandlung von der Frosch- und Schwangestalt zur »Allweisen« geleistet. Er hat durch seine eigene Mann-Werdung den Bann Koschtschejs gebrochen: Er betritt den Palast, den väterlichen Bereich. Indem er als Mann, der bereit und fähig ist, auch einer starken Frau standzuhalten, Wassilissa gegenübertritt, kann sie sich ihm als Wassilissa, in der Vollgestalt ihres Frau-Seins, zeigen.

Zuerst also »mußte« Wassilissa sich trennen, damit sich Iwan auf seinen Entwicklungsweg begeben konnte. Dann aber »mußte« Iwan seinen Heldenkampf führen – mit Baba Jaga und mit Koschtschej –, damit Wassilissa der letzte Schritt der Verwandlung möglich wurde. Jeder muß es selber machen, dennoch sind wir aufeinander angewiesen. Ohne Emanzipation der Frauen kein Erwachsenwerden der Männer, aber auch umgekehrt: Ohne Emanzipation der Männer kein Reif- und Erwachsenwerden der Frauen. Die Entwicklung zur eigenen Vollgestalt als Mann und als Frau dient nicht der »Autarkie«, der Selbstgenügsamkeit. Der androgyne Mensch, der »männlich« und »weiblich« so in sich vereint, daß er auf den anders-geschlechtlichen Partner nicht mehr sehnsüchtig bezogen ist, ist kein Ideal, sondern eine Zwittergestalt, eine Mißgeburt.[22] Die Entwicklung zum Mann, der seine weiblichen, und zur Frau, die ihre männlichen Anteile entfaltet und integriert hat, dient einer Ganzheit, der wir uns nur im ergänzenden Miteinander annähern. Zielbild einer Gesamtentwicklung ist nicht das selbstgenügsame Individuum, sondern die Gemeinschaft liebender Menschen. So gesehen bekommt »das Paar« einen endgültigen, transzendenten, göttlichen Charakter, den es in vielen Religionen auch hat und der sogar in der patriarchal und individualistisch geprägten Religion des Christentums in der Verehrung Gottes als des Dreifaltigen und in der Gestalt des Heiligen Geistes, der ja weibliche Züge trägt, seine Spuren hinterlassen hat.[23]

Der Reifungsprozeß von Mann und Frau ist in die Verantwortung eines jeden einzelnen gestellt und ist zugleich nur als gemeinsamer Prozeß möglich, oder er muß mißlingen. Jeder hat seine individuellen Entwicklungsaufgaben zu erfüllen, so wie Iwan und Wassilissa, und jeder tut dies zugleich für den anderen: weil er ihm so zur Einladung, Herausforderung, zum Stein des Anstoßes für die eigene Entwicklung wird.

Iwan und Wassilissa auf der Schwelle des Palastes: Eine neue Phase der Paarbeziehung zeichnet sich hier ab. Nach der dritten, der Phase der Distanzierung, ist damit eine neue, vierte Phase der Wiederannäherung ausgedrückt. Sie ist meistens durch vorsichtig zögernde Kontaktaufnahme gekennzeichnet, zum bisherigen oder zu einem neuen Partner. »Neu« muß im übrigen auch der »bisherige« Partner sein, gewandelt durch seinen eigenen Entwicklungsprozeß, sonst gibt es keine neue Phase in der Beziehung. Das ist der Grund, warum Trennung manchmal – aus psychischen und auch ethischen Gründen – notwendig wird. Wenn nur einer der Partner sich entwickelt hat, kann es keine wirkliche Partnerschaft mehr geben. Ein Zusammenbleiben ist dann nur noch um den Preis der eigenen seelischen und leiblichen Gesundheit möglich.

In dieser Phase der Wiederannäherung probieren die Partner aus, ob sich die neugewonnene Freiheit und Autonomie nun auch in die neue Form der Beziehung einbringen läßt, in welcher Weise und unter welchen Bedingungen. Vorsicht ist nötig, weil sich die alten Muster blitzschnell wieder einstellen. Koschtschej, der Unsterbliche, lebt blitzschnell wieder auf. Oft gehen die Partner in dieser Phase darum auch sehr viel nüchterner miteinander um als in der Phase der Verliebtheit. Die Beziehung ist nicht mehr von jener fatalen »Nötigung« bestimmt, wie sie Iwan im Sumpf vom Frosch erfahren hat. Man handelt regelrecht einen neuen Beziehungsvertrag bezüglich der verschiedenen Lebensbereiche wie Geld, Sexualität, Freunde, Freizeit, Kinder und so weiter aus, um so ein Gegengewicht zu bilden gegenüber der immer noch wirksamen Tendenz zu unbewußten destruktiven Beziehungsverträgen, in denen die zerstörerischen Anteile des Lebensskripts der beiden sich miteinander verbinden.

»Sie küßte ihn auf den Mund. Dann nahm sie Iwan-Zarewitsch bei der Hand, und er zog mit Wassilissa, der Allweisen, in das Reich seines Vaters.« Da im Märchen immer letztendlich alles gut ausgeht, mündet die hier nur kurz angedeutete Phase der Wiederannäherung sehr schnell in die fünfte Phase, die wir die Phase der Vereinigung auf einer Stufe größerer Reife genannt haben. Im Märchen ist diese größere Reife einmal dadurch angedeutet, daß die beiden sich nun wirklich in ihrer Vollgestalt gegenüberstehen. Wassilissa als Allweise und Iwan als siegreicher Held. Der Kuß besiegelt ihre Vereinigung. Zum andern drückt sich die größere Reife darin aus, daß beide sich jetzt einem »Dritten«, dem Reich des Vaters, zuwenden, indem sie ihm in der Regierung nachfolgen werden. Nun übernehmen sie die Aufgabe der vorangegangenen Generation und treten damit in die väterlich-mütterliche Rolle für die nachfolgende Generation ein. Dies ist die Phase der gemeinsamen Schöpferkraft und Fruchtbarkeit, die Phase der »Generativität«[24].

Nicht bei dem archetypischen Heldenpaar des Märchens, aber bei uns anderen Paaren sind in dieser fünften Phase natürlich immer noch und immer wieder auch unreife Verschmelzungswünsche nach frühkindlicher Symbiose mit Mutter und Vater enthalten. Deshalb sind wir »gewöhnlichen Paare« in der fünften gleichsam wieder zur ersten Phase der symbiotischen Verschmelzung zurückgekehrt, und eine neue Runde muß beginnen, freilich auf einer neuen, eben reiferen Stufe.

Wir werden uns im Prozeß von Iwan und Wassilissa zwar immer wieder erkennen, trotzdem wird sich unser weiterer Prozeß in seinem Charakter wandeln. Es wird auch in der Verschmelzungsphase schon mehr Autonomie und Freiheit Platz haben, die Phase des Widerstands wird weniger unbewußt und feindselig verlaufen, und die Distanzierungsphase wird weniger gegen den andern durchzufechten sein. Reifende Paare schaffen es immer mehr, sich in ihrem Prozeß der Individuierung gegenseitig zu fördern und zu unterstützen, anstatt sich zu bekämpfen und miteinander zu konkurrieren. Damit vollzieht sich ein Prozeß, der in sich paradox ist: Je autonomer wir werden, desto intensiver erleben wir Vereinigung, und je tiefer die Vereinigungserfahrung wird, desto freier und autonomer erleben wir uns in uns selbst. So nähern wir uns dem Geheimnis unserer Erfüllung an: der »coincidentia oppositorum«, der endgültigen Vereinigung der Gegensätze. Darum sind Iwan und Wassilissa als Paar ein religiöses Symbol, und darum hat unser Weg als Paar, ob wir es wissen und wollen oder nicht, eine religiöse Dimension.

Semele, Zeus und Hera

Die Rolle der Geliebten in der Dreiecksbeziehung

Eine olympische Dreiecksgeschichte

Die griechisch-römische Mythologie überliefert uns durch mehrere Autoren des Altertums[1] folgende Geschichte:

Göttervater Zeus liebte die sterbliche Semele, die Tochter des thebanischen Königspaares Kadmos und Harmonia aus dem Geschlecht der Agenor, und unterhielt mit ihr – verborgen in menschlicher Gestalt – ein heimliches Verhältnis. Die rechtmäßige Gattin des Zeus, die Göttin Hera, kam jedoch dahinter. Eifersüchtig sann sie auf Rache, nahm die Gestalt von Semeles Amme an, verschaffte sich unerkannt Zutritt zum Königspalast und redete Semele ein, sie würde göttliche Ehren erlangen, wenn sie Zeus dazu veranlaßte, sich ihr in seiner göttlichen Gestalt zu zeigen. Semele fiel auf diese List herein. Sie überredete Zeus, ihr die Erfüllung eines ungenannten Wunsches zuzusichern. Zeus ging darauf ein, und sie verlangte von ihm, sich ihr in seiner wahren Gestalt zu zeigen. Zeus fühlte sich durch sein göttliches Wort gebunden und betrat beim nächsten Mal angetan mit dem Zeichen seiner göttlichen Macht, den Wolken, dem Regen, den Winden, dem Donner und mit seinem unentrinnbaren Blitzstrahl, Semeles Gemach. Diese vermochte der göttlichen Gewalt nicht standzuhalten und verbrannte an seinem Blitz. Der sterbenden im sechsten Monat Schwangeren schnitt Zeus das Kind aus dem Leib und pflanzte es sich in seinen Schenkel, um es dort bis zur Geburt auszutragen. Dieses Kind war der Gott Dionysos, der Semele aus der Unterwelt befreite und mit ihr, der unsterblich Gewordenen, zum Götterhimmel emporstieg.

Dieser Geschichte begegnete ich 1985 in Gestalt der Oper »Semele«, von Georg Friedrich Händel, in einer hinreißenden Aufführung der Ludwigsburger Festspiele. Händel hatte für die Komposition ein Textbuch verwendet, das auf den zu seiner Zeit bekannten englischen Dichter W. Congreve (1670–1729) zurückging, der die Geschichte mit Hilfe weiteren mythologischen Materials aus anderen Zusammenhängen ausgestaltet und mit einer Vorgeschichte versehen hatte.

Diese Vorgeschichte erzählt, daß die Königstochter Semele von ihrem Vater Kadmos dem Prinzen Athamas versprochen war. Von diesem wollte Semele jedoch nichts wissen, sie flehte Zeus um Rettung an und wurde von diesem in Gestalt eines Adlers entführt und an einen geheimen Ort gebracht, wo die beiden ihrer Liebe leben konnten, bis die Affäre von Hera aufgedeckt wurde.[2]

Schon während der Aufführung der Oper drängte sich mir der Eindruck auf, daß hier nicht bloß eine uralte, aber belanglose Geschichte erzählt wurde, deren einziger Zweck es war, Anlaß für Musik und schönen Gesang zu sein. Schon Händel und sein Textdichter sahen in der Geschichte einen durch die damaligen Vorgänge am englischen Königshof höchst aktuellen

Konflikt widergespiegelt: den Konflikt zwischen Tugend, Vernunft und Staatsräson einerseits und der spontanen Liebe und Leidenschaft andererseits. In Zeus sollte der englische König Georg II. sich selbst erkennen, in Hera seine Gattin und in Semele seine bevorzugte deutsche Mätresse.[3] Der Regisseur der Aufführung wies auf diese Aussageabsicht der Autoren hin, indem er die Figuren der Geschichte in Kostümen des 18. Jahrhunderts spielen ließ, weitete diese Deutung aber ins Allgemeinmenschliche aus. So rollte auf der Bühne vor meinen Augen ein hochaktuelles Drama ab, dem ich erst unlängst in meiner Arbeit begegnet war: das Drama einer Dreiecksbeziehung. In Zeus, dem incognito auftretenden Göttervater, sah ich plötzlich den Manager einer großen Firma, der mir im Beratungszimmer gegenübergesessen war, den erfolgreichen Mann, Familienvater, tüchtig und erfolgsbewußt, aber jetzt verstört und zutiefst erschüttert, weil die Geschichte mit seiner Mitarbeiterin, die jung, hübsch und sympathisch war wie Semele, aufgeflogen war. Seine Frau war ihm an Stärke und Tüchtigkeit ebenbürtig, sie war eine wahre Hera, eine Schutzgöttin der Ehe und der häuslichen Ordnung, und sie war jetzt tief verletzt und drohte mit Rache, wenn er die Beziehung nicht sofort beenden wollte. Wie Zeus und Hera lagen die beiden im Kampf miteinander, und die Geliebte stand wie Semele dazwischen: so mächtig wie sie, was die Gefühlswogen anging, die sie erregte, und so ohnmächtig wie sie, weil sie eben doch als »Sterbliche« keinen Zutritt zur »olympischen Welt« hatte, in der die beiden »Götter« ihren Streit ausfochten.

Viele ähnliche Beziehungsdreiecke kamen mir in den Sinn, denen ich in letzter Zeit begegnet war – in meinem Bekanntenkreis und in meiner Arbeit als Paartherapeut, und so wie die Oper endete, so endeten auch viele dieser Beziehungsdreiecke: Die Geliebte mußte sterben. Die Ordnung war wiederhergestellt, Hera hatte gesiegt, Zeus war wieder ihr Gatte. In Anspielung auf die ehernen Gesetze der Newtonschen »Weltmaschine« vergleichen Händel und sein Textdichter Semele, die Geliebte, mit einem Kometen, der kurze Zeit aufflammt und dann im All verglüht, um der beständigen Ordnung der Gestirne wieder Platz zu machen. Der Chor singt am Schluß der Oper: »O Grauen, entsetzliche Ernüchterung und Betroffenheit! Uns ist bestimmt der Weg von der Natur. Doch den Verführten treibt es aus der Spur. Wirft uns das Los aus der richtigen Bahn, verbleibt von unserem Ziel nur Rauch und Wahn.«[4] Der Konflikt war eindeutig zugunsten der Institution Ehe, der Ordnung und der Vernunft entschieden. Aber hatte in Wahrheit nur Semele, hatten nicht auch Zeus und Hera verloren? Die ergreifende Klage um die Geliebte, die Händel den Zeus, und die bizarre Triumpharie, die er Hera singen läßt, legten es nahe.

Zwar gab es da noch die Ankündigung der Rettung und der Geburt des Dionysos, die in der Oper dem nach Art eines Deus ex machina am Himmel erscheinenden Gott Apoll übertragen war. Von Händel und seinem Textdichter wohl symbolisch als Ankündigung des von den Sünden erlösenden »neuen Gottes« Jesus verstanden[5], wirkte sie reichlich willkürlich und von außen angeklebt, und vom Regisseur wurde sie noch dazu als glatter Hohn interpretiert, indem er das Geschehen, während der Schlußchor das neu heraufziehende »unschuldige Zeitalter« besang, in einem allgemeinen Besäufnis enden ließ. Das sollte wohl heißen: Die Ordnung war wiederhergestellt, Leidenschaft, Hingabe und Liebe, die sie stören, müssen in Ersatzbefriedigungen erstickt werden.

War das die zutreffende Deutung des Mythos? Je länger ich mich mit dem Stoff beschäftigte, desto weniger befriedigte sie mich. Ich begann, mich intensiver mit dem göttlichen Beziehungsdreieck und seinen zahllosen Variationen in meiner Umgebung zu beschäftigen. Angeregt von den Gestalten und Handlungsabläufen der Geschichte, fing ich an, mit Betroffenen darüber zu sprechen und zu diskutieren. Dabei entdeckte ich, daß es inzwischen – Zeichen wachsender Gleichberechtigung zwischen Mann und Frau – zahlreiche Beziehungsdreiecke mit männlichen Geliebten gibt, eine Spur, die ich allerdings zunächst nicht weiterverfolgte. Aber auch davon abgesehen wurde mir die unendliche Vielfalt von verschiedenen Rollen- und Beziehungsmustern deutlich, die solche Dreieckskonstellationen enthalten können. Dennoch stieß ich auch immer wieder auf Strukturen, Zusammenhänge und Abläufe, die dem Geschehen im Beziehungsdreieck Zeus – Hera – Semele sehr ähnlich waren. Das Ehepaar und die Geliebte des Mannes schienen im gegenseitigen Erleben und im gegenseitigen Zusammenspiel die Eigenschaften und Verhaltensweisen von Hera, Zeus und Semele anzunehmen. Die Beziehung der Eheleute wies oft ganz ähnliche Eigenarten auf wie die des Götterpaares, und zu dem wenigen, das mir aus der Mythologie über dessen und Semeles Vorgeschichte bekannt war, meinte ich oft überraschende Parallelen in den Vorgeschichten der am Beziehungsdreieck Beteiligten feststellen zu können.

Mir war bewußt, daß darin Projektionen am Werk waren. Oft war es der Mann, der aus eigenem schlechten Gewissen die Ehefrau erst zur strengen, nur auf Wiederherstellung von Ehre und Ordnung bedachten Göttin Hera machte, oft war seine zeusische Erhabenheit nur ein Produkt der Sehnsucht der Geliebten oder deren unwiderstehliche Sinnlichkeit eine Zuschreibung des Ehemannes aus angestauter Frustration. Die Ähnlichkeiten zu den Gestalten des Mythos entstanden aus den Überzeichnungen der Beteiligten, aus ihrer Betroffenheit und eigenen Mangelerlebnissen. Die Wirklichkeit war zumeist viel weniger erhaben und ihr Ablauf von weniger tragischer Größe.

Dennoch war mir deutlich, daß dies nur die eine Seite der Wahrheit war. Denn in solchen Phantasien und Projektionen bringen sich zugleich immer auch Urbilder unserer Seele, archetypische Gestalten und Abläufe zum Ausdruck, an denen wir alle teilhaben, mit denen wir immer und überall konfrontiert sind und die auch in den Figuren und Handlungen mythologischer Erzählungen Gestalt geworden sind. Daher stammt letztlich die Ähnlichkeit, die wir zwischen Zeus und dem Ehemann, Hera und der Ehefrau, Semele und der Geliebten entdecken.

Gerade in einschneidenden Ereignissen und an Wendepunkten unseres Lebens, wie sie gerade auch in Dreiecksbeziehungen erlebt werden können, tauchen solche archetypischen Gestalten und Konstellationen auf. Wenn wir darauf aufmerksam sind und uns nicht nur mit der Oberfläche des Geschehens, sondern auch mit ihnen, diesen archetypischen Gestalten, auseinanderzusetzen beginnen, eröffnen sie uns oft auch in sehr schwierigen Situationen neue Sinnperspektiven. Geschieht das nicht, wird die Chance dieser Krise vertan, wird Entwicklung vermieden, und Erstarrung tritt ein. Zweifellos stellen Zeus – Hera – Semele nicht nur irgendein, sondern ein archetypisches Beziehungsdreieck dar, das hinter vielen unserer »irdischen« Dreiecksgeschichten auftaucht und aktuell wird.

Eine echte Auseinandersetzung auf dieser Ebene wird freilich meistens vermieden. Viel häufiger werden Beziehungsdreiecke tabuisiert und moralisch verurteilt, oder aber sie werden zum Normalfall erklärt. Dadurch aber bleibt eine echte Auseinandersetzung aus.

Die erste, die »konservative« Vorgangsweise vermeidet die Auseinandersetzung durch Schuldzuschreibungen und moralische Verpflichtung. Die Geliebte oder der Ehemann sind eben schuld, und er, der Mann, hat wieder zur Familie zurückzukehren (oder für bessere Geheimhaltung zu sorgen, eine Meinung, die in dieser konservativen Haltung oft erstaunlich selbstverständlich Platz hat). Die Sprache verrät, wie abwertend und menschenverachtend diese Haltung ist: Der Mann »betrügt«, »geht fremd«, macht einen »Seitensprung«. Die Geliebte gibt es dabei nur als Objekt seiner Wünsche und Bedürfnisse oder als verantwortungslose Verführerin. Hier wird – ähnlich wie in der Oper – höchstens die äußere Ordnung wiederhergestellt, die aufgeworfenen menschlichen Fragen aber werden nicht einmal berührt.

Daneben finden wir aber heute auch mehr und mehr einen toleranteren, »progressiven« Umgang mit Dreiecksbeziehungen. Immer häufiger wird das Dreieck auch unter den Betroffenen offen gemacht und – sogar zu dritt – diskutiert. Versuche werden gemacht, sich Außenbeziehungen zeitweise oder auch auf Dauer gegenseitig zu gestatten, und man begegnet sogar den verschiedensten Versuchen, in Frieden zu dritt zusammenzuleben.

Dabei werden zweifellos wichtige Erfahrungen gemacht. Entwicklungsprozesse können sich entfalten und werden nicht sogleich im Keim erstickt. Dennoch habe ich manchmal den Eindruck: Wie die »Moralischen« es sich zu einfach machen mit ihrem Schwarzweiß-Urteil, so auch oft die »Toleranten« mit ihrer Liberalität. Diese ist, genau besehen, oft ebenso grausam gegen die eigenen und des anderen Bedürfnisse wie die Härte der Moral. Und sie bleibt genauso an der Oberfläche. Denn die sich selbst auferlegte Verpflichtung, den anderen »zu lassen« oder ihm das »eben zumuten zu müssen«, verhindert oft nicht weniger eine echte Auseinandersetzung als die bloße moralische Verpflichtung, die Außenbeziehung abzubrechen und zurückzukehren. Beide Male handelt es sich in gleicher Weise um ein Wegschieben der eigentlich aufgeworfenen Fragen. Das Ende ist dann auch oft in beiden Fällen Zynismus, Resignation und Enttäuschung, wie sie unüberhörbar auch in den Texten der Händel-Oper anklingen.

Was ich mit diesem Buch erreichen möchte, ist etwas anderes: Ich möchte Sie, liebe Leserin und lieber Leser, vor allem, wenn Sie zu den unmittelbar Betroffenen gehören, mit der Semele in Ihnen, der Hera in Ihnen, dem Zeus in Ihnen bekannt machen. Ich möchte eine Begegnung zwischen Ihnen und diesen urtümlichen Gestalten zustande bringen. Dabei weiß ich, daß eine echte Begegnung nicht einfach ist. Sie kann sogar in einen Ringkampf ausarten, so wie Stammvater Jakob am Fluß mit einem geheimnisvollen Unbekannten zu ringen hatte.[6] Es kann sogar sein, daß Sie dabei, wie dieser, Verletzungen davontragen. Aber ich weiß, wenn Sie nicht lassen davon, wenn Sie ringen »bis zum Morgengrauen«, dann werden Sie auch gesegnet sein wie Jakob. Denn die mythischen Gestalten tragen in sich die Weisheit der Jahrtausende, und die ist dazu bestimmt, uns den Weg zur Liebe zu lehren.

Brief an Hera

Hera, Du hast den Kampf gewonnen. Semele ist verbrannt, Du hast ihn wieder, Deinen Zeus. Aber hast Du ihn wirklich wieder? Er ist zurückgekehrt – aber nicht aus Liebe, sondern aus Angst und Resignation. In seinen Augen hast Du ihn gezwungen, Semele umzubringen. Er wird Dir das wohl übelnehmen und auf Rache sinnen. Was hast Du wirklich gewonnen? Vielleicht Zeit. Ja, Zeit hast Du gewonnen, und die brauchst Du auch jetzt. Denn Zeit, sagt man, heilt viele Wunden. Und Wunden hast Du wohl davongetragen, tiefe, schmerzende Wunden. Daß Du der Jüngeren, Attraktiveren gegenüber nichts mehr galtest, daß die einfach »besser« war und Du »zum alten Eisen« gehörtest, das tut weh. Und weh tut, daß all Dein Einsatz und was Ihr gemeinsam erlebt und aufgebaut habt, plötzlich keine Bedeutung mehr haben sollte, und daß da eine andere in ihm Saiten zum Klingen brachte, die Du vielleicht nie in Schwingung zu setzen vermochtest ... Ja, Du brauchst Zeit, damit die Wunden heilen können, die diese Liebesgeschichte Deiner Seele zugefügt hat. Und wenn sie verheilt sind, was wird dann gewonnen sein?

Vielleicht der alte Zustand. Ist das Dein Ziel, den alten Zustand wiederherzustellen? War der wirklich so gut, daß er wert ist, wiederhergestellt zu werden?

Hera, Du stehst in Gefahr, Dir da etwas vorzumachen, Dir einzureden, an allem wäre nur diese Frau schuld, ihr hübsches Gesicht und ihre straffen Brüste. Du weißt wohl, daß es in Eurer Ehe, schon lange bevor Zeus darauf verrückt war, nicht mehr gestimmt hat. Schon vorher war da doch nur noch Kampf und Streit.

Aber, höre ich Dich sagen, da waren doch auch die Kinder, da war sein Aufstieg, den Du bedingungslos unterstützt hast, da war überhaupt so viel Gemeinsames, das Ihr aufgebaut habt – ist das denn nichts? Doch, das bestreite ich gar nicht, Du hast Dein Bestes gegeben und Du wolltest das Beste, und Ihr habt viel zustande gebracht, seid ja tüchtige Leute! Aber das ist nicht der Punkt. Meine Frage ist: Was ist aus Eurer Liebe geworden?

Die Frage ist Dir nicht angenehm. Bitte zähle nicht wieder auf, was Du alles getan hast, das ist wirklich immens, ich weiß es. Ich habe aber nicht danach gefragt, was Du alles getan hast, sondern nach Eurer Liebe. Wo ist die geblieben? Ist sie erstickt in all dem vielen, was ihr miteinander geschafft habt?

Sicher, er hat Dich oft allein gelassen, er hat seinen Aufstieg wichtiger genommen als Dich, die Kinder und alles andere. Deine Gefühle haben bei ihm immer weniger Echo gefunden. Ja, er hat großen Anteil daran, daß die Liebe erstickt ist. Du kannst sicher sein, daß ich auch das sehe. Aber rede Dich nicht darauf hinaus. Schau auf Deinen Teil!

Es ist schwer, Hera, darauf hinzuschauen. Es ist schwer, wenn man die Betrogene ist, nicht nur moralisch zu kommen und Schuldsprüche zu verteilen.

Aber trotzdem: Hör auf damit, es nützt Dir nichts. Wenn Du dabei stehenbleibst, wirst Du die Verliererin sein, auch wenn Du tausendmal »gewonnen« hast. Wie ist das also mit Eurer Liebe? Was ist daraus geworden? Ich will Dir sagen, was mir bei Euch aufgefallen ist. Seit Eure Kinder da sind, ist es zwischen Euch ziemlich kalt geworden. Wenn Du von ihnen redest, sind es nicht »unsere«, sondern es sind immer »meine Kinder«, so als hättest Du sie ganz ohne ihn gekriegt. Zeus hat da keinen Platz. Ein matriarchales Regiment führst Du, und Zeus hat da, wenn es nach Dir allein geht, nichts zu suchen.

Du meinst, das käme daher, daß er Dich so oft hat hängen lassen? Du hättest gar keine andere Wahl gehabt, als alles alleine in die Hand zu nehmen? Da ist sicher viel Wahres daran. Zeus hat natürlich kräftig mitgespielt bei dieser Entwicklung. Nur ist es nicht die ganze Wahrheit. Der Teil der Wahrheit, der noch fehlt, der betrifft Dich. Du wirst Dich wehren gegen das, was ich jetzt sage, ich sage es trotzdem: Als Mann ist Zeus für Dich schon lange unwichtig. Er ist wichtig, weil er den äußeren Rahmen gewährleistet, Dir einen Status verleiht und Dir das Gefühl gibt, nicht allein zu stehen – aber als Person, als Mann? Du sagst, das stimme nicht, denn er wäre der einzige in Deinem Leben, und Du wärst ihm immer treu gewesen. Ist das ein Argument?

Könnte das nicht auch bedeuten, daß Du Dein Herz verschlossen hast, so daß es nicht nur für ihn, sondern auch für jeden anderen Mann verschlossen war? Zeugt Deine Tugend von Deiner Liebe, oder nicht vielmehr von Deiner Erstarrung?

Trotzdem, Hera, in gewissem Sinn hast Du recht: Es gab wohl eine Zeit, wo er für Dich der einzige war. Er war unendlich wichtig für Dich, vor Eurer Karriere, in der Zeit, als Ihr Euch heimlich geliebt habt, als es die Eltern nicht wissen durften. Da hast Du um ihn geworben, Du hast ihn sogar verführt – ja, Hera, das gab es einmal bei Dir! Damals spürtest Du wohl, daß in Eurer Liebe die Kraft lag, Dich von Deinen Eltern, von Deinem Vater zumal, zu lösen und mit Zeus ein neues Leben, *Dein* eigenes Leben zu beginnen. Aber hast Du Dich darauf wirklich eingelassen?

Warum mußte denn die Beziehung so lang vor dem Vater verheimlicht werden? Du wolltest mit Hilfe von Zeus von ihm loskommen, aber durfte Zeus wirklich mit ihm in Konkurrenz treten? Dann hättest Du zu Zeus halten und Dich wirklich von Deinem Vater distanzieren müssen. Das hast Du aber bis heute versäumt. Oder nimmst Du es Zeus nicht bis heute übel, daß er ihm den Rang abgelaufen und sich selbst an die Spitze gesetzt hat? Dein Vater ist lange tot. Aber in Deinem Herzen regiert er immer noch. Das wirst Du zwar abstreiten, das darf keiner wissen, aber es ist so. Zeus hatte da nie wirklich eine Chance. Du hast ihn zwar geliebt, aber er war Dein »Sohn-Geliebter«, er sollte Dein großer Junge bleiben, an dem Du Dich freuen, den Du auch bewundern konntest, der aber nicht hätte zum Mann werden dürfen, der dem Vater den Platz streitig macht.

Du sagst, das könne nicht sein, denn Du wolltest doch immer Kinder mit ihm haben, das sei Dir ganz wichtig gewesen. Ja, Du wolltest Kinder mit ihm. Aber war Dir da Zeus wichtig, oder waren es die

Kinder? Und war es wirklich Zeus, dem Du sie geboren hast? War es Zeus, oder war es eigentlich Dein Vater? War es Dir nicht viel wichtiger, ihm Deine Söhne zu gebären? Zeus ist jedenfalls seither, natürlich nicht ohne sein Zutun, immer mehr an den Rand geraten.

Denn zum Kinderkriegen brauchtest Du ihn nicht mehr, und als Sohn-Geliebten – da hast Du ja jetzt Deine Söhne.

In Deinem Herzen trägst Du Deinen Vater, und für ihn bewahrst Du Dich. In Deiner Welt hast Du ein einseitiges Matriarchat aufgerichtet, in dem es Frauen gibt, Kinder, einen Sohn-Geliebten – aber keinen Mann. Hier regierst Du, waltest und schaffst, tatkräftig, mit Klugheit und Umsicht – und hast damit verhindert, zu spüren, daß Du nur das alte Muster wiederholst und als Frau allein bleibst.

Jetzt, wo Zeus sich verliebt hat, hast Du das gespürt. Wie ein Stich ist Dir Deine Einsamkeit ins Herz gefahren. Die ist aber nicht durch Zeus' Seitensprung entstanden, die war vorher schon da; Zeus hat mit seinem »Abenteuer« nur das Gebäude zusammenkrachen lassen, das Du darübergebaut hattest. Bitte, Hera, laß es jetzt zerstört, errichte nicht gleich wieder ein neues. Stell Dich den Fragen, die damit aufgeworfen sind: Wo bist Du als liebende Frau geblieben? Was ist mit Deiner Hingabe an einen realen Mann, was ist mit der fülligen Lust, deren Du als reife Frau fähig sein könntest?

Hera, wenn die Sache mit Semele für Dich jetzt erledigt wäre, weil sie weg und Zeus wieder bei Dir ist, dann hättest Du Deine Chance verpaßt, dann wäre alles beim alten geblieben, und alles wäre verloren – trotz Deines »Sieges«.

Hera, ich bitte Dich, jetzt, wo Semele, Deine Rivalin, tot ist, laß sie nicht auch noch in Deinem Bewußtsein sterben. Du brauchst sie nämlich, Du könntest von ihr eine Menge lernen. Ja, von Semele, von der jüngeren, sterblichen Semele. Das ist starker Tobak, ich weiß. Wo Du doch meinst, wie einfach sie es hatte, mit ihren blonden Haaren, ihrer glatten Haut und ihrem Kindchen-Charme. Ich kann verstehen, daß Dich das verletzt, daß sie für Zeus einfach schon deshalb wichtiger war, einfach schon, weil sie die Jüngere war. Aber mache es Dir nicht zu einfach, indem Du alles auf Jungsein und Sex schiebst. Was Zeus an ihr auch noch und eigentlich fasziniert hat, das war ihre Begeisterungsfähigkeit, ihre Phantasie, ihre weiche, fließende Lust- und Hingabebereitschaft. Und das hat nicht nur mit Jungsein und mit Sex zu tun, das sind auch Qualitäten erwachsener reifer Liebe, erwachsener reifer Weiblichkeit. Was ist daraus bei Dir geworden? Das war doch alles auch bei Dir einmal da. Wo bist Du damit geblieben?

Semele wirft Dich zurück auf Eure Anfänge: da, wo Du Dich heimlich mit Zeus getroffen, wo Du ihn verführt, Dich ihm hingegeben hast. Sie führt Dich zurück, dahin, wo Eure Liebe aufkeimte, dahin, wo aus zweien eins wurde, dahin, wo es nur Dich und ihn und Eure Liebe gab. Ihr habt versäumt, diese Liebe aus dem verborgenen Dunkel ins helle Tageslicht des Erwachsenenalters zu führen, weil Ihr Angst hattet vor der Auseinandersetzung, weil Du Angst hattest vor Deinem Vater. Eigentlich müßtest Du Dich mit

Semele zusammentun, eigentlich müßtest Du mit ihr eine Affäre beginnen. Du müßtest Semele in Dich einlassen, Semele in Dir entwickeln. Natürlich auf Deine Weise. Natürlich nicht als Kopie, sondern so, wie es heute Deinem Alter und Deinen Gaben entspricht. Hera, sosehr Du Dich dagegen wehren wirst: Du brauchst Semele. Du brauchst sie, damit der Damm in Deinem Herzen bricht und der Strom der Hingabe Dich losreißt von den alten Bindungen. Das lebte Semele, und darum brauchst Du sie!

Du kannst da nicht mitgehen, weil nur Rachephantasien in Dir herrschen, wenn Du an sie denkst? Ich verstehe, daß Deine Verletzung nach Rache schreit. Ich verstehe, daß der Schmerz über das, was Du erlebt hast, und der Schmerz darüber, daß Eure Beziehung schon so lange tot ist, zu groß ist, um ihn anzuschauen. Wut, Haß und Rache helfen Dir, Dich davor zu schützen. Aber bleib nicht dabei stehen. Laß den Schmerz zu. Denn das ist ein Schmerz, der Dich weich und lebendig machen, der Semele in Dir aufwecken könnte.

Semele mußte in Dein Leben treten, damit Du Dich nicht in Deinem matriarchalen Reich einsperrst und hier erstarrst und vereinsamst. Semele ist Deine Chance!

Brief an Zeus

Du bist also wieder zurückgekehrt aus Deinem Liebesnest auf den heimatlichen Olymp. Ordnung kehrt wieder ein. Die Regierungsgeschäfte werden wieder regulär wahrgenommen. Alle, die davon gewußt haben, atmen auf. Die Katastrophe ist abgewendet. Hera, das meinst Du jedenfalls, triumphiert. Sie hat sich durchgesetzt, und Du hast Dich gefügt. Wie wird es jetzt weitergehen?

Die Chance ist groß, daß alles, was Dir von der »Affäre« bleibt, eine nostalgische Erinnerung ist, gemischt mit dem Gefühl einer Niederlage und dem Bedürfnis nach Rache. Sicher wird sich bald wieder eine Sterbliche finden, mit der Du ein Verhältnis anfangen kannst, und dann wirst Du nicht zögern, es zu tun. Aber Du wirst dann vorsichtiger sein. Du wirst es geschickter machen, nach allen Seiten hin. Du wirst für bessere Geheimhaltung sorgen, und Du wirst darauf achten, daß die nächste Geliebte nicht zu leicht auf die Idee kommt, mehr zu wollen als ihr zusteht. Für beides wirst Du allerdings Deine Gefühle »im Griff« halten müssen. Denn wenn Du Dich so tief betreffen läßt wie von Semele, dann läßt sich das nicht so ohne weiteres steuern, dann wird die Sehnsucht so stark, daß Du mit Deiner Realität wieder in Konflikte geraten wirst. Du darfst Dich also keinesfalls mehr so weit einlassen. Nur dann ist gewährleistet, daß Du Dein Vergnügen und Deine Rache hast.

Zeus, es wäre fatal, wenn das Dein Ertrag aus dem Erlebnis mit Semele wäre. Dazu war es zu tief, zu grundsätzlich. Das war kein oberflächlicher Seitensprung, den Du bald wieder vergessen kannst. In dieser Beziehung ist etwas Neues entstanden und in Dich übergegangen, Du bist »schwanger« geworden mit etwas Göttlichem. Du kannst jetzt alles ad acta legen, Dich selbst bedauern und zynisch und resigniert Deine Möglichkeiten ausnützen, um Deine Sex- und Rachebedürfnisse zu stillen, oder aber Du kannst diese Schwangerschaft austragen. Welcher Gott will da in Dir heranwachsen? Du weißt, es ist Dionysos, der enthusiastische, ekstatische Gott, der Gott der Visionen und der heiligen Raserei, der Gott mit den weiblichen Zügen, der Gott des vergehenden und wiederkehrenden Lebens. Diesen Gott hast Du in Semeles Hingabe empfangen. Ihre Liebe hat Dich in sein Reich hineingeführt. Wie nötig hattest Du es doch! Wie sehr brauchtest Du doch diese Begegnung, um Dich endlich lösen zu können aus Deinem Zwang zu Macht und Kontrolle. Semele hat Dich in eine unbekannte Wunderwelt geführt. Du warst zwar immer noch der Göttervater und ließest sie das auch fühlen, wenn Du mitten aus einer Begegnung heraus zu »wichtigen Regierungsgeschäften« aufbrechen mußtest. Aber Du hast bald gemerkt, daß eigentlich sie die Führung übernommen hatte und Dich eine Sprache zu lehren begann, in der Du Analphabet warst: die Sprache der Liebe und Hingabe. Bei ihr brauchtest Du die Insignien Deiner Macht, Wolken,

Donner und Blitze, nicht mehr. Die konntest Du draußen vor der Tür lassen. Hast Du bemerkt, wie Du Dich verändert hast? Wie Du stiller, innerlicher, fließender wurdest? Dinge, die vorher überdimensional wichtig waren, Deine Macht, Dein Einfluß, Dein Besitz, die traten plötzlich zurück, und anderes wurde wichtig: Du selbst, Dein Leben, sein Sinn ...

Zeus, ich habe Angst, daß nun alles vorbei ist damit, daß Du in Kürze wieder der alte sein wirst und daß das alte Streitspiel zwischen Dir und Hera wieder beginnt, das Du mit perverser Lust immer wieder angezettelt hast, bis Du Semele begegnet bist.

Kein Wunder, sagst Du, mit *der* Frau könne man ja nicht anders leben. Da müsse man kämpfen, um nicht untergebuttert zu werden. Mit Semele wäre das alles anders gewesen, aber mit Hera?! – Ja, mit Semele war vieles anders. Da lerntest Du Dich selbst von einer ganz anderen Seite kennen, da wurdest Du zärtlich, phantasievoll, jung. Aber lag es nur an Semele, daß das zum Leben erwachte, und liegt es nur an Hera, daß das alles tot war in Dir? Was liegt dabei eigentlich an Dir?

Mir fällt auf, daß Du Deine Leidenschaftlichkeit und Hingabe nur im verborgenen lebst. Du bist ein großer Versteckspieler in Deinen Liebesaffären, hinter allen möglichen Maskeraden verbirgst Du Dich, so als ob Deine Liebe nie ans Licht des Tages treten dürfte. Auch bei Semele mußte alles heimlich sein. Als sie mit Dir den Schritt in die Öffentlichkeit machen, als sie von Dir wirklich als die Deine anerkannt sein wollte, da war es aus, da hast Du sie geopfert. Aber, höre ich Dich erwidern, das lag doch an Heras Intrigen und Semeles illusionären Wünschen ... Zeus, solche Gründe, warum man Beziehungen abbricht, gibt es immer. Das sind äußere Gründe, die eigentlichen liegen viel tiefer, die liegen in Deiner Seele. Willst Du mir folgen auf diesem Weg in die Tiefe? Ich nehme es an, weil ich hoffe, daß Semele die Tür dahin aufgeschlossen hat. Ich will den Moment nützen, bevor sie wieder zufällt. Zeus, war das nicht immer schon so, daß es nur heimlich schön, intensiv und leidenschaftlich war? War es nicht auch mit Hera so? Du warst verrückt auf sie, aber nur so lange, als Ihr Euer Verhältnis vor den mächtigen Eltern geheimhalten mußtet. Sobald Ihr ein offizielles Paar wart, flaute Deine Liebe ab, habt Ihr begonnen, Euch anzufeinden und gegenseitig auszuspielen. Ein Liebespaar seid auch Ihr, Hera und Du, nur im verborgenen gewesen. Wie kommt das, daß Du nur heimlich lieben darfst? Wer kontrolliert die Regungen Deines Herzens, daß Du nicht offen zeigen kannst, wohin sein Verlangen geht? Du kannst es nicht auf Hera abschieben. Heute ist es Hera; wer war es, als Du Hera liebtest?

Es sieht so aus, als wärst Du unter dem Mantel des mächtigen Göttervaters noch immer der Jüngling, der seine ersten Abenteuer sucht, aber sie peinlich vor den kontrollierenden Augen einer mächtigen Mutter verheimlichen muß ...

Und noch etwas: In Deiner Liebesgeschichte mit Hera, wer hat da eigentlich wen geliebt? War es nicht Hera, die Dich verführt hat, war nicht sie es, die Dich dazu gebracht hat, sie zu heiraten? Du warst zwar leidenschaftlich in sie verliebt, aber Du hast lediglich reagiert. Sie kam auf Dich zu. Du gingst darauf ein, weil es toll für Dich war, für eine solche Frau so wichtig zu sein. Aber es ging von ihr aus. Hast Du ihre Liebe je beantwortet? Hast Du je aus Dir heraus erwidert, was sie Dir entgegenbrachte? Also: Hast Du sie überhaupt für Dich gewonnen? Die Frage gilt im Blick auf Hera, auf Semele und auf jede andere Frau in Deinem Leben. Hast Du je eine Frau für Dich gewonnen?

Du hast viel erreicht. Du bist der Göttervater, der die Macht zu handhaben versteht und schon manchen Kampf, auch gegen Hera, gewonnen hat. Manchen Kampf *gegen* sie. Den Kampf *um* sie hast Du bisher immer verloren, oder besser: Du hast ihn gar nicht wirklich gekämpft!

Gekämpft hast Du viel, aber immer auf dem falschen Feld. Zuerst hast Du die (wirklichen oder vermeintlichen) Feinde niedergerungen, dann hast Du Deine Konkurrenten ausgeschaltet, und jetzt kämpfst Du mit Hera um die Macht. Meintest Du je, damit könntest Du ihre Liebe gewinnen? Den Kampf um die Liebe hast Du noch nie geführt. Wer hält Dein Herz gefangen? Wer hindert Dich daran, eine Frau nicht nur im heimlichen Dunkel, sondern im hellen Licht des Tages zu lieben und zu ihr zu stehen? Du machst die Frauen, die Dir begegnen, entweder zu kontrollierenden Furien wie Hera oder zu unglücklichen Geliebten wie Semele, und keine trifft Dich wirklich. Wem bewahrst Du Dein Herz? Bist Du tatsächlich im Herzen noch der Jüngling, der sich zwar nach der anderen Frau sehnt, sich aber nicht von seiner Mutter losreißen kann, der darum mit Frauen nur „heimlich fremdgehen“ kann, oder aber, wenn die Heimlichkeit wegfällt, sie auf den Platz der kontrollierenden Mutter verweisen muß? So gesehen, hat Semele ja Glück gehabt. Denn hättest Du sie zur offiziellen Gattin gemacht, hätte sie wohl bald eine zweite Hera spielen müssen (falls sie mitgemacht hätte!).

Damals, als Deine Ehe mit Hera offiziell wurde und Du merktest, daß Eure Liebe erkaltete, da hast Du einen großen Fehler gemacht: da hast Du Dich nicht damit auseinandergesetzt, da hast Du nicht mit Deiner Mutter und nicht mit Hera den Kampf um die Liebe begonnen. Du hast Hera einfach die Schuld zugeschoben, bist nach draußen gegangen und hast Deine Karriere gemacht. Die Sehnsucht nach der liebenden Hingabe hast Du teils in die Lust an der Macht verwandelt, teils hast Du sie mit den heimlichen Geliebten gestillt, bei denen Du wieder der Jüngling wurdest, der nun Hera für das Versteckspiel verantwortlich machte.

Warum hast Du Dich nie mit ihr darüber auseinandergesetzt? Es ging nicht? Du bist nicht an sie herangekommen? Wo bleibt auf einmal Deine Macht, Zeus? Warum setzt Du hier diese Macht nicht ein? Das tätest Du, sagst Du, aber es nütze nichts. Ja, Du streitest zwar viel mit ihr herum, aber Du weißt genau, daß das nur Nebenschauplätze sind. Worum es Dir eigentlich geht und was Semele jetzt in Dir wachgerufen hat, die Ekstase und den Enthusiasmus der Hingabe, warum hast Du das nie zum Thema gemacht? Weil sie das diffamiert hat als Fixierung auf Sex oder regressive Kindbedürfnisse?

Wieder frage ich: Welche Macht gibst Du Hera, daß Du dem nichts entgegenhalten kannst? Ist das überhaupt Hera, oder regiert nicht in Dir selbst noch der Besitzanspruch und die Moral Deiner Mutter, die es nicht haben kann, daß ihr Junge von Liebe und Hingabe zu einer anderen Frau erfaßt wird mit seinem ganzen Leib und mit seiner ganzen Begierde? Findest Du das vielleicht im Grunde selber unanständig, weil es nicht zum guten Jungen Deiner Mutter paßt? In der Auseinandersetzung mit Hera über Lust, Hingabe und Sexualität hättest Du Dich von Deiner Mutter lösen und Hera gegenüber in Deinem Herzen zum Mann reifen können!

Zeus, so hätte Hera Dich gebraucht,als einen, der zum Mann reift, damit sie an seiner Seite zur Frau hätte werden können. Aber dem hast Du Dich verweigert. Damit bist Du innen der große Junge Deiner Mutter geblieben, und niemand merkt es, denn nach außen spielst Du ja den großen Patriarchen, der die Welt mit seiner Willkür regiert, die Du Rationalität und Effektivität nennst. Aber die Tatsache, daß es in dieser männlichen Welt Frauen nur gibt entweder als Mütter, befaßt mit der Aufzucht der Kinder, oder als heimliche Geliebte, verfügbar für die Befriedigung der Bedürfnisse, die Tatsache dieser Spaltung macht offenbar, daß dieses Patriarchat nur dazu da ist, zu verbergen, daß Dein Herz nicht frei ist für die erwachsene Liebe zu einer reifen Frau.

Die Chance, die Hera für Dich war, hast Du verpaßt, indem Du sie mit allen negativen Eigenschaften mütterlicher Dominanz behängt hast und ihr ausgewichen bist. Gott sei Dank bist Du Semele begegnet, Gott sei Dank hat sie verhindert, mit ihr dasselbe Spiel fortzusetzen. Gott sei Dank hat sie Dich nicht einfach ziehen lassen wie die anderen heimlichen Geliebten. Gott sei Dank hat sie Dich herausgefordert bis zum äußersten. Es ist kein Ruhmesblatt in Deiner Geschichte, wie Du mit ihr umgegangen bist, und trotzdem: *Auch* Gott sei Dank, daß Du sie nicht geheiratet und zu einer zweiten Hera gemacht hast! So ist Semele die Geliebte geblieben, die bleibende Spuren in Dir hinterlassen hat: In ihr ist Dionysos entstanden. Semeles Dionysos, dieser schwärmerische, ekstatische Gott, könnte Dein Leben, Deine Welt, Deine Beziehungen verändern. Wenn Du ihn gerettet und in Deinen Schenkel eingenäht hast, um ihn da auszutragen und zu gebären: Was heißt das? Bedeutet das, daß Du das Neue, das durch Semeles Liebe in Dein Leben gekommen ist, in Dich aufnimmst und Dich von ihm verwandeln lassen wirst? Oder heißt es im Gegenteil, daß Du Dir auch noch die weiblichen Fähigkeiten des Austragens und Gebärens angeeignet hast, damit Du diesen gefährlich irrationalen Gott, der da aus Eurer Liebe erstehen wollte, unter Deine Kontrolle bringen kannst? So wie ich Dich kenne, Zeus, fürchte ich: das zweite ist der Fall. Dann wäre für Dich allerdings alles umsonst gewesen. Dann hättest Du die Chance, die Semele für Dich bedeutete, leider verpaßt.

Brief an Semele

Zeus und Hera sind wieder vereint. Und was ist mit Dir, Semele? Die Frucht Deiner Liebesbeziehung ist auf Zeus übergegangen. Vielleicht wird es tatsächlich zu einem Neubeginn und zu einer nachhaltigen Veränderung zwischen ihnen führen. Dann wirst Du sehr belebend auf die Beziehung der beiden gewirkt haben. Das hört man ja, daß die Geliebten sich zuweilen sehr belebend auf die ehelichen Beziehungen auswirken. Ein schwacher Trost für Dich! Ich kann mir vorstellen, daß Du Dich ganz schön ausgenützt fühlst und allein gelassen in Deiner Unterwelt, wo Du, nach dem Eklat, Dein Schattendasein führst.

Alle Welt ist froh, daß der Konflikt vorüber, das Dreieck aufgelöst ist. An Dich, wie es Dir jetzt geht, denkt keiner, so meinst Du. Geliebte haben keine Rechte, und wenn sie meinen, welche beanspruchen zu können, ziehen sie den kürzeren. Du hast das erlebt und hast es jetzt auszubaden.

Wie wirst Du damit fertig werden? Was wirst Du aus dieser Erfahrung machen? Die Gefahr ist groß, daß Du bitter und enttäuscht zurückbleibst und Dich mit Klischees tröstest, wie zum Beispiel mit dem vom Ausbeuterverhalten der Männer, dem von den Besitzansprüchen der Ehefrauen oder dem von der »Hohlheit der ganzen Institution Ehe«.

Sicher, auf den ersten Blick hast Du am meisten Schaden davongetragen. Du und Eure Liebe mußten »höheren Interessen« geopfert werden. Das tut weh.

Aber immerhin solltest Du nicht vergessen, was Du mit Deiner Lebendigkeit, Intensität und Hingabe bewirkt hast. So einen hartgesottenen Knochen wie den Zeus, so einen Willens- und Verstandesmenschen hast Du geöffnet und weich gemacht. Dionysos ist in Eurer Beziehung zum Leben erwacht. Du hast in Zeus den Enthusiasmus und die Ekstase der Liebe geweckt. Damit hast Du ihn verwandelt. Ich mache die Erfahrung, wie häufig hinter dem sexuellen Imponiergehabe von uns Männern nur Verklemmtheit und Körperfeindlichkeit stecken, Du hast den Zeus gelehrt oder ihn zumindest ahnen lassen, daß Sex etwas mit runder, lust- und hingebungsvoller Liebe zu tun hat. Das ist doch etwas. Und Du hast ihn und alle Beteiligten, auch wenn sie sich jetzt dagegen wehren müssen, zum Bewußtsein gebracht, daß es noch etwas anderes geben könnte unter der Sonne als Leistung, Ordnung und Pflicht.

Zeus trägt nun Dionysos in seinem Leib. In ihm, dem Repräsentanten der herrschenden Ordnung, liegt nun der Keim einer ganz anderen, einer freudigeren, hingebungsvolleren, im natürlichen Rhythmus von Werden und Vergehen pulsierenden Welt. Was er damit macht, wie er damit umgehen wird, das ist natürlich noch eine andere Frage. Aber Du hast die Sehnsucht in ihm geweckt. Er weiß jetzt, auch wenn er es leugnen wird, für immer, daß seinem Herzen nicht genug ist, was Wohlstand und Sicherheit ihm zu bieten haben. Das hast Du bewirkt, und das solltest

Du nicht geringachten, Semele, denn das ist viel, sehr viel.

Aber davon, höre ich Dich erwidern, hast Du selbst nicht sehr viel, da in Deiner Unterwelt. Du möchtest verständlicherweise da raus. Oder vielleicht möchtest Du gar nicht raus. Vielleicht hast Du erst mal genug von allem.

Ja, ich glaube, es ist gut, erst mal da zu bleiben, wo Du bist und wie Du bist, mit Dir allein, in der Tiefe. Du brauchst jetzt diese Zeit, und Du könntest die Zeit nützen. Für Dich. Irgendwann mal wirst Du wieder auftauchen, und dann wird es entscheidend sein, daß Du über das, was geschehen ist, nachgedacht und daraus gelernt hast. Das braucht Zeit.

Du meinst, da gibt es nichts zu lernen, das sei doch sonnenklar? Du warst eben völlig beknackt, daß Du Dich auf diesen Zeus eingelassen hast, wo doch daraus nie etwas werden konnte? Diese »Moral von der Geschichte«, falls es die Deine ist, wird Dir nicht weiterhelfen. Wenn Du dabei stehenbleibst, wirst Du nicht gefeit sein, daß es Dir bald wieder genauso geht.

Nie mehr! höre ich Dich sagen. Na, ich wäre da nicht so sicher. Ich habe das schon oft erlebt mit Geliebten wie Dir, daß sie sich das geschworen haben. Es hat ihnen nichts genützt. Ohne daß sie es merkten, waren sie im nächsten Dreieck drin, und alles lief genauso wie beim ersten Mal. Immer wieder verbrennen, das ist nicht angenehm. Irgendwann verbraucht einen das. Irgendwann hat die Geliebte dann sich selbst überlebt, ist grau und häßlich geworden, und die ganze Schminke, die sie darüberkleistert, kann nicht darüber hinwegtäuschen, daß sie endgültig zum Schatten in der Unterwelt geworden ist. Wenn das Dein Schicksal werden würde, Semele, das fände ich sehr schade. Du bist noch zu jung und zu lebendig dazu. Darum will ich Dich jetzt nicht Deiner Resignation überlassen. Ich werde Fragen stellen, ich werde bohren, auch wenn Dir das nicht angenehm sein sollte.

Was hast Du gesagt? Es war blöd von Dir, Dich auf Zeus einzulassen, weil doch daraus nie etwas werden konnte? Aber hör mal, Semele, wolltest Du denn damals, daß »daraus etwas wird«? War es Dir denn nicht gerade recht, daß der Mann beruflich und familiär so gebunden war? War es denn nicht genau das, was Du wünschtest, endlich diesen langweiligen Freund, den Athamas, loszuwerden, mit dem Dein Vater Dich verkuppeln wollte, weil er so gut zu seinen Vorstellungen und Werten paßte? War Dir da nicht gerade so ein Zeus wichtig, damit Du Dich endlich frei, ungebunden, selbst-bestimmend fühlen konntest, nach der jahrelangen Gängelung zu Hause? Einen Mann, der gleich wieder festhält, so wie Dein Vater und Athamas, den hättest Du doch gar nicht ertragen, oder?

Und gerade das Verbotene an der Beziehung, gab es Dir nicht die Gelegenheit, zur längst fälligen Revolte anzutreten und zum längst fälligen Befreiungsschlag auszuholen? So wolltest Du doch gar nicht, daß etwas daraus wird, wolltest kein »legales Verhältnis«, keine Dauer und keine Bindung. Aber ich denke, hier hast Du Dir eine Falle gebaut. Denn Du hast das Verhältnis verheimlicht, mußtest es vielleicht verheimlichen. Damit bist Du eben doch nach außen hin für Deine Eltern die brave Tochter geblieben, die halt gerade etwas trotzte, wenn sie sich dem Athamas verweigerte. Hast Du Dich damit nicht selbst um Deine Befreiung betrogen?

Ich vermute, daß Dir eine Beziehung, aus der nichts werden konnte, noch aus einem anderen Grund wichtig war. Zeus blieb nicht da. Er ging immer wieder weg, ging zu Hera, ging zu seinen Regierungsgeschäften. Du konntest sicher sein: Der wird mir nicht die Luft zum Atmen nehmen, dazu ist er zu beschäftigt. War das nicht gerade die Voraussetzung dazu, daß Du es wagen konntest, Dich so vorbehaltlos zu öffnen, Dich so direkt und intensiv hinzugeben? War das nicht genau die Voraussetzung dazu, daß Du entdecken konntest, welche Fülle von Lust und Liebe in Dir schlummert? Und hast Du nicht selbst gerade darin die Chance gesehen, die Beziehung so intensiv und lebendig zu erhalten? Dadurch, daß die Beziehung sozusagen zu Ende war, wenn er die Tür hinter sich schloß, dadurch war es Euch doch gerade möglich, wenn er sie wieder öffnete, die Beziehung jedesmal wieder neu und frisch wie am ersten Tag zu erschaffen und nicht in den trüben Trott zu verfallen, den Du wahrscheinlich bei Deinen Eltern erlebt hast und den Du auf keinen Fall wiederholen wolltest!

Ich glaube wirklich, daß das sehr, sehr wichtig für Dich war, Semele. Du solltest das nie vergessen, daß Du das warst, die soviel Liebe und soviel Lebendigkeit in sich entdeckte, daß Du das bist, daß das wirklich zu Dir gehört und daß das Deins bleibt, auch wenn Dir jetzt alles wie verbrannt und ausgedörrt erscheint. Ich glaube aber, daß Du etwas nicht gemerkt hast, was auf die Dauer mehr und mehr zum Tragen kam. Genau die Situation, die Dir eine Zeitlang Freiheit zum Lieben und Schutz vor zu früher Bindung gab, dieselbe Situation wurde für Dich bald doch wieder zum Gefängnis. Dadurch, daß Du seine heimliche Geliebte warst, mußtest Du Dich doch, je länger, je mehr, nach seinem Terminkalender richten. Er kam und ging, und Du wurdest immer mehr die Wartende. In Eurem Liebesnest war es schön und kuschelig, aber bald auch recht einsam. Du wurdest abhängig. Bekam Deine Lage jetzt nicht eine fatale Ähnlichkeit mit der in Deinem elterlichen Schloß? War Dein Leben jetzt nicht fast genauso beherrscht von Zeus wie früher von Deinem Vater und seinen Normen?

Von vielen Deiner Schicksalsgenossinnen höre ich ähnliches: daß die ursprünglich erlebte große Befreiung auf Dauer umschlägt in genau dieselbe Knechtschaft, der sie sich gerade entkommen wähnten. Vielleicht ist es also doch nicht der richtige Weg, sich mit einem Zeus von einem Kadmos oder Athamas zu befreien. Es besteht die Gefahr, vom Regen in die Traufe zu kommen.

Das hast Du auch gespürt. Du hast Dich ja dagegen zu wehren begonnen. Du hast Dich nicht mehr zufriedengegeben. Heute machst Du Dir das zum Vorwurf. Aber ich will Dir sagen: Es spricht für Dich. Viele Deiner Schicksalsgenossinnen halten das jahrelang aus und verewigen damit nur, was sie gerade überwinden wollten, nämlich das kleine Töchterlein zu bleiben, das den Vater nur durch einen »Göttervater« ersetzt hat, dem gegenüber sie auf ein eigenes Leben als erwachsene Frau verzichten.

Du sagst, es war Hera, die Dir diesen Gedanken eingegeben hat, mehr zu wollen und Zeus in seiner wahren Gestalt zu sehen und Dich als Unsterbliche an seiner Seite. Denn radikaler hättest Du mit nichts die Beziehung zerstören können als mit diesem Wunsch. Ihn in seiner wahren Gestalt zu sehen, das ist ja der Wunsch, mit dem Versteckspiel aufzuhören, und damit der Wunsch nach Verbindlichkeit, nach Anerkennung und angemessener Öffentlichkeit. Kein Wunder, daß dieser Gedanke von Hera stammt. Das sind ja die Seiten der Beziehung, die sie mit Zeus lebt. Aber deshalb allein müssen sie ja noch nicht schlecht und zerstörerisch sein. Und ist es nicht so, daß dieser Wunsch eigentlich ganz aus Deinem Inneren heraus, ganz direkt aus Deiner Liebe selbst gewachsen ist und Hera mit ihrer List nur den äußeren Anstoß dazu gab, ihn zu äußern? Die Tatsache, daß Zeus Dich nicht an sich binden konnte, ermöglichte Dir zunächst, Dein Herz ganz zu öffnen. Aber wurde es gerade dadurch nicht immer schmerzhafter, wenn er dann ging? Fühltest Du Dich dann nicht oft mit offenem Herzen einfach stehengelassen? Je mehr Du Dich einließest, »weil keine Gefahr bestand«, desto mehr begabst Du Dich in die »Gefahr«, selber, aus Dir heraus, Verbindlichkeit, Dauer, Öffentlichkeit zu wollen.

Es sieht so aus, daß in Dir selbst überraschenderweise eine »Hera-Seite« erwacht ist, daß Du Deiner Liebe eine Form geben wolltest. War es also ein Fehler, daß Du »mehr« wolltest? Nein, es war kein Fehler, es war ein notwendiger Schritt. Wenn Du zu diesem Schritt wirklich ja sagst, würde das bedeuten, daß Du den Bereich der »heimlichen Geliebten« endgültig verlassen hast. Es würde bedeuten, daß Du, bevor der Blitz des Zeus Dich verbrannte, selbst diese Lebensform zerbrochen hast. Zeus hat mit seinem Blitz dann nur noch eine äußere Hülle verbrannt. Wenn Du zu Deinem Wunsch stehst, könntest Du darin sogar eine Hilfe sehen, die »Kind-Frau« endgültig sterben zu lassen und damit die Rolle der Tochter, der braven oder aufmüpfigen, endgültig aufzugeben.

Semele, Du brauchst die Zeit in der Unterwelt, um diesen Schritt, den Du gegangen bist, innerlich nachzuvollziehen. Und wisse: Dionysos lebt. Durch Dich ist dieser Gott entstanden. Deine Liebe hat ihn zum Leben gebracht. Das ist viel, sehr viel. Wenn es jetzt für Dich danebengegangen ist, laß Dich dadurch nicht abbringen, an diesen Dionysos zu glauben. Das ist Deine Chance. Nütze die Zeit in der Unterwelt.

Die Geliebte als Bundesgenossin

Wahrscheinlich haben die »Briefe« in Ihnen, liebe Leser, die verschiedensten Reaktionen hervorgerufen. Ich stelle mir vor, daß Sie genickt, den Kopf geschüttelt, Fragen gestellt haben, daß Sie sich verstanden fühlten, ärgerlich wurden, betroffen waren und so weiter. Die verschiedensten Antwortbriefe werden sich, je nachdem, ob Sie sich mehr Hera, Zeus oder Semele nahe fühlen, in Ihnen ansatzweise formuliert haben. Auf alle diese Reaktionen möchte ich nun im folgenden eingehen, indem ich einen Schritt zurücktrete und von dem engagierten Mitstreiter in der Dreiecksbeziehung, der ich in den Briefen war – eine gefährliche Rolle übrigens, man kann sich dabei auf vielfältige Art zwischen die Stühle und in die Nesseln setzen! –, zum distanzierten Beobachter werde, der sich nun psychologisch interpretierend von verschiedenen Seiten her dem Beziehungsdreieck nochmals annähert und es zu verstehen und sein Verstehen zu vermitteln sucht.

Dabei ist zu sagen: Das Beziehungsdreieck Semele–Zeus–Hera stellt eine Konstellation dar, der wir häufig begegnen. Häufig, aber nicht immer. Manche, ja viele Dreiecksbeziehungen weisen ganz anders geartete Rollenträger und Abläufe auf. Die vielen Berichte über »die Geliebte«, die in letzter Zeit in Zeitungen und Zeitschriften veröffentlicht wurden[7], machen dies anschaulich. Außerdem: Die Rollenträger dieses Dreiecks stellen »Typen« dar, die im konkreten Fall selten oder nie »reinrassig« vertreten sind. Mancher Betroffene wird sich nur in bestimmten Zügen des Zeus, der Hera oder Semele wiederfinden, und in vielen anderen nicht. Abgesehen davon ist auch damit zu rechnen, daß die Semele-, Zeus- und Hera-Seiten nur speziell in diesem Beziehungsdreieck zum Tragen kommen. In anderen Konstellationen aber kann die Hera-Frau zum Beispiel durchaus auch »Semele-Seiten« in sich entdecken und umgekehrt, und der Zeus-Mann wird sich oft ganz und gar nicht »göttervätetrlich«, sondern vielleicht hilflos und schwach erleben. Das Beziehungsgeschehen im Dreieck hat seine eigene Dynamik, und oft geschieht es, daß die Beteiligten – zu ihrer eigenen Überraschung – die Eigenschaften und Verhaltensweisen annehmen, die in unserer Geschichte von Zeus, Hera und Semele geschildert werden und die sie in anderen Beziehungszusammenhängen kaum von sich kennen.

Unter dem Vorbehalt all dieser Einschränkungen beginne ich nun, mich in einem ersten Interpretationsgang der mythischen Dreiecksbeziehung anzunähern. Meine Frage lautet dabei: Welche Rolle spielt in diesem Dreieck die Geliebte? In den Berichten, zu denen auch die Geschichte von Semele gehört, also in den Berichten aus olympischer Zeit, erscheint die Beziehung zwischen Zeus und Hera von ständigen starken Krisen geschüttelt.[8] Die beiden leben in einem fortdauernden Machtkampf. Ihre Beziehung ist von Rivalität, Vergeltung und Rache bestimmt, sei es mit

Brachialgewalt, sei es mit List. Der Göttervater spielt rücksichtslos seine Macht gegen Hera aus, und obwohl diese häufig äußerlich unterliegt, fühlt sie sich moralisch in der stärkeren Position, was ihr die Berechtigung gibt, wie in der Geschichte von Semele, mit List und Tücke ihre Gegenmaßnahmen zu ergreifen, womit es ihr mehr als einmal gelingt, ihren Gatten kräftig hereinzulegen, was diesen wiederum veranlaßt, seine Macht mit aller Brutalität gegen sie auszuspielen.

Solche Machtkampfbeziehungen drängen aus sich heraus dazu, zu Dreiecksbeziehungen zu werden. Eifersucht, Rache, Rücksichtslosigkeit sind nicht die Folge von Außenbeziehungen. Meist sind sie schon vorher da und finden durch die »Geliebte« nur einen neuen Grund und neue Nahrung. Es geht also – jedenfalls zunächst – sehr oft nicht so sehr um Liebe, sondern vielmehr um Macht.

Dies ist meistens verborgen, weil der Machtkampf in vielen Ehen viel weniger deutlich ist, als dies beim Olympierpaar der Fall ist. Oft verbirgt er sich hinter tausend kleineren und größeren Streitigkeiten. Das sind dann jene Paare, die in die Beratung kommen, weil es – für sie selbst unerklärlich – so oft Streit zwischen ihnen gibt. Jeder Meinung, die der eine vertritt, steht eine andere Meinung des andern gegenüber, jede Handlung des einen müßte in den Augen des anderen anders ausgeführt werden, damit sie »richtig« wäre. Beide sind der Überzeugung: Ich habe doch recht, warum beharrt denn der andere so auf seinem – falschen – Standpunkt? Jeder meint, er könne sich dem andern nicht anschließen, denn der andere liege doch offensichtlich falsch. Um voranzukommen, suchen sie oft einen Dritten, zum Beispiel einen Eheberater, der ihnen bestätigen soll, daß sie recht haben, und der den andern überzeugt, daß er unrecht hat. Denn dann müßte der Streit ja zu Ende sein. Aber natürlich hilft eine Klärung in der Sache nichts. Entweder findet der eine von beiden neue Gründe, warum es nun doch nicht »so« ist, oder er hört gar nicht hin und wechselt das Thema, und über dieses neue Thema geht dann der Streit von neuem los. Ich habe auch schon beobachtet, daß beide in der Sache exakt dieselbe Meinung vertraten, aber trotzdem stritten »wie die Wilden«, weil sie es gar nicht merkten. Es geht also gar nicht um die Sache und um deren Klärung. In den tausend verschiedenen Themen, um die sie streiten, geht es wie bei Zeus und Hera nur um eines: Es geht um die Macht. Wer erweist sich stärker als der andere und erreicht, daß er darum vom andern als der Stärkere anerkannt wird? Diese sehr häufige Beziehungsform nennen wir »symmetrische Eskalation«.[9] Symmetrisch wird sie genannt, weil die beiden versuchen, zur selben Zeit das gleiche zu tun, nämlich dasselbe Beziehungsmuster zu etablieren: Ich bin oben, du bist unten. Das aber führt zu fortdauernder Eskalation, weil jeder versuchen muß, den anderen bei seinem Versuch, oben zu sein, zu überbieten, indem er noch »höher« geht. Jeder braucht die immer noch stärkeren Argumente und »schlagenderen« Beweise (oft schlagend im wörtlichen Sinn!), damit er den anderen bei seinem Versuch, sich nach oben und ihn nach unten zu bringen, überholt.

Wir kennen diese Dynamik alle im großen Maßstab von der unseligen Aufrüstungsspirale. Im kleinen Maßstab dreht sich diese Spirale bei Tausenden von Streitpaaren in unserer nächsten Umgebung, die nur scheinbar um die Sache, in Wirklichkeit aber um die Macht kämpfen – genau wie Zeus und Hera –, auch wenn sie dabei feincre Mittel verwenden sollten.

Dieser Machtkampf scheint durchaus seine lustvollen Seiten zu haben. Homer schildert in seiner Ilias den Kampf des Götterpaares in aller Farbigkeit und mit sichtlichem Vergnügen, und eine heutige Variation dieses Kampf-Musters, das Stück »Wer hat Angst vor Virginia Woolf« von E. Albee[10], war sowohl im Kino als auch am Theater ein riesiger Publikumserfolg. Auch die Kampfpartner selbst scheinen ihren Spaß daran zu haben. Ein geheimes Lächeln, das manchmal – versteckt hinter Entrüstung – über die Züge eines Kontrahenten huscht, wenn er zum nächsten Schlag ausholt, ist verräterisch dafür. Auch die Sexualität der beiden scheint diesen Streit zu brauchen. Manche solcher Paare kommen nur noch nach einem solchen chaotisch endenden Streit zum sexuellen Höhepunkt.

Dennoch ist eine solche Machtkampfbeziehung mit hohen Kosten verbunden. Es braucht, wie bei der Aufrüstungsspirale, immer neue Kraftquellen, die angezapft werden müssen, um noch stärker zu sein als der andere. Sicher stimuliert der Streit auch Kreativität, aber als dauerndes Beziehungsmuster geht er allmählich an die Substanz. Er zehrt immer mehr Kräfte auf, und immer mehr muß investiert werden, denn je länger er dauert, um so größer wird auch die Angst vor einer Niederlage. So braucht es Hilfsquellen von außen, und das sind vor allem Bündnispartner. Zeus und Hera suchen immer wieder neue Bündnispartner, um sich gegen den anderen zu stärken. Bei Hera sind es oft ihre Kinder, die ihr gegen den Göttervater helfen, bei Zeus seine – männlichen und weiblichen – Geliebten. Ganz ähnlich bei unseren streitenden Paaren: »Sie« ist oft eine Hera-Frau, eine Hüterin der Ehe und der familiären Ordnung, und vertritt gegenüber ihrem Zeus-Mann, der nur noch seine »Göttervater-Aufgaben« kennt, ganz in seinem Beruf aufgeht und sich in ihren Augen nicht oder zu wenig um die Familie kümmert, deren Interessen und macht ihm deshalb Vorwürfe. Der Zeus-Mann versucht dagegen zu argumentieren, sein Engagement zu demonstrieren, gibt sich dabei aber immer wieder Blößen, welche die Hera-Frau mit ihrer Kritik gezielt zu treffen weiß. Dadurch bekommt er ein schlechtes Gewissen, ärgert sich aber zugleich darüber, weil er merkt, wie es dadurch der Hera-Frau gelingt, Macht über ihn zu gewinnen. Er braucht somit Verstärkung in seinem Kampf, und diese Verstärkung bietet ihm – eine Semele-Frau.

Durch die Außenbeziehung verbessert sich seine Position erheblich. Die Geliebte baut ihn auf. Ihr gegenüber ist er zunächst fraglos wieder der »große« und »starke«. Er braucht sich vor ihr nicht zu beweisen und wird von ihr nicht, wie er es von der Hera-Frau her empfindet, auf alle seine alten Fehler festgelegt. Dazu kommt, daß ihm die Geliebte oft noch den Triumph bietet, sich ihr gegenüber als Retter fühlen zu können. Das Textbuch der Händel-Oper stellt in dichterischer Freiheit und unter Verwendung anderen mythologischen Materials die Situation so dar, daß

Semele, die nach dem Willen ihres Vaters Kadmos den ungeliebten Prinzen Athamas heiraten soll, Zeus anfleht, sie aus ihrer schwierigen Lage zu befreien, worauf Zeus in Gestalt eines Adlers herniederfährt und sie aus der Versammlung der Hochzeitsgäste in sein himmlisches Liebesnest entführt, wo sie dann in heller Verzückung die Wonnen ihrer Liebe besingt. Kein Wunder, daß der Mann, der sich seiner Frau gegenüber immer nur um seine Position kämpfend erlebt hat, sich nun wieder als wahrer »Göttervater« fühlt, wenn ihm seine Semele erklärt, daß er für sie auch so ein adlerhafter Befreier ist, der sie aus frustrierenden ehelichen oder elterlichen Banden errettet hat.

Dazu kommt noch ein Weiteres: Der Zeus-Mann meint, durch die Semele-Frau den lebendigen Beweis zu erhalten, daß es kein Wunder ist, wenn er sich in den letzten Jahren mehr und mehr nach außen zu wenden begann. Wenn er keine Lust mehr hatte, mit seiner Frau zu schlafen, oder wenn das nicht mehr richtig funktionierte, dann fing er vielleicht sogar an, sich heimliche Gedanken zu machen, ob das auch an ihm, an seinem Alter und schwindender Potenz liegen könnte. Jetzt aber hat er den Beweis, daß es nicht so ist. Denn mit der Semele-Geliebten erlebt er Sexualität wieder in lange nicht mehr oder überhaupt noch nie gekannter Intensität. Jetzt scheint es klar: Es kann nur an der Hera-Frau liegen. Sie ist eine miese Liebhaberin, eng und verklemmt, an ihm liegt es nicht, denn mit ihm ist ja alles in Ordnung.

Schließlich ist die Geliebte noch in einem weiteren Sinn Bundesgenossin im Machtkampf der Eheleute:

Mit Semele vermag Zeus Hera wirklich noch zu treffen. Vieles kann sie, kampferprobt, wie sie nach so vielen Jahren Ehe ist, wegstecken, das aber nicht. Eine Sterbliche als Geliebte ihres Gatten, das verletzt ihre Göttinnenehre zutiefst. Das spüren viele Zeus-Männer genau. Sie sind vielleicht jahrelang an ihre »moralische«, »strenge« Hera-Frau nicht mehr herangekommen, sind bei ihr abgeblitzt und mußten den Eindruck bekommen, auf sie keinerlei Wirkung mehr auszuüben. Nun haben sie eine Geliebte. Das wird seine Wirkung tun. So wie Zeus sich keine große Mühe gibt, mit seinen Liebschaften unentdeckt zu bleiben, sowenig sorgen auch oft die Zeus-Männer ernsthaft für Geheimhaltung. Manchmal hat man den Eindruck, sie legen es geradezu darauf an, entdeckt zu werden. Sie lassen ihr Tagebuch irgendwo offen liegen oder »vergessen«, einen Brief der Geliebten wegzuräumen. Sie zündeln an der Bombe, damit sie endlich platzt. Die Semele-Frau soll der lebendige Beweis sein: »Ich bin ein Zeus und nicht der verständnislose, feige Ausweichler, als den Du mich immer hinstellst! Jetzt mußt Du es anerkennen!«

Allerdings ist der entscheidende »Schlag« im Kampf um die Macht dadurch auch nicht gelungen. Vielmehr hat der entdeckte Ehemann, genau wie Zeus mit Semele der Gattin Hera, seiner Frau erst recht eine neue Waffe in die Hand gegeben, mit der sie nun zum Gegenschlag ausholt. Die Geliebte wird erstaunlicherweise nun indirekt zur Bundesgenossin der Hera-Frau. Der Mythos stellt das auch ganz genau so dar. Hera – verkleidet in Gestalt der Amme – verbündet sich mit Semele und verwickelt sie in ein

Komplott gegen Zeus, das damit endet, daß dieser selbst seine Geliebte vernichten muß. Semele hilft Hera, gegen Zeus vorzugehen und sich an ihm zu rächen. Durch sie ist es ja deutlich, woran es liegt: Die Misere ihrer Ehe liegt an der Untreue und Unzuverlässigkeit des Mannes.

Ist das nicht sehr oft die Rolle der Geliebten in Dreiecksbeziehungen? Wie Semele wird sie zum Spielball im Kampf der Eheleute um die Macht. Dem Mann dient sie zum Beweis, daß es an der Frau liegen muß, weil sie als Frau nichts taugt. Der Frau dient sie als Beweis, daß es an ihm liegen muß, weil er unmoralisch und unzuverlässig ist. Jeder von beiden »benützt« die Geliebte, um dem anderen gegenüber »oben« zu sein. Dies geschieht sicher nicht immer so unverstellt elementar wie in unserer Erzählung, sondern vesteckt hinter viel edleren Gefühlen und Bedürfnissen. Es macht sicher auch nicht die gesamte Dynamik von Dreiecksbeziehungen aus. Aber oft spielt es eine größere Rolle, als wir uns zunächst eingestehen.

Damit aber wird deutlich, daß die Geliebte nicht die Ursache krisenhafter Entwicklungen in Partnerbeziehungen ist. Die Krise ist immer schon vorher dagewesen. Der Machtkampf zwischen Zeus und Hera tobte schon lange, bevor Semele die Szene betrat. Semele ist nur ein neuer Höhepunkt in diesem Kampf, sie hat ihn nicht bewirkt.

Daß es bei unseren irdischen Dreiecksgeschichten oft so aussieht, als hätte die Geliebte eine »intakte« Ehe zerstört, liegt daran, daß hier die Beziehungsform der symmetrischen Eskalation oft nicht so deutlich zutage tritt. Es geht nicht immer so lautstark und brutal zu wie zwischen Zeus und Hera. Der Machtkampf kann die Form eines Stellungs- oder Grabenkrieges haben, er kann sich auch ganz in der Stille, in kaum zu sich selbst gesprochenen Worten und innerlich geführten Dialogen abspielen. Zeus und Hera haben sich vielleicht tief in den Partnern verborgen. Da scheint es dann so – und alle, einschließlich der Eheleute, machen sich das vor –, daß »alles gutging, bis diese Frau auftauchte«. Aber bei genauerem Hinsehen war es nie so. Schon vor dieser Krise waren die Partner ein Zeus-Mann und eine Hera-Frau, die verstrickt waren in jenen fortschreitenden, zerstörerischen Prozeß, den wir »symmetrische Eskalation« genannt haben. Die Semele-Frau wird in diesem Machtkampf nur mit einbezogen, wird als wechselnde Bundesgenossin Teil dieses Machtkampfes und wird zwischen den Fronten zerrieben, aber sie ist nicht dessen Ursache. Damit ist eine erste Antwort auf unsere eingangs gestellte Frage nach der Rolle der Geliebten in der Dreiecksbeziehung gegeben. Diese Antwort reicht aber noch lange nicht aus.

Die Geliebte als stabilisierender Faktor

Semele läßt den Machtkampf zwischen Zeus und Hera, der schon fast von Anfang an da war, sichtbar werden, sagten wir zuletzt. Allerdings: sichtbar werden nur für den Außenstehenden. Die unmittelbar Beteiligten, Zeus und Hera, »benützen« Semele lieber, um sich von diesem Machtkampf und vor allem von seinen tieferen Ursachen abzulenken und sich nicht damit zu konfrontieren. Damit setzen wir zu einer zweiten Antwort an: Semele sorgt dafür, daß die Ehe zwischen Zeus und Hera wieder »in Ordnung kommt«. Die Geliebte erhält in Streitbeziehungen oft eine stabilisierende Funktion. Diese Aussage scheint der Erfahrung zu widersprechen, denn wann gehen die Wogen höher als dann, wenn Hera Zeus bei Semele entdeckt? Aber sehen wir genauer hin!

Streitbeziehungen haben in sich selbst die Tendenz, zu eskalieren. Da jeder von beiden sich *gegen* den andern zu behaupten sucht, ist er ständig dabei, sich vom anderen zu distanzieren. Das ergibt eine Kluft zwischen den beiden, die immer größer wird. Ein fortschreitender Spaltungsprozeß ist im Gang, und so wie bei der Rüstungsspirale wird eine Katastrophe immer wahrscheinlicher. Der Abgrund des offenen Bruchs tut sich auf. Das macht angst, und darum suchen solche Paare einen Ausweg. Ein solcher Ausweg ist oft ein Dritter, der zwar den Konflikt nicht löst, aber den Auflösungsprozeß vorübergehend stoppt oder verlangsamt und somit als ein stabilisierender Faktor wirkt.[11] Ein solcher stabilisierender Dritter kann zum Beispiel ein Kind sein, das plötzlich akute Schwierigkeiten macht und um das man sich gemeinsam kümmern muß, so daß man die eigenen Konflikte zurückstellt; oder es kann ein zu Rate gezogener Pfarrer sein, der sich – der Arme! – die Klagen der Frau anhört und sie dadurch entlastet; oder aber es kann – eine Geliebte sein.

Daß die Geliebte vor ihrer »Enttarnung« eine stabilisierende Funktion für den Zeus-Mann und über ihn für die Beziehung ausüben kann, das ist leicht zu sehen: Für ihn wird sie zum Ventil, durch das der wachsende Konfliktdruck aus seiner Beziehung entweichen kann. Bei der Geliebten kann er seinen Aggressionsstau loswerden, wenn er sich darüber beklagt, wie schlecht ihn die Hera-Frau behandelt und wie unmöglich sie ist; und bei ihr kann er seinen Bedürfnisstau abbauen, weil er mit ihr schläft und zärtlich ist. »An meine Brust, geliebtes Kind! Die Sorgen mir vertreib!« Diese Worte singend, eilt in der Händel-Oper der gestreßte Zeus zu Semele.[12] Blieben die Kräfte der angestauten Wut und der frustrierten Bedürfnisse unausgedrückt noch länger in der Beziehung zwischen Zeus-Mann und Hera-Frau, gäbe das ein Konfliktpotential von gefährlicher Sprengkraft. So aber kann dieses Potential abgebaut werden, und der Zeus-Mann hat keinerlei Veranlassung mehr, sich mit der Hera-Frau ernsthaft auseinanderzusetzen, sondern er kann diese Beziehung mit den Annehmlichkeiten, die sie trotz allem auch noch bietet, unbeschadet weiterführen. Bei seiner Frau hat er Sicherheit und Geborgenheit, bei seiner Geliebten Verständnis und Befriedigung. Warum sollte er das gefährden wollen? Die Geliebte nimmt das wohl oft deshalb in Kauf, weil es ihr selbst zunächst entgegenkommt, daß der Zeus-Mann nicht »ganz« zu haben ist, und so akzeptiert sie die Rollen der Klagemauer und Bedürfnisbefriedigerin.

Damit hilft sie, das hochgefährdete Gleichgewicht zwischen Zeus-Mann und Hera-Frau einigermaßen wiederherzustellen, jedenfalls vorübergehend, wobei dieses »vorübergehend« manchmal Jahrzehnte dauern kann, wenn man manchen Erfahrungsberichten glauben darf.

Auch dann, wenn Dreiecksbeziehungen offen gelebt werden, wenn die Frau also darum weiß, die Geliebte kennt und man darüber unter Umständen sogar miteinander im Gespräch ist, ist das sehr oft die Funktion der Geliebten: das bedrohte Gleichgewicht aufrechtzuerhalten. Wenn es sie, die Geliebte, nicht gäbe, müßte man sich ernsthaft über manche heiklen Themen streiten: über die Sexualität, Nähe, Autonomie ... So aber kann man mit dem Problem, das man mit dem einen hat, zum andern gehen und es dort loswerden. So kann es sein, daß die Hera-Frau froh ist, daß der Zeus-Mann bei der Semele-Frau Sexualität lebt und sie damit in Ruhe läßt, und der Zeus-Mann erleichtert ist, aus dem vielleicht chaotischen Haushalt seiner Semele-Geliebten zur sicheren Ordnung der Hera-Frau zurückkehren zu können, und die Semele-Geliebte ist vielleicht ganz zufrieden, daß sie ihn dort mit seinen Alltagsallüren »aufgehoben« weiß. Da, wo es schwierig werden könnte, können sie sich ausweichen, weil immer ein Dritter da ist. Damit braucht es keine direkte Auseinandersetzung mehr, keine Distanzierung »Auge in Auge«, und man muß sich dem anderen nicht mehr in letzter Konsequenz zumuten. Die Gefahr einer schmerzhaften Trennung taucht nicht mehr auf, allerdings fehlt einer solchen Konstellation auch jede Verbindlichkeit, und dies scheint auf die Dauer ein Gefühl von Schmerz und Vereinsamung hervorzurufen, das keinen der Beteiligten zur Ruhe kommen läßt.

Bis hierher ist die stabilisierende Funktion der Geliebten in krisenhaften Paarbeziehungen deutlich und nachvollziehbar. Wie aber ist es, wenn die Hera-Frau die Beziehung ihres Mannes entdeckt und sie ablehnt? Dann kann doch von einer stabilisierenden Funktion nicht mehr die Rede sein. Dann wird doch erst deutlich, wie zerstörerisch sich diese Außenbeziehung auf die Ehe auswirkt! Das muß durchaus nicht immer so sein. Auch in diesem Fall spielt die Geliebte oft eher eine eheerhaltende als ehezerrüttende Rolle. Sehen wir uns doch den Mythos an: Als die Beziehung entdeckt wird, richtet Hera ihre ganze Wut auf Semele. Sie wird zur Zielscheibe ihrer Vernichtungsstrategie. Semele verletzt ihre Ehre, beschmutzt ihr Lager, maßt sich eine Stellung an, die ihr nicht gebührt. Damit braucht Hera nicht mehr auf ihren eigenen Anteil an der Beziehungsmisere zu sehen, mit ihrer Wut auf Semele entlastet sie sich selbst. Aber nicht nur sich entlastet sie, sie entlastet auch Zeus. Statt sich mit ihm auseinanderzusetzen, mit seiner Willkür, seiner

Unzuverlässigkeit und Unersättlichkeit, macht sie Semele zum Sündenbock, der vernichtet werden muß – in der Illusion, damit wäre auch die Ursache der Beziehungskrise beseitigt.

Ich muß sagen: Einerseits imponiert mir ja diese Hera, die mit ungebrochenem Selbstbewußtsein alle Hebel in Bewegung setzt, um ihre Rivalin zu verderben. Mit ihrer Robe füllte sie in der szenischen Darstellung der Oper die ganze Bühne aus. So kann ich auch jenen Hera-Frauen meine Anerkennung nicht versagen, die nicht in Hilflosigkeit, Selbstabwertung und Depression versinken, wenn die Liebesbeziehung ihres Mannes entdeckt wird, sondern mit Wut reagieren. Wenn sie allerdings aus dieser Wut heraus die Geliebten ihrer Männer anrufen und sie beschimpfen oder ihnen nachfahren und sie verprügeln (alles Auseinandersetzungsstrategien, die heute durchaus noch gang und gäbe sind), dann wählen sie genau wie Hera den falschen Weg, um ihre Wut loszuwerden. Zeus wäre der richtige Adressat. Damit, daß sie ihn schont, bestätigt Hera die patriarchale Ordnung, die sie sonst so wütend bekämpft. Damit, daß sie Semele allein die Schuld gibt, verrät sie ihr eigenes Geschlecht. Diesen Preis zahlt sie, damit die »Ehre« wiederhergestellt und sie wieder die Göttin ist, die den Gemahl in ihrem Gemach empfangen kann. Dafür muß Semele verbrennen.

So sorgen die Geliebten in Dreiecksbeziehungen sehr oft dafür, daß krisenhafte Ehen ihre intakte Fassade wiedergewinnen. Was hier im Mythos so offen zutage liegt, unterscheidet sich oft sehr viel weniger von unseren Realitäten, als es zunächst scheinen mag.

Wenn die Ehefrau in wochenlange Depressionen fällt oder den Mann mit seiner Verantwortung für die Familie und die Kinder unter Druck setzt und darin die ganze Auseinandersetzung mit der Problematik besteht, dann sieht das zwar sehr anders aus als Heras Feldzug mit List und Tücke, aber sie macht die Geliebte damit genauso zum Sündenbock und gibt sich ebenso der Illusion hin, dadurch könnte ihre Ehe wieder in Ordnung kommen. Und selbst wenn die Frau ihren Mann weder in dieser noch in jener Weise bedrängt, sondern dieser aus »eigenem Entschluß« die Beziehung zur Geliebten abbricht, kann es sein, daß sich genau dasselbe abspielt. Denn wenn darin seine ganze Auseinandersetzung besteht, daß er sich mit der Frage quält, was er aus moralischen oder religiösen Gründen tun »soll«, anstatt nach den Ursachen des zerstörerischen Prozesses in ihrer Beziehung zu suchen, dann unterwirft er sich eben seiner »inneren« Hera, ob sie nun »Kirche« oder »Gesellschaft« heißt, und handelt wie Zeus, der im Mythos ja auch vor Hera kapituliert, wenn er, der es sonst ja nicht so genau nimmt, plötzlich sein Wort halten und Semele mit seinem Blitz verbrennen »muß«.

Das ist also unsere zweite Antwort auf die Frage nach der Rolle der Geliebten in der Dreiecksbeziehung: Semele und ihren Nachfolgerinnen kommt sehr oft eine eheerhaltende Funktion zu. Die dramatischen Ereignisse im Beziehungsdreieck bringen eine gewisse Entladung. Erregung, Sexualität und Aggression können ausgedrückt und ausgelebt werden. Semele hat das alles auf sich gezogen. Damit tritt zwischen Zeus und Hera wieder eine gewisse Beruhigung ein. Zwischen den beiden scheint – Gott sein Dank – alles wieder in Ordnung zu sein.

Freilich: Die Ordnung ist wiederhergestellt, aber nur nach außen. Der Konflikt ist nicht gelöst, seine Wurzel noch nicht einmal berührt. An dem zerstörerischen Kampfmuster hat sich nämlich nichts geändert. Der alte Streit wird wieder aufflackern, zunächst vielleicht kaum merklich, aber dann wieder stärker und heftiger, bis die alte Eskalation wieder in vollem Gange ist. Dann wird der Konflikt wieder auf einen Höhepunkt zutreiben, bis sich die nächste Geliebte findet, die dafür sorgt, daß es nicht zum völligen Auseinanderbrechen kommt, sondern das alte Spiel von vorne beginnt.

Dies gilt sogar dann, wenn sich der Zeus-Mann von der Hera-Frau trennen und die Semele-Frau heiraten sollte. Wenn dies ohne weitere innere Auseinandersetzung mit dem erwähnten Machtkampf-Muster geschieht, sind die Chancen äußerst groß, daß Semele über kurz oder lang zu einer zweiten Hera wird, daß sie dieselbe Rolle übernimmt und mit dem Zeus-Mann dasselbe Streit- und Machtkampfmuster beginnt wie ihre Vorgängerin. Und ebenso ist die Chance sehr groß, daß es dann eine zweite Semele braucht, die die Rolle der Geliebten übernimmt, um auch in dieser Konstellation wieder als stabilisierender Faktor zu wirken. Die Personen haben dann zwar gewechselt, aber das uneingestandene, unaufrichtige vertuschte Beziehungsmuster des eskalierenden Machtkampfes, das immer wieder nach entlastenden Dritten sucht, ist geblieben.

Die menschliche Person und Beziehungen zwischen Personen haben ihren Wert und ihren Sinn in sich selber. Was in Beziehungsdreiecken geschieht, wenn sie nicht zu intensiven Auseinandersetzungen genutzt werden, ist, daß Menschen und menschliche Beziehungen dieses Eigenwerts beraubt werden. Sie werden funktionalisiert. Die Liebe zwischen Semele und Zeus bekommt »eine Funktion« für die Beziehung zwischen Zeus und Hera. Semele »dient« den beiden als Bündnispartnerin und Beziehungsstabilisator. Unter diesem Blickwinkel ist es also nur konsequent, daß Semele verbrennen muß.

Die geliebte Vater-Tochter

Mancher Leser wird sich nun sagen: Diese Darstellung ist einseitig. Die Geliebte ist fast nur als unschuldiges Opfer dargestellt. Aber so »unschuldig« sind die Geliebten nicht! Jetzt geraten wir in den anderen Graben: von der einseitigen Schuld-Zuschreibung zur einseitigen Schuld-Entlastung! Von Schuld möchte ich in diesem Zusammenhang überhaupt ungern reden. Lange genug hat man sich – vor allem in diesem Bereich – mit Schuldsprüchen vor einer wirklichen Auseinandersetzung gedrückt. Aber eines ist richtig: Die Geliebte ist nicht nur »Opfer«, an dem etwas geschieht, sie ist auch »Täterin«, Täterin in dem Sinn, daß sie bei dem Geschehen kräftig und aus ureigenster Motivation mitwirkt. Auch die Oper stellt Semele so dar: Sie inszeniert einen heftigen Eklat, indem sie die Hochzeit platzen läßt, sie mobilisiert Zeus, damit er sie entführt, sie versucht ihn in ihrem Liebesnest festzuhalten, wenn er zu seinen Regierungsgeschäften aufbrechen will, und noch bevor Hera auf ihre List verfällt, beginnt sie, mit ihr zu konkurrieren. Natürlich, Semele ist kräftig an den Verwicklungen des Dreiecks beteiligt. Dies kam im vorigen Kapitel nicht zum Tragen, weil mein Blick auf die vom Streitpaar Zeus – Hera ausgehende Dynamik gerichtet war. Nun aber wende ich mich Semele zu und schaue von ihr aus auf das Geschehen. Ich bewege mich damit in einem neuerlichen Interpretationsgang auf das Beziehungsdreieck zu und versuche, eine dritte Antwort auf die Frage nach der Rolle der Geliebten in der Dreiecksbeziehung zu finden.

Wie kommt es, daß Frauen wie Semele in solche Machtkampf-Beziehungen geraten, in denen sie oft zugrunde gehen? Semele erinnert mich an viele »Geliebten«, die ein ähnliches Schicksal erlitten haben und immer wieder erleiden, oder jedenfalls an bestimmte Seiten in ihnen, die in solchen Dreiecksbeziehungen besonders zum Zuge kommen. Semele verkörpert für mich einen Typ von Frau, den ich am besten die »Kind-Frau« nenne, eine Mischung aus »freiem Kind«[13] und attraktiver Frau. Sie ist strahlend, lebendig, lieb und begeisterungsfähig, manchmal auch keck, kapriziös und ansprüchlich, hingebungsvoll, körperbezogen und lustbetont. Diese Kind-Frau war als Kind – wie es auch von Semele berichtet wird – eine »Königstochter«. Sie war die »Prinzessin« ihres Vaters, und der Vater war ihr »König«. Ein einzigartiges Verhältnis bestand zwischen ihnen. Er liebte und vergötterte sie, und sie liebte und vergötterte ihn. An einer Episode, die eine »Semele-Frau« aus ihrer Kindheit schilderte, wurde mir das Besondere dieses Verhältnisses deutlich: Der Vater saß am Klavier und spielte vor den Gästen der Familie, und weil die kleine Tochter wußte, wie sehr er das liebte, trat sie in den Kreis und tanzte zur Musik, und die Gäste applaudierten begeistert. Die Kind-Frau war ein Mädchen, das für den Vater tanzte, und der Vater war hingerissen ... Die eigentliche erotische

Beziehung in dieser Familie bestand zwischen ihr und ihm und nicht zwischen ihm und seiner Frau. Wie weit diese das vertragen konnte, hing sehr davon ab, über wieviel Selbstvertrauen als Frau und wie viele andere Zuwendungsquellen sie verfügte. Die Schönste, Liebste, Beste für den Vater war die Tochter ...

Das ist zwar schön, aber auch sehr problematisch. Es bedeutet nämlich, daß die Semele-Frau nur eine Seite des Kindseins leben durfte: die liebe, strahlende, zärtliche. Sie mußte zur Musik und zum Rhythmus des Vaters tanzen – die dunklen Töne und die wilden Rhythmen, die zu ihrer eigenen Lebensmelodie auch gehörten, blieben draußen.

Außerdem kam sie dadurch in der Familie in eine Position, die ihr nicht zustand: Sie geriet an die Seite des Vaters. Das war ein Platz, an den eigentlich ihre Mutter gehörte, die dadurch für sie eine bedrohliche oder untergeordnete Rolle zu spielen begann, wodurch sie sich den Zugang zu ihr versperrte. Außerdem war es ein Platz, auf dem sie sehr früh ein erotisches Verhaltensrepertoire entwickeln mußte, was ihr zwar ihren unverwechselbaren Charme gab – als Kind und als Frau –, aber zugleich in ihr Verwirrung darüber stiftete, was nun zu »Kind und Vater« und was zu »Mann und Frau« gehörte.

Trotz oder vielleicht gerade wegen dieser einzigartigen Vater-Beziehung bleibt ein solches Verhältnis meist nicht ohne Bruch, wenn das Mädchen heranwächst. Händel und sein Textdichter schildern in der Oper die Beziehung zwischen Semele und ihrem Vater Kadmos als äußerst gespannt. Mehrmals lassen sie ihn von seiner »Sorge« und »Not« singen. Wenn eine so sehr geliebte Tochter zur Frau heranwächst, mag sie allzu attraktiv für ihn werden, sie wird vielleicht auch frech, schnippisch und abwertend. Sie beginnt, sich für – jüngere! – Männer zu interessieren. In der Oper will der Vater dieser Not und Sorge mit Semele begegnen, indem er sie mit einem Mann seiner Wahl, mit dem Prinzen Athamas, zu verheiraten sucht, den jedoch Semele vollkommen ablehnt. Dieser Athamas wird in der Oper von einem feminin wirkenden Conter-Tenor verkörpert, während dem Vater Kadmos ein kräftiger Baß zur Verfügung steht, so als sollte damit zum Ausdruck kommen: Der eigentlich bestimmende wird immer noch der Vater sein. Er sucht ihr einen Mann, der ihm nicht gefährlich wird, weil er ihm nicht gewachsen ist und sich seinen Vorstellungen anpassen wird. So bleibt er weiter der »wichtige« und der »einzige«. Aber sie lehnt natürlich ab und provoziert ihren Vater aufs äußerste. Die heranwachsende Semele-Tochter tanzt aber immer noch vor ihrem Vater! Zwar nicht mehr im Rhythmus seiner Musik, aber der Gegenrhythmus, den sie wählt, ist für beide noch genauso faszinierend und verbindend wie der frühere, und es ist immer noch nicht ihr eigener! Weil es kaum noch vorkommt, daß Väter ihren Töchtern den Mann aussuchen, wählt sie heutzutage oft selber einen Athamas, findet ihn aber genauso langweilig, bricht die Beziehung bald wieder ab oder hält sie auf Sparflamme. So bleibt sie – versteckt und gegen den äußeren Anschein – noch immer ganz und gar auf den Vater bezogen.

Wenn die Semele-Frau, erwachsen geworden, schließlich das Haus verläßt, ist sie prädestiniert dazu, einen »Zeus« als Geliebten zu finden, einen etablierten, höhergestellten, älteren Mann, der verheiratet ist und Kinder hat ...

Sie realisiert meistens nicht, wie stark schon äußerlich die Parallelen zu ihrem Vater sind. Zeus erscheint ihr verborgen in menschlicher Gestalt. Daß sie in ihm ihren eigenen »Göttervater« sucht, ist ihr nicht bewußt. Ihr ist wichtig, daß er keine so spießigen Ansichten äußert wie ihr Vater und daß er »ein ganz anderer Mann« ist als so ein »Athamas«.

Darum kann sie als Geliebte diesem Mann gegenüber alles ausdrücken, was der Vater an Liebe in ihr geweckt hat was sie ihm aber nicht zeigen durfte, konnte oder wollte. Ihm aber – ihrem »Zeus« – kann sie sich aus vollem Herzen hingeben, leidenschaftlich, lustvoll. Es geht dabei aber mehr um ihren Vater und um ihre ungelebte Liebe zu ihm als um den Geliebten, doch das merkt sie zu diesem Zeitpunkt nicht. Daß es ein »verbotenes« Verhältnis ist, das sie verschweigen muß, ängstigt sie manchmal, ist ihr aber auch ganz recht. Sie meint, damit hätte sie sich nun endgültig von ihrem Vater abgesetzt, der gegen diese Beziehung ja Sturm laufen würde, wenn er davon wüßte.

Daß die Beziehung aussichtslos ist, weil er vielfältig gebunden ist, familiär, beruflich und so weiter, kommt ihr ebenfalls zugute: Er muß immer wieder weg, der Trott und die Routine können sich nicht breitmachen, und außerdem entgeht sie damit der Gefahr, daß er ihr Leben so zu beherrschen beginnen könnte, wie das ihr Vater tat.

Auch daß die Beziehung »im geheimen« gelebt werden muß, ist für sie in Ordnung. Da entsteht kein Gerede, keine Öffentlichkeit, kein Erwartungsdruck von außen, keine Festschreibung, die sie ohnehin haßt. Sie bemerkt nicht, daß auch dies eine Wiederholung ist: Die Beziehung zu ihrem »Zeus« ist genauso verboten, aussichtslos und geheimzuhalten, wie es die Beziehung zu ihrem Vater war.

Der Zeus-Mann scheint für die Semele-Frau der ideale Partner zu sein, die Rolle der Geliebten im Beziehungsdreieck ist ihr auf den Leib geschrieben. Dies ist durchaus auch in einem positiven Sinn zu verstehen: Der Zeus-Mann kann für die Semele-Frau zum »Übergang« werden vom Vater zum Partner, weil sie in einem verborgenen Schonraum ein wichtiges Experimentierfeld hat, hier die Liebe zu ihrem Vater ausleben, von dem erfahrenen älteren Mann vieles lernen und ihre Möglichkeiten als Frau einem Mann gegenüber entfalten und erkunden kann.

Allerdings: Viele Semele-Frauen verpassen diesen Übergang. Dann allerdings wird die Beziehung zur bloßen Wiederholung ihres »familiären Dreiecks«, eine aussichtslose, nicht wirklich lebbare, verbotene Beziehung, weil »er« wie Zeus eben doch in einer anderen Welt lebt, zu der sie keinen Zutritt hat und in der eine Hera so wie ihre Mutter letztlich doch die mächtigere ist, der gegenüber sie, trotz ihrer Vorzüge, keine Chance hat.

Bei der Geliebten meldet sich zwar wie bei ihrem mythischen Urbild Semele der Wunsch, Zeus in seiner »wahren Gestalt zu sehen«, das heißt mit dem Versteckspiel aufzuhören. Aber dann müßte sie Abschied von der Rolle der Geliebten nehmen. Doch diese Rolle liebt sie oft über alles. Sie aufzugeben macht ihr angst, und darum spielt sie diese weiter. Sie bleibt die Geliebte im Beziehungsdreieck. Damit bleibt sie aber auch das kleine Mädchen, das für den Vater tanzt, auch wenn ihr die Füße brennen wie der kleinen Seejungfrau und sie manchmal todmüde das Ende der Tortur herbeisehnt.

Aus der Sicht von Semele ist es also die Rolle der Geliebten im Beziehungsdreieck, ihr eigenes altes verinnerlichtes »Familien-Dreieck« aufrechtzuerhalten. Ohne es zu wissen und zu wollen, allerdings meist nicht, ohne es zu ahnen, »benützt« sie ihrerseits den Ehemann als väterlichen »Zeus« und seine Frau als gefährlich-mütterliche »Hera«, um in der Rolle der geliebten und gefährdeten Vater-Tochter zu bleiben. So geht es also auch von Semele aus gesehen um die Aufrechterhaltung eines alten Beziehungsmusters, nämlich das ihres eigenen verinnerlichten familiären »Dreiecks«: Die Bindung der Tochter an den Vater und ihre geheime Rivalität zur Mutter gehen weiter, der Schritt von der Tochter zur Frau wird vermieden, auch wenn sie den Jahren nach schon lange im Erwachsenenalter lebt.

Es ist zu begrüßen, daß viele Frauen, die Geliebte sind, heute nicht mehr schweigen, sondern sich deutlich vernehmbar machen und sagen, was sie erleben und erleiden. Sie leisten damit ein wichtiges Stück Aufklärungsarbeit darüber, wie es hinter wohlanständigen gesellschaftlichen und kirchlichen Fassaden wirklich aussieht. Manchmal wird diese Aufklärungsarbeit aber in den Dienst einer Aussage gestellt, die etwa lautet: Wir sind die ewig wartenden Frauen im Schatten. Wir sind rechtlos, wir sind die Opfer: Wir sind die Opfer dieser unaufrichtigen Männer, die zu feige sind, zu ihren Gefühlen zu stehen, und wir sind die Opfer dieser ganzen verlogenen Gesellschaft und ihrer hohl gewordenen Institution Ehe.[14] Dieser Tendenz möchte ich entgegenwirken, indem ich auf Zusammenhänge wie die eben dargelegten hinweise. Ich will daran deutlich machen, daß es immer eine solche oder vergleichbare eigene Dynamik gibt, aus der heraus Semele zur Geliebten wird. Damit hat sie auch ein eigenes Stück Verantwortung – und auch Veränderungsmöglichkeit.

Zeus und Hera brauchen Semele

Wenn die Semele-Frau die Rolle der geliebten und gefährdeten Vater-Tochter nicht aufgibt, liegt es freilich auch nicht wieder nur an ihr. In dieser Rolle wird sie vom Zeus-Mann *und* von der Hera-Frau »dringend gebraucht«. Wir haben bereits gesehen, welch wichtige Funktion ihr in dieser Beziehung zugedacht ist. Wir versuchen nun, dies noch tiefer zu verstehen, indem wir der Frage nachgehen, was Zeus-Mann und Hera-Frau vor ihrer Ehe erlebt haben mögen, so daß sie eine Beziehung eingehen, die eine »geliebte Vater-Tochter«, eine Semele-Frau, mit magischer Kraft in sich hineinzieht. Damit knüpfe ich an die Überlegungen zur Beziehungsform zwischen Zeus und Hera wieder an, betrachte sie aber jetzt aus lebensgeschichtlicher Perspektive, ähnlich wie im vorangegangenen Abschnitt, und versuche damit eine weitere, eine vierte Antwort auf die Frage, welche Rolle die Geliebte in der Dreiecksbeziehung spielt.

Wir sagten: Zeus und Hera hatten eine typische Streitbeziehung, in der es nicht um das Thema des einzelnen Streits, sondern um die Macht ging. Woher dieser Machtkampf? In der Überlieferung aus vorolympischer, kretischer Zeit wird Hera als große Mutter- und Liebesgöttin geschildert.[15] Zeus ist ihr jüngerer Bruder, er erscheint als sterblicher Gott und als

Sohn-Geliebter, den Hera sich zum Gatten wählt und anvermählt. Wir begegnen also in Hera der Repräsentantin einer matriarchalen Ordnung. Ein späterer Hochzeitsbericht, in dem Hera zwar die Hochzeit erzwingt, die Initiative zur Beziehung jedoch von Zeus ausgeht, signalisiert den Übergang vom vorolympischen, kretischen Matriarchat zum Patriarchat der olympischen, griechischen Zeit. Von jetzt an tritt der Göttervater in den Vordergrund. Die griechische patriarchale Ordnung löst also die matriarchale kretische ab.

Aber offenbar ist es bei diesem Wechsel zu keiner Synthese gekommen. Zeus hat sich mit Gewalt an die Spitze gesetzt, Hera erlebt dies als Niederlage, die sie nicht verwinden kann. Sie unterliegt zwar immer wieder, aber sie gibt nicht auf. Sie kämpft um ihre matriarchale Position, sie kämpft um ihre Bedeutung als Frau. Das aber veranlaßt den Göttervater nur um so stärker, seine patriarchale Position, seine Vormachtstellung als Mann, dem entgegenzusetzen. Matriarchat und Patriarchat polarisieren sich gegeneinander und setzen sich absolut, Frau und Mann stehen sich in den beiden nicht als Vertreter und Kooperationspartner auf eine höhere Ganzheit hin gegenüber, sondern als Vertreter zweier fremder Welten und damit als Feinde.

Das ist das eigentliche Thema im Machtkampf der Streitpaare: Die Frau vertritt wie Hera eine matriarchale Position, sie bestimmt im Haus, in der Familie, bei den Kindern, und weil sie sich in dieser Rolle von ihrem Mann nicht unterstützt, nicht geachtet und anerkannt fühlt, setzt sie diese Welt gegen die seine und verabsolutiert sie damit. Der Mann hingegen lebt ganz in der Männerwelt seines Berufes, kann davon wenig zu Hause vermitteln, versucht aber mit den Verhaltensweisen, die er dort gelernt hat, zu Hause bei der Frau und bei den Kindern Einfluß zu gewinnen, wird damit zurückgewiesen, fühlt sich dadurch seinerseits abgewertet und behauptet seine patriarchale, männliche Position darum nur um so härter gegen sie. Sie kämpft – gegen ihn – um sich als Frau, und er kämpft – gegen sie – um sich als Mann. Als Frau und Mann fehlt ihnen die Anerkennung voneinander, und deshalb versuchen sie, über den anderen Macht zu gewinnen, um diese Anerkennung vom anderen zu erzwingen. Das ist wie bei Zeus und Hera der tiefere, der eigentliche Inhalt hinter allen oft so belanglosen Inhalten des fortdauernden Streits.

Warum aber vermögen sie sich in ihrem Frau-Sein und Mann-Sein nicht anzuerkennen? Warum müssen sie es gegeneinandersetzen und als absolut gegeneinander behaupten, anstatt sich miteinander und einander ergänzend auf den Weg zur ersehnten Ganzheit des Lebens zu machen? Was sind die tiefsten Wurzeln dieses Kampfes? Sehen wir uns an, wie solche Beziehungen oft zustande kamen. Dafür liefert uns überraschenderweise wiederum die Geschichte des olympischen Paares wichtige Hinweise. In der vorolympischen Überlieferung wird berichtet, daß Rhea ihren Sohn Zeus nach der Geburt vor dem Vater Kronos verbarg, weil dieser aus Angst vor Entmachtung seine männlichen Nachkommen zu verschlingen pflegte[16], Rhea aber endlich einen ihrer Söhne behalten wollte. Hera, die ältere Schwester des Zeus, erbat sich nun den kleinen Zeus von der Mutter, versorgte ihn im verborgenen, erkor sich ihn zum Gatten und vermählte sich mit ihm im geheimen und ohne Wissen der Eltern. Hera ist also hier eindeutig der dominierende Teil. Sie ist die mütterliche, ältere Schwester, die Retterin und die große Mutter- und Liebesgöttin, die sich den jüngeren, sterblichen Zeus zu ihrem Sohn-Geliebten erwählt.[17]

Ähnliche Vorgeschichten finden wir oft bei späteren Streitpaaren. Die Frau war beim Zustandekommen der Beziehung eine Hera, sie war die Stärkere und bestimmte das Geschehen. Der Mann war wie Zeus eine Art jüngerer Bruder und jungenhafter Liebhaber, den zu bekommen gar keine einfache Sache war. Der Zeus-Mann war zu diesem Zeitpunkt nämlich trotz möglicherweise schon zahlreicher anderer Beziehungen eigentlich mit seiner Mutter verheiratet. Denn als Kind hatte er einen »kinderfressenden« Kronos-Vater, einen unbarmherzigen, strengen Mann, fordernd und strafend. Der Junge fühlte sich von ihm überfordert und bedroht, die Angst versperrte ihm den Zugang. Die Mutter mußte ihn »vor ihm verstecken«, das heißt, sie war seine einzige Zuwendungsquelle. So konnte sich seine Bindung an sie mit fortschreitender Entwicklung nicht lockern, zumal in solchen Familien die Frau oft ebensoviel Angst vor ihrem Gatten hat und darum beim Sohn die einzige männliche Zuwendung findet. Solche Männer, mit ihren Müttern in einer Art Schutz- und Trutzbündnis gegen einen grausamen und hart erlebten Gatten und Vater verbunden, finden nicht leicht eine Frau, es sei denn, daß diese eine »Hera« ist, also stark genug, ihn da rauszuholen. Natürlich hilft ihr dabei, daß sie jünger und attraktiver als die Mutter ist und außerdem nicht wie diese mit dem Inzest-Tabu belegt, so daß sich mit ihr auch die zum Ausdruck drängende Sexualität leben läßt.

Aber warum sucht sich die starke Hera-Frau diesen noch gar nicht starken, »jüngeren«, »sterblichen«, von der Mutter gebundenen Zeus-Mann? Dies wiederum liegt in ihrer Familiengeschichte begründet. So wie die Göttin Hera hatte auch sie oft eine starke Position in ihrer Familie, war wie sie eine Art »Stellvertreterin« der Mutter, immer schon »groß« und nie wirklich ein typisches Kind. Solche Töchter, auch wenn sie oft auf der Seite der Mutter zu stehen scheinen, sehnen sich in ihrem Herzen über alles nach dem Vater, aber sie vermögen ihre Liebe nicht auszudrükken, weil sie von ihm nicht erwidert wird. Für die Hera-Frau ist der Kronos-Vater nicht so gefährlich wie für die männlichen Nachkommen, aber er ist für sie fern und unerreichbar. Darum strengt sie sich an, ihm ihre Liebe anders deutlich zu machen. Sie wird tüchtig, verläßlich, umsichtig und fürsorglich, übernimmt viele Funktionen ihrer Mutter, wird zu ihrer »Stellvertreterin«, auch weil sie manchmal den Eindruck hat, diese wäre nicht ganz die richtige Frau für den Vater, sonst könnte dieser doch nicht so verschlossen und unnahbar sein. Für diese Leistungen bekommt sie vom Vater zuweilen auch tatsächlich Anerkennung, aber weil sie dunkel fühlt, daß damit nicht eigentlich sie als Person, als Mädchen gemeint ist, und weil sie keinen anderen Weg findet, versucht sie immer noch mehr zu leisten, groß, tüchtig und verläßlich zu sein.

Das ist mühsam, die Hera-Frau spürt das, und sie leidet darunter.

Da trifft sie den Zeus-Mann, und der ist zu diesem Zeitpunkt noch nicht so fern und übermächtig, im Gegenteil, er braucht sie dringend, weil sich zwar in ihm die Kräfte regen, die weg von der Mutter zu einem eigenen Leben drängen, er aber gleichzeitig nicht den Mut aufbringt, diesen Schritt allein zu tun. Das spürt sie intuitiv, und sie fühlt, daß da einer ist, der sie braucht, der sich endlich lieben läßt und diese Liebe fasziniert erwidert. Zum ersten Mal erlebt sie, daß ihre Liebe für einen Mann unendlich wichtig ist und von ihm erwidert wird.

So treffen sich in den beiden, in der Hera-Frau und im Zeus-Mann, zwei Menschen, die ideal zusammenzupassen scheinen: Er findet in ihr die tüchtige, tatkräftige Frau, die ihn von der Mutter löst und vor dem Vater behütet, und sie findet in ihm einen weichen, einfühlsamen Sohn-Geliebten, der sie braucht und bei dem ihre Liebe voll ankommt. Sie hat in ihrer Familie gelernt, zuzupacken, tüchtig und umsichtig zu sein, und er hat in seiner Familie gelernt, einfühlsam und anschmiegsam zu sein. Zunächst dominiert also die Frau gleichsam wie Hera als Mutter- und Liebesgöttin, die Beziehung hat eindeutig matriarchale Struktur. Beide beachten allerdings zu diesem Zeitpunkt nicht, daß er mit ihr nur die Beziehung zu seiner Mutter fortsetzt und der Sohn-Geliebte bleibt, aber kein gleichwertiger männlicher Partner wird, und daß sie in ihm zwar ein »Gegenprogramm« gegen ihren Vater gewählt hat, aber damit auch keine echte Alternative, weil die Position des Vaters innerlich unangetastet und das Problem ihrer nicht erwiderten Liebe zu ihm unerledigt bleibt. Gerade weil der Zeus-Mann am Anfang so gegensätzlich ist, bleibt der Vater der Gegenstand ihrer geheimen Sehnsucht.

Im Mythos findet das darin Ausdruck, daß Zeus und Hera ihre Verbindung vor den Eltern geheimhalten müssen. Ihre Liebe muß im dunkeln bleiben, ähnlich der Liebe zwischen Amor und Psyche.[18] Das heißt: Eine solche Liebe darf nicht öffentlich werden, denn dann würde anstehen, »Vater und Mutter zu verlassen«. Er müßte die Rolle des Sohn-Geliebten aufgeben und sie die Hoffnung auf Erfüllung ihrer Vater-Sehnsucht.

Das Dunkel wird auch dadurch aufrechterhalten, daß der Zeus-Mann zu diesem Zeitpunkt äußerlich oft heftige Konflikte mit seiner Mutter inszeniert, die nach Loslösung aussehen und tatsächlich auch Versuche in diese Richtung sind. Alle positiven Eigenschaften, die er früher bei der Mutter erlebte, überträgt er nun auf die Hera-Frau, und alle negativen Seiten überläßt er der Mutter, gleichsam, um sich ihrem Bann zu entziehen. Die Mutter hatte ja für ihn immer diese beiden Seiten: Sie war seine Fee und sie war seine Hexe. Seine Fee, die ihn vor dem bösen Zauber des Kronos-Vaters schützte, seine Hexe, die ihn im Käfig festhielt. Die Mutter war Schutz und Gefängnis. Dem entsprach in seinem Herzen eine eigenartige Mischung aus Liebe und Haß. Haß, der ihn von ihr wegtrieb, und Liebe, die ihn genauso stark an sie fesselte. Die mütterliche Hera-Frau scheint ihn daraus zu befreien. Er spaltet sein Mutterbild: Die positiven Züge, ihre Zuneigung, ihren Schutz, sieht er bei ihr, die negativen, ihren Besitzanspruch, ihre enge Moral, läßt er bei der Mutter. Dies gibt ihm »das Recht«, die Mutter zu verlassen, doch eigentlich bleibt er bei ihr. Die erwachsene Liebe zu einer Frau darf nicht wirklich sein – sie bleibt im Dunkel, gebunden im mütterlichen Raum. Aber ebenso bleibt die Liebe der Hera-Frau im väterlichen Raum gebunden, und damit ebenfalls im »Dunkel«. Denn der im geheimen verehrte Vater bleibt unangetastet. Ihre Sehnsucht nach seiner Gegenliebe hofft immer noch auf Erfüllung. Sie wünscht sich zwar nichts sehnlicher, als Kinder vom Zeus-Mann zu haben, aber was sie sich dabei wirklich wünscht, ist, dem Vater ein Kind zu schenken, damit er sie endlich als Frau anerkenne, was sie sich ja immer schon so sehnlich wie vergeblich gewünscht hat. Der Zeus-Mann bleibt für sie der Sohn-Geliebte, dessen wichtigste Aufgabe es eigentlich ist, ihr das Kind zu ermöglichen, das sie dem Vater zeigen kann, dem Vater, der alles Männliche für sie verkörpert, das ihr die Berechtigung schenken könnte, Frau zu sein.

So leben die beiden – wie Zeus und Hera im Mythos – zunächst in einer matriarchalen Welt. Alles Negative – die festhaltende Mutter und die grausam patriarchale Welt des Kronos-Vaters – ist daraus verbannt. Sie sind verdrängt, aber sie bleiben am Werk, und weil sie nicht ins Bewußtsein gehoben werden, melden sie sich – zuerst allmählich, dann immer intensiver – in jenem zerstörerischen Prozeß, von dem wir gesprochen haben und der nach außen hin die Form der Streit- und Kampfbeziehung annimmt.

Der Zeus-Mann macht wie sein mythisches Urbild Karriere. Die väterlichen Kronos-Seiten, von denen er sich nur distanziert, mit denen er sich aber nie auseinandergesetzt und die er sich nie auf seine Weise anverwandelt hat, beginnen in ihm lebendig zu werden. Der Zeus-Mann drängt nach oben wie sein olympisches Urbild, mit erstaunlicher Härte und trickreicher Geschicklichkeit, oder aber – mehr veredelt – mit intellektueller Brillanz und strategischem Kalkül. Aus dem Dunkel der Verdrängung taucht plötzlich ein patriarchalischer Absolutheitsanspruch auf. Nie geahnte Chauvi-Aussprüche bekommt die Hera-Frau plötzlich zu hören. Sein allzu glorifiziertes Bild von ihr läßt sich im nahen Zusammenleben nicht mehr aufrechterhalten. Der Alltag fordert seinen Tribut. Der Zeus-Mann beginnt, die abgespaltenen negativen Seiten des Mütterlichen nun von seiner Mutter zu lösen und auf die Hera-Frau zu übertragen, während die positiven in verklärender Erinnerung wieder zur Mutter zurückwandern, nach der er sich manchmal im stillen zu sehnen beginnt.

Dem kommt die Hera-Frau entgegen, weil sie einerseits die Verhaltensweisen, die sie in ihrem Elternhaus besonders gut gelernt hat und die sich als Dominanz-, Besitz- und Kontrollverhalten interpretieren lassen, nun im täglichen Leben braucht und einsetzt, und weil sie andererseits, seit Kinder da sind, als Frau deutlich weniger Interesse am Zeus-Mann empfindet. Die Rolle des Sohn-Geliebten hat sich von ihm gelöst und ist auf eines der Kinder, oft auf den ältesten oder jüngsten Sohn, übergegangen. Der Zeus-Mann hat in dieser Welt keinen rechten Platz mehr. Dazu erlebt sie mehr und mehr, wie er die unnahbaren und harten Seiten hervorkehrt und immer unerreichbarer wird – wie ehemals ihr Vater. Sie macht nun dasselbe wie ihr Mann mit seiner Mutter: Seine negativen Seiten sieht sie beim Zeus-Mann, seine positiven erstrahlen in der Erinnerung in immer hellerem Licht. Nach ihm beginnt sie sich wieder zu sehnen, und die Schwächen, die ihr der Zeus-Mann zeigt, die Blößen, die er sich gibt, werden zum Beweis, daß der Vater eben doch ein ganz anderer Mann war. Ihre Liebe zum Männlichen ist gebunden in irreale Ferne. In ihrem nahen Lebensraum lebt sie ihr Matriarchat, in dem es nur Frauen und Kinder gibt und unter ihnen einen Sohn-Geliebten, an den sich eine leise, vage Hoffnung nach Erlösung knüpft, wie damals an den jungen Zeus-Mann. Diesem Matriarchat gegenüber versucht der älter gewordene Zeus-Mann nun immer stärker, seine männliche Welt, sein Patriarchat zu behaupten. Mit den Mitteln, die er von seinem Vater verinnerlicht hat, versucht er, in das matriarchale Reich einzudringen, um darin Einfluß und Geltung zu bekommen – und wird dafür von seiner Frau nur um so entschiedener zurückgewiesen.

Jeder sieht also beim anderen nur noch die negativen Seiten, jene, mit denen es ihm schon die Eltern schwergemacht haben, seine Identität zu finden: Er macht sie vollends zur besitzergreifenden, strengen und strafenden Hera, und sie macht ihn zum rücksichtslosen, dominanten und unzuverlässigen Zeus. Beide bekämpfen aneinander diese Seiten und versuchen, die Achtung und Anerkennung in ihrem Frau- beziehungsweise Mann-Sein vom andern zu erzwingen. Das sind die tiefsten Wurzeln ihres Machtkampfes, den sie so aussichtslos konsequent miteinander führen.

Der »gute Mann« und die »gute Frau«, denen ihre Sehnsucht gilt, die sind in weite Fernen gerückt, zu ihren Eltern, die vielleicht schon lange tot sind, oder aber in Romane und Filme, die, wenn sie sie lesen oder sehen, zu ihrem eigenen Erstaunen manchmal Ströme von Tränen in ihnen zum Fließen bringen.

Beide, inzwischen älter geworden und über den Zenit ihres Lebens hinaus, sehen die Gefahr auftauchen, ihr Leben verfehlt zu haben, weil es ihnen immer weniger möglich wird, es in konkreter Hingabe an einen Mann, an eine Frau zu leben, worin sie den Sinn ihres Lebens zu finden hofften. Ein Leben in Erstarrung und Einsamkeit taucht vor ihnen auf, und jeder gibt dem anderen die Schuld daran und sieht sich jeden Tag in vielen Kleinigkeiten immer wieder darin bestätigt.

In dieser Situation taucht die Geliebte, die Semele-Frau, auf. Sie verkörpert genau das, was in der Beziehung der beiden verlorengegangen ist: Frische, Lebendigkeit, Liebes- und Hingabebereitschaft. Sie »paßt« also genau in diese Situation. In ihr erscheint dem Zeus-Mann all das, wonach seine schweifende Sehnsucht sich ausstreckt und was er schon lange verloren glaubt. Die Hera-Frau wird für ihn jetzt noch mehr zum dunklen Gegenbild, während die Semele-Frau auf diesem Hintergrund noch heller strahlt. Im Glanz dieses Lichtes erlebt er sich selbst ganz neu. Die Intensität des sexuellen Erlebens gibt ihm das Gefühl, endlich doch noch lieben zu können und ein richtiger Mann zu sein, auch einer Frau gegenüber. Die Tatsache, daß sie jung ist oder jedenfalls »Jugend« und »freies Kind« für ihn verkörpert, gibt ihm das Gefühl, bei ihr seine verlorene Jugend wiedergeschenkt zu bekommen. Denn das Kind-Sein und Jung-Sein sind ja nicht nur in der Beziehung zur Hera-Frau immer mehr zu kurz gekommen, im Grunde durfte der Zeus-Mann als geheimer Partner seiner Mutter ja nie wirklich Kind sein. Mit der Semele-Frau scheint dies für Stunden und Tage möglich zu sein, da kann er, der verantwortungsvolle, rationale Mensch, sein Göttervater-Image, das er mehr und mehr als Gefängnis erlebt, ablegen und mit ihr »freies Kind« sein. Das Versäumte und verloren Geglaubte scheint mit ihr unverhofft doch noch Wirklichkeit geworden zu sein.

Allerdings besteht die akute Gefahr, daß wiederum nichts Neues in seinem Leben passiert ist, sondern dasselbe sich wiederholt wie mit Mutter und Hera-Frau. Denn wieder scheint er sich von der Mutter nicht wirklich zu lösen. Sein Mutterbild bleibt weiterhin gespalten, nur daß die positiven Seiten sich nun auf einen realen Menschen, auf seine Geliebte konzentrieren. Sie stilisiert er zur »Semele«: Sie wird für ihn »freies Kind« und »gute Mutter« in einem. Er steht in ihr wieder nicht einer gleichwertigen erwachsenen Frau als Liebespartner gegenüber. Er ist noch immer in dem fatalen Mechanismus, der ihn in seinem tiefsten Herzen im mütterlichen Raum gefangenhält, gebunden.

So ist die Wahrscheinlichkeit sehr groß, daß der Mann, würde er sich auch von seiner Frau trennen und zur Geliebten ziehen, ein Zeus bliebe, der Semele, sobald sie seine Gattin wäre, wieder zur Hera macht und mit seiner Sehnsucht wieder auf die Phantasiereise nach einer neuen Semele ginge, von der er sich wirklich geliebt fühlen und die er wirklich lieben könnte.

Hinter der Fassade des großen Zeus ist er immer noch der kleine Junge, der in einer Mischung aus Haß und Liebe an seiner Mutter zerrt und von ihr nicht loskommt.

Diese Zusammenhänge spürt die Hera-Frau intuitiv sehr genau. Sie spürt, daß der Zeus-Mann sie schon seit langem, und seit er die Außenbeziehung hat, erst recht, auf ein einseitiges negatives Frauen-Image festlegt, und sie fühlt, wie ungerecht das ist, zumal sie sich im stillen immer wieder gewünscht hat, daß der Zeus-Mann endlich die Semele-Seiten in ihr weckt und nicht in seine Arbeit und tausend andere Angelegenheiten ausgewichen wäre. Sie spürt, daß auch diese Außenbeziehung wieder ein Ausweichen ist und daß er sich etwas vormacht.

Die Außenbeziehung reißt ihre älteste und tiefste Wunde wieder auf: Ihr ganzer Einsatz hat nichts genützt. Was sie geleistet hat, ist alles nichts mehr wert. Seine Liebe, seine Leidenschaft gehören einer anderen! Das tut so weh, daß sie etwas braucht, um sich zu schützen: So zielt sie auf die Blößen, die der Zeus-Mann sich mit dieser Beziehung gibt, und beginnt, sie moralisch abzuwerten und ihn unter Druck zu setzen. Sie beginnt auf ihre Art den Rachefeldzug der Göttin Hera gegen Semele.

Damit aber rettet sie sich selbst vor jener Konfrontation, die die Semele-Frau für sie hätte sein können: die Konfrontation mit ihrem eigenen Frau-Sein. Sie lebt davon nur noch die Hera-Seiten, während Semele die »andere Frau« verkörpert, die hingebungsvoll bezogene Kind-Frau. Wenn sie in dieser Situation ehrlich zu sich sein könnte, müßte sie sich sagen, daß sie in den letzten Jahren mehr und mehr von solchen Frauen fasziniert war und sich nach dieser Art Frau-Sein zu sehnen begann. Leider kann sie sich das in dieser Situation meist nicht eingestehen, sie ist zu verletzt, und darum weicht auch sie aus: in Abwertungen, Verurteilungen und Rachephantasien. Die Auseinandersetzung mit sich, mit ihrem Mann, mit ihrer Beziehung findet nicht statt.

Damit manövriert sie sich aber noch mehr in das Bild der strafenden, uneinsichtigen und verfolgenden Hera hinein und bestätigt tragischerweise das Bild, das der Zeus-Mann ohnehin schon von ihr aufbaut, und liefert der Semele-Frau nur noch mehr Gründe, ihn vor »diesem Drachen« retten zu wollen.

Die Rolle der Geliebten in dieser Dreiecksbeziehung wird nun nochmals deutlich: Semele, so wie sie uns bis jetzt erscheint, ermöglicht als »Frau im Dunkel« dem Zeus, sein Mutter- und Frauenbild weiter zu spalten in die herrschsüchtige Frau und die absolut verfügbare Frau. Damit ermöglicht sie ihm, sich vor der Verzweiflung des kleinen Jungen hinter der Fassade des Göttervaters zu retten. Denn die eine kann er bekämpfen, die andere kann er benutzen. Nach dem Motto »Teile und herrsche« kann er so seine patriarchale Ordnung errichten und festigen. Für Hera aber wird Semele zum Anlaß, die »Semele in sich«

vollends zu töten, ihr Matriarchat gegen das männliche Prinzip zu rechtfertigen, Zeus und »diese Männer« abzuwerten und sich um so mehr auf niemanden als sich selbst zu verlassen.

Beide benutzen Semele, um das Weibliche, das Kindliche, das hingebungsvolle Bezogensein, das sie verkörpert, aus ihrer Beziehung auszuschließen und in einen irrealen Raum zu verlagern und, statt sich einander zu schenken, sich zu bekämpfen nach dem verzweifelten Motto: Wenn er/sie mich schon nicht liebt, dann soll er/sie mich wenigstens fürchten!

Dreiecksbeziehungen

Dreiecksbeziehungen sind mit einem Tabu belegt. Es haftet ihnen etwas Skandalöses an. Wenn ich in der Zeit der Arbeit an diesem Buch erzählte: »Ich schreibe über Dreiecksbeziehungen«, war mir das immer ein wenig peinlich, und meine Gesprächspartner reagierten jedes Mal mit verlegenem Lachen und irgendeinem Witz, offenbar, um mich und sich aus der Situation zu retten, die dadurch entstanden war. Das ist eigenartig. Denn genau besehen sind Dreiecksbeziehungen die natürlichste Sache der Welt. Jeder von uns hat sie schon erlebt, lange bevor er Gelegenheit hatte, ein Zeus-Mann, eine Hera-Frau oder eine Semele-Geliebte zu sein, nämlich in seiner Kindheit. Wenn wir uns heute in einem Beziehungsdreieck wiederfinden, ist es nichts völlig Neues, auch wenn es für unser Bewußtsein wie der Blitz aus heiterem Himmel kommt. Wir haben alle schon intensive Erfahrungen mit mindestens einer Dreiecksbeziehung hinter uns, nämlich mit der Dreiecksbeziehung Vater – Mutter – Kind, und wir tragen deren Bild in uns, auch wenn uns das nicht bewußt ist. Ich rede jetzt nicht nur vom allbekannten »Ödipus«. Der gehört dazu, aber die familiäre Dreieckserfahrung ist umfassender.

Das erste, was wir als Embryos und Säuglinge unmittelbar erfahren, ist allerdings eine Zweierbeziehung, eine »Dyade«: die symbiotische Verbindung mit der Mutter. Das ist unsere erste Beziehungserfahrung. Aber schon diese erste Dyade ist wesentlich von einem Beziehungsdreieck, von einer »Triade«, bestimmt. Denn es macht schon während der Schwangerschaft einen großen Unterschied, ob die Mutter eine lebendige, tragende und verläßliche Beziehung zum Vater des Kindes hat, oder ob sie sich mit dem Kind allein fühlt. Denn das wirkt sich auf ihren seelischen und körperlichen Zustand aus, und dieser hat wiederum seine Rückwirkungen auf die Entwicklung des Embryos und des Säuglings. Was die Mutter dem Kind an Sicherheit, Zuversicht ins Leben und Geborgenheit vermittelt, wird wesentlich auch davon mitbestimmt, wie sehr sie sich selbst in der Beziehung zu einem Partner sicher und aufgehoben fühlt. Die Qualität der Dyade hängt also zu einem guten Teil an der Qualität der Triade.

Der »Dritte«, der Vater, bekommt aber sehr bald eine noch direktere Bedeutung: Er muß im gewissen Sinn ein Gegengewicht zur Mutter-Kind-Dyade werden. Das Kind will seine ersten Schritte in die Welt hinaus tun. Die Mutter hat die Aufgabe, es dafür loszulassen und ihm zugleich immer wieder eine sichere Rückkehr zu gewährleisten. Denn das Kind ist unsicher. Man kann beobachten, wie es auf seinen ersten Entdeckungsreisen immer wieder einen Blick zurück zur Mutter wirft, so als wollte es fragen: »Bist du auch noch da? Und ist das wohl in Ordnung, wenn ich mich jetzt selbständig mache?« Da ist für beide der Dritte wieder von größter Bedeutung. Für beide muß er »da« sein. Damit die Mutter das Kind loslassen kann und nicht beginnt, in diesem die einzige Zuwendungsquelle für sich zu erfahren, braucht sie den Mann, der sie als Mutter unterstützt und als Frau bestätigt; damit das Kind den Schritt von der Mutter weg tun kann und nicht an ihr hängen bleibt, braucht es den Vater, der sich mit ihm befaßt und es in die Welt hinaus mitnimmt.

Die Familie kann natürlich zum Viereck, Fünfeck und so weiter werden. Bezogen auf Vater – Mutter – Kind bleibt aber die Dreieckskonstellation immer die wesentliche. Das Zusammenspiel dieses familiären Dreiecks verändert sich im Laufe der Entwicklung. Neben den erwähnten werden noch andere Aufgaben wichtig. Im Familiendreieck erlebt das Kind – in der »ödipalen Phase« – die Verschiedenheit der Geschlechter. Es erfährt sich in seiner Gleichheit und in seiner Verschiedenheit von Vater und Mutter gespiegelt und entwickelt in diesem Spannungsfeld von »männlich« und »weiblich« seine eigene Geschlechtsidentität. Außerdem erlebt es an den Eltern als Modell die Möglichkeit oder Unmöglichkeit, wie Mann und Frau, wie »männlich« und »weiblich« miteinander zurechtkommen können.

Noch einmal verändert sich das Familiendreieck in der Zeit der Pubertät. Im Zusammenspiel der Triade wird es nun von Bedeutung, daß die Eltern ihre eheliche Dyade gegenüber dem Heranwachsenden stärken, damit sich dieser davon absetzen und lösen kann. Wenn die Stärkung der ehelichen Dyade nicht gelingt, wenn zwischen den Eltern eine größere emotionale Distanz besteht als zwischen einem Elternteil und dem Jugendlichen, besteht die Gefahr, daß die Ablösung für diesen zu schwierig wird und er zum Beispiel mit Krankheitssymptomen reagiert.

Der Entwicklungsprozeß des Kindes zum Erwachsenen ist also eingebettet in eine Folge sich ständig wandelnder Variationen des Beziehungsdreiecks Vater – Mutter – Kind. So hat jeder von uns schon die unterschiedlichsten Konstellationen von männlich und weiblich erlebt und ist von diesen tief innerlich geprägt worden. Ganz allgemein und idealtypisch gesprochen, verläuft dieser Prozeß dann am besten, wenn Zweier- und Dreierbeziehung in einem ständigen und lebendigen Wechselspiel bleiben, so daß keine der Verbindungen an irgendeiner Stelle abreißt und damit das Dreieck zerbricht.

Das heißt einerseits: Es ist wesentlich, daß es im Familiendreieck lebendige und intensive Zweierbeziehungen gibt, in denen wirkliche Bindung entsteht: zwischen Mann und Frau, zwischen Mutter und Kind, zwischen Vater und Kind. Aber Zweierbeziehungen haben andererseits die Tendenz in sich, zu eng zu werden, sich zu verabsolutieren und sich zu polarisieren. Zum Beispiel kann es sein, daß die Mutter immer versorgender und das Kind immer unselbständiger wird, oder der Vater immer fordernder und das Kind immer rebellischer. Das bedeutet zunehmende Enge und gegenseitige Festlegung auf nur eine oder wenige Möglichkeiten der eigenen Entfaltung. Die Autonomie leidet Schaden. Darum braucht es den Dritten, um die sich absolut setzenden Zweierbeziehungen wieder zu relativieren, ihre Enge aufzubrechen und ihre Polarisierung wieder aufzulockern. Nur so bleibt die individuelle Entwicklung im Gang. So ist es zum

Beispiel nötig, daß der Vater schon früh anfängt, sich mit dem Jungen allein zu beschäftigen, damit die männlichen Seiten in diesem angesprochen werden und er nicht zum »Mutter-Sohn« wird, oder daß die Mutter sich immer wieder als Frau eindeutig auf ihren Mann bezieht, damit dieser nicht seine Liebessehnsucht an eine der Töchter zu hängen beginnt.

Diese wenigen Hinweise machen schon deutlich, wie wesentlich das Zusammenspiel der familiären Triade für die Entwicklung von Autonomie und Hingabefähigkeit der Familienmitglieder ist. Zugleich aber wird deutlich, wie viele Komplikationen in diesem sich wandelnden Beziehungsdreieck stecken können und wie störungsanfällig dieses ist. Schon lange vor jeder erwachsenen Dreiecksgeschichte hat jeder von uns darum auch schon seine problematischen Dreieckserfahrungen gemacht, und diese Tatsache bleibt nicht ohne Folgen für unsere weitere Beziehungsgeschichte. Ich will dies noch einmal an unserem Beispiel Semele – Zeus – Hera erläutern.

Im Familiendreieck der Hera-Frau stand der Vater zu weit weg. Die Frauen in der Familie, Mutter und Tochter, blieben unter sich. Der Vater machte angst, oder es war kein Verlaß auf ihn, auf jeden Fall schaffte er es nicht, in der Familie wirklich präsent zu sein. Er war das »Oberhaupt« oder der »Ernährer«, war also nur noch in seiner Funktion bedeutsam, verschwand aber dahinter als menschliche Person. Die Tochter hatte an der Mutter kein Modell, wie man die Aufmerksamkeit dieses Mannes erregen konnte außer durch Leistung, und so blieb er für sie unerreichbar.

In der Familie der Semele-Frau dagegen war der Vater im gewissen Sinn »zu nah« bei der Tochter. Diese wurde von ihm »zu viel« geliebt, sie rückte dadurch zu weit weg von der Mutter und wurde zur Quasi-Partnerin des Vaters, was ihr einerseits einen starken Anstoß zur Entwicklung bestimmter weiblicher Seiten gab, denen aber andererseits die Rückbindung an die mütterlichen Wurzeln und damit der sichere »Nährboden« fehlte.

In der Familie des Zeus-Manns schließlich blieb der Junge zu nahe bei der Mutter, weil der Vater durch seine Forderungen und seine Strenge für ihn und die Mutter unerreichbar und bedrohlich war. Dadurch waren Mutter und Sohn, was Zuwendung und Anerkennung anlangte, zu sehr aufeinander verwiesen und schlossen deshalb ihrerseits den Vater nur noch mehr aus.

In allen diesen Fällen – und das Leben kennt noch viele andere Variationen – ist das Zusammenspiel zwischen Dyade und Triade gestört. Zwei tun sich zusammen gegen einen Dritten. Der Dritte kommt nicht mehr »dazwischen«, er wird ausgeschlossen und/oder schließt sich selber aus. Das aber bedeutet, daß der Dritte nicht mehr zur »Relativierung« der Zweierbeziehung beiträgt, sondern im Gegenteil zu deren Verfestigung und Erstarrung. Dadurch aber verdirbt die Qualität der Beziehungen. Diese bekommen »Spielcharakter«[19], verlieren an Lebendigkeit und Echtheit, weder echte Nähe noch echte Distanz sind mehr möglich. Das Beziehungsdreieck wird zum »Drama-Dreieck«, die Familienmitglieder werden einander abwechselnd zu Opfern, Verfolgern und

Rettern.[20] Die Liebe zwischen der Mutter und dem jungen Zeus-Mann wird beispielsweise zum »zweckgerichteten« Schutz- und Trutzbündnis gegen den Kronos-Vater, und die enge Beziehung der Hera-Frau zu ihrer Mutter lebt davon, daß die Mutter die Tochter als Unterstützung gegen ihren Mann »braucht«, die geheimen Widerstände der Tochter gegen die Mutter kommen dabei nicht mehr zum Tragen.

Eigenartigerweise haben diese negativen Beziehungsmuster »zwei gegen einen« in sich selbst die Tendenz zur Wiederholung in der nächsten Generation. Nachdem Zeus seinen Vater Kronos bezwungen hat, wird er Hera gegenüber nun ein ähnlich grausamer Verfolger wie vorher der Vater seiner Mutter Rhea gegenüber, und Hera gerät in eine ähnliche Opferrolle wie Rhea vorher Kronos gegenüber. Und genauso wie Rhea ihren Mann austrickste, indem sie ihren Sohn vor ihm verbarg, trickst nun Hera den Zeus aus, indem sie ihn mit List dazu bringt, selber seine Geliebte zu vernichten.

Woher nur diese Tendenz zur Wiederholung offensichtlich schädlicher und zerstörerischer Beziehungsmuster? Wir können das nur verstehen, wenn wir bedenken, daß sich durch das, was wir im Beziehungsgeschehen unserer Herkunftsfamilie erleben, Bilder darüber in uns formen, wie Zweier- und Dreierbeziehungen überhaupt funktionieren. Informationen darüber, wie es auch anders gehen könnte, fehlen uns ja. Wenn Vater immer weit oben und Mutter immer weit unten war, haben wir keine konkreten Vorstellungen davon, daß es und vor allem wie es konkret auch anders aussehen könnte. Also »muß«

das, was wir erleben, auch so sein, selbst wenn wir darunter sehr leiden.

Die Tendenz zur Wiederholung scheint aber auch noch eine andere Wurzel zu haben: Wir suchen nach Auswegen. Von innen her drängt eine Kraft nach Entfaltung. Denn bei allen Informationen und Bildern, die wir von außen empfangen, tragen wir auch die Informationen der Ur-Bilder in uns, die noch grundlegenderes Wissen vom Mann-Sein, Frau-Sein und Miteinander-Sein enthalten. So spürt der Zeus-Mann am Anfang der Beziehung mit der Hera-Frau deutlich, daß hier eine Frau ist, die ihn von der Mutter weg»locken« und zum Mann befreien könnte, und die Hera-Frau spürt, daß im Zeus-Mann ein Mann in ihr Leben getreten ist, der sie aus ihrer männerlosen, einseitig mütterlich bestimmten Frauenwelt befreien und der Sehnsucht nach dem Väterlich-Männlichen einen konkreten Bezugspunkt geben könnte. Aber dies umzusetzen mißlingt sehr oft. Denn aus der Erfahrung der alten »schiefen« Familiendreiecke stehen hauptsächlich Verhaltensmuster zur Verfügung, mit denen die alten Dreiecke »zwei gegen einen« immer wiederhergestellt worden sind. Mit diesen Mustern aber lassen sich immer nur wieder die alten Dreiecks-Spiele in Gang setzen, aber keine Alternativen finden.

So mündet das Suchen nach Auswegen oft nur darin, daß zum Beispiel die Hera-Frau wie ihre Mutter in der Rolle der männerlosen, starken Ordnungshüterin landet, die sich mit ihren Kindern gegen den in die Rolle des willkürlichen und rücksichtslosen Göttervaters geratenen Zeus-Mann verbündet. Die Positionen haben zwar gewechselt, Zeus ist nun Kronos viel ähnlicher als dem jünglinghaften Sohn-Geliebten von damals, Hera ist nun in der Position ihrer unglücklichen Mutter Rhea, aber das Dreieck selbst bleibt täuschend ähnlich dem der Herkunftsfamilie, und innerlich behalten sie sogar alle die gleichen Positionen wie damals: Hinter dem Göttervater-Image bleibt er der kleine, hilflose, gegen seinen Vater an seine Mutter auf Gedeih und Verderb gebundene Junge, und hinter der Fassade der Hüterin von Herd und Ehe bleibt sie die sich von der Mutter eigentlich distanzierende und sich im geheimen nach dem Vater sehnende Tochter. Statt einen Ausweg gefunden zu haben, dreht sich das Rad nur weiter. Das alte leidvolle Familiendreieck wird wieder neu installiert. Es wird wieder installiert, aber gleichzeitig bleibt auch die Sehnsucht nach einem Ausweg am Werk. Sie findet vielleicht – für die Hera-Frau – eines der Kinder, das in die Rolle des »Sohn-Geliebten« aufrückt, und sie findet – für den Zeus-Mann – eine Semele, eine Geliebte. Wenn eines der Kinder in eine Art Partnerfunktion kommt oder wenn ein Beziehungsdreieck durch ein außereheliches Verhältnis entsteht, ist das immer ein Versuch, das familiäre Dreieck der eigenen Kindheitsfamilie in Ordnung zu bringen, es rückwirkend neu zu gestalten und sich endlich daraus zu befreien.

So hofft der Zeus-Mann, durch die kindhafte Semele-Frau von seiner verinnerlichten beherrschenden Mutter freizukommen und zum Mann zu werden, der sich seine Männlichkeit nicht nur über kronosähnliche Machtspiele beweisen muß. Das ist sein Versuch, die negative Kindheitserfahrung seines Familiendreiecks außer Kraft zu setzen und sich aus der dort fixierten Position zu befreien.

Aber meistens scheitert dieser Versuch. Denn meistens wiederholt die Semele-Geliebte ihrerseits mit dem Zeus-Mann und der Hera-Frau nur das Spiel »zwei gegen einen« ihres eigenen Familiendreiecks. Sie lebt mit dem »Göttervater« die verbotene Liebesbeziehung zu ihrem eigenen Vater und gerät damit in Konflikt mit der »Göttermutter«, lädt damit »Schuld« auf sich, entfacht nur den alten unerquicklichen Streit zwischen den beiden von neuem und geht selbst dabei leer aus. So trägt sie meistens ihrerseits nur wieder dazu bei, daß der Zeus-Mann und die Hera-Frau aus ihren alten Verfolger- und Opfer-Rollen nicht heraus-, sondern nur noch mehr in sie hineinkommen. Zum Ausweg wird sie nicht.

Man fühlt sich an Nietzsches »ewige Wiederkehr des gleichen« erinnert und lernt von dieser Seite her neu zu verstehen, welche Erfahrungen der indischen Lehre von Karma oder der christlichen von der Erbsünde zugrunde liegen mögen. Es wird von daher auch verständlich, daß Therapieverfahren und esoterische Heilswege, die eine schnelle Erlösung aus dieser Mühsal versprechen, eine solche Faszination ausüben. Ich glaube tatsächlich, daß in solchen Erfahrungen ein wesentlicher Anstoß für einen spirituellen Weg liegen kann, allerdings unter der Voraussetzung, daß dieser Weg nicht aus den Kreisläufen weg oder über sie hinaus-, sondern durch sie hindurchführt.

Von Ernesto Cardenal stammt das schöne Wort: »Das Leben selbst ist die Liebe, und wer es wahrhaft lebt, den lehrt es die Liebe.« Darin drückt er eine Erfahrung aus, die Menschen in solchen Dreiecksbeziehungen auch immer wieder machen. Die Wiederholung ist nicht notwendigerweise die ewige Wiederkehr des gleichen. Wenn sie mit wachsender Bewußtheit und Ehrlichkeit durchlebt wird, führt sie nach und nach zum Ausweg. So ist es auch in unserer Erzählung. Wenn wir sie nochmals genau betrachten, entdecken wir, daß Semele darin nicht nur eine neue Mitspielerin im alten Spiel ist. Dies ist nur die eine Seite der Wahrheit. Die andere Seite ist, daß in ihr auch etwas Neues erscheint. Dem wenden wir uns im folgenden Kapitel zu.

Dionysos – Sohn der Semele

Bei der Frage nach der Rolle der Geliebten in der Dreiecksbeziehung haben wir bisher einen Teil der Geschichte von Semele, Zeus und Hera außer acht gelassen oder nur am Rande gestreift: Semele, die von Zeus geliebte, ist schwanger. Sie trägt seit sechs Monaten den Gott Dionysos in ihrem Leib. Als sie am Blitz des Zeus verbrennt, rettet dieser das göttliche Kind, näht es in seinen Schenkel ein und trägt es aus bis zur Geburt. Unsere Geschichte steht also im Zusammenhang mit Entstehung und Geburt dieses geheimnisvollsten aller griechischen Götter. Allerdings ist sie nicht der einzige Bericht über dessen Herkunft – es gibt noch mehrere andere Versionen –, und sie ist auch nicht die ursprünglichste Form; diese läßt sich aus den vorliegenden Fassungen nur noch vermuten und vage rekonstruieren. Wir werden darauf zurückkommen, weil es für unsere Fragestellung nicht ohne Belang ist.

Wirft der Zusammenhang unserer Geschichte mit Dionysos ein neues Licht auf deren Deutung? Führt uns Dionysos zu einer neuen – vielleicht endgültigen – Antwort auf die Frage nach der Rolle der Geliebten im Beziehungsdreieck? Bisher hat es ja den Anschein, als würde sich die Rolle der Geliebten darin erschöpfen, im Beziehungsdreieck wesentliche Fragen unseres Mann-Seins und Frau-Seins sowie unserer Beziehungsfähigkeit und -geschichte aufzuwerfen. Der Versuch aber, diese Fragen über die Geliebte zu lösen, wurde als illusionär deutlich.

Wird aber damit nicht die Deutung des Mythos durch die Händelsche Oper letztlich nur bestätigt? Semele ist wie ein Komet, der kurze Zeit am Himmel aufstrahlt und dann rasch wieder verglüht. Denen, die ihn festhalten wollen, bleibt nur »Rauch und Wahn«. Wäre dann nicht das Höchste und Beste, das durch die Geliebte erreicht werden könnte, »Bewußtwerdung« der lebensgeschichtlichen Zusammenhänge und – mit Händels Textdichter – »Ernüchterung« und Rückkehr zum »Weg der Natur«[21], der in seinem Verständnis durch die bestehende patriarchale Ordnung und deren Institutionen vorgezeichnet ist?

Bringt Dionysos etwas Neues? In der Darstellung der Händel-Oper sicher nicht. Denn hier erscheint er als Symbolgestalt für den erwarteten Gottes-Sohn Jesus, der die sündigen Menschen – repräsentiert in der »Sünderin Semele« – von ihrer Schuld befreien und zu guten Untertanen seiner Herrschaft machen wird. Hier dient also Dionysos/Jesus nur der religiösen Untermauerung der bestehenden Ordnung und Moral.

Es ist aber offensichtlich, daß dies nicht mehr der Dionysos der Mythologie ist. Auch hier gibt es zwar deutliche Bestrebungen, diesen Gott zu zähmen und in den Dienst der offiziellen, durch den Göttervater Zeus repräsentierten Ordnung zu stellen – wir werden darauf zurückkommen. Dennoch bleibt Dionysos ein Gott ganz anderer Art. Er bringt ein neues, höchst emotionales Element in die antike Religiosität.

Er ist der Gott der Ekstase und der »heiligen Raserei«.[22] Immer ist er von Frauen – den Mänaden und Bacchantinnen – umgeben. Er trägt selbst neben männlichen auch weibliche Züge[23]: Der Bärtige wird mit weichen Körperformen und weiblichen Brüsten dargestellt. Er ist nicht nur ein Erwachsener, er tritt auch als »göttliches Kind« und Jüngling auf. Von Pflanzen – Efeu und Weinrebe – umrankt und dem Animalischen verwandt, ist er dem Erdboden und der Tiefe viel näher als andere Götter. Er schreitet nicht unberührt in strahlender Unversehrtheit durch diese Welt, er kennt Sterben und Werden, Leid und Tod. Dennoch hat er etwas Unbesiegbares, Unüberwindliches. Wenigstens ein Teil von ihm bleibt immer erhalten. Manchmal ist es sein Phallus, manchmal sein Herz, aus denen er sich wieder erneuert. »Im tiefsten ist das des Dionysos Wesen: klopfendes Herz, liebendes Erglühen.«[24]

Dieser Gott, sagt unser Mythos, entsteht aus der Liebe zwischen Semele und Zeus. Genauer muß man sagen: Diesen Gott bringt Semele zum Leben. Denn die Mythenforscher meinen, daß es ursprünglich nicht Zeus war, der Dionysos zeugte, sondern daß dieser matriarchalen Ursprungs war[25] und einer Semele entstammte, die keine sterbliche Königstochter, sondern eine große Mondgöttin war. In der Liebe Semeles wird Zeus also mit einem Gott konfrontiert, der völlig anderer Art ist als er selber; der seine patriarchale Welt eigentlich auf den Kopf stellen müßte, würde er sich darauf einlassen.

Ist das also die aus dem Mythos noch vage erkennbare Rolle der Geliebten: daß sie in die im Machtkampf zwischen »männlich« und »weiblich« erstarrte Beziehungswelt von Zeus und Hera den Dionysos hineinbringt, den lebendigen, sinnenhaften, ekstatischen, fließenden? Bisher schien es so, daß in Dreiecksbeziehungen immer nur ungelöste Familien-Dreiecke wieder neu aufgelegt und abgehandelt werden. Darin müssen sie sich aber nicht erschöpfen. Sehr oft, vielleicht sogar immer, bringt die Geliebte auch etwas Neues und Ursprüngliches, das die Kraft hätte, ungelöste Familienbande zu sprengen und alle Beteiligten im Beziehungsdreieck in ein neues Stadium ihrer Reifung zu versetzen: Semele bringt Dionysos.

Immer wieder berichten Betroffene, wie tief erschütternd und alle Grenzen sprengend sie die Liebe gerade in einer Außenbeziehung erleben: So, wie sie es nie zuvor erfahren haben. In der gegenseitigen Umarmung verwandelt der »Göttervater« sich zu einem jungen, lebendigen Liebhaber »in Menschengestalt« und wird die kindliche Königstochter Semele zur geheimnisvollen Mondgöttin, die ihm neue Welten von nie gekanntem Reichtum erschließt. Es ist gerade diese dionysische Intensität, die den Hera-Frauen so sehr zu schaffen macht, wenn sie dahinterkommen, weil sie diese selbst so sehr ersehnen und nun von dem ausgeschlossen sind, was er mit der anderen Frau erlebt.

Es ist, als ob die Heimlichkeit, das »Dunkel«, das die Außenbeziehung umgibt, dies ermöglichen würde. Wir haben davon gesprochen, wie sehr diese »Liebe im Dunkel« eine unreife, problematische, »unbewußte« Liebe ist. Sie scheut das Licht eindeutiger Beziehungsdefinition, die Entscheidung und Abgrenzung bedeuten würde. Das ist aber nur *ein* Aspekt. Der andere ist, daß sie unreif auch im Sinn von jung ist. Es ist – nach so vielen Jahren – eine vitale, frische, intensive Liebe, die da aufbricht. Das »Dunkel« scheint die beiden viele Jahre zurückzuversetzen. Sie kehren zurück an den Anfang. Es ist, wie wenn sie – wieder oder erstmals – ihre »erste Liebe« erleben würden.

Die das erleben, erfahren es über alle Schranken der Moral und Konvention hinweg wie eine große Gnade. »Jedem Anfang wohnt ein Zauber inne.«[26] – »In jedem Anfang liegt die Ewigkeit.«[27] Denn im Anfang, in der ersten Liebe, so unreif sie auch sein mag, erleben wir die Vollendung der Ganzheitsgestalt liebender Vereinigung, die uns im weiteren Zusammenleben immer wieder verlorengeht. Diesen Anfang erleben die beiden, aber nun nicht als 15- bis 17jährige, sondern mit der Erfahrung und Differenziertheit ihres Erwachsenenalters, was eine Tiefe und Intensität zum Schwingen bringen kann, die manchmal nur noch in so extremen Formulierungen zum Ausdruck gebracht zu werden vermag, wie Rilke es in einem Gedicht an seine Geliebte Lou Andreas-Salomé getan hat[28]:

»Lösch mir die Augen aus: ich kann dich sehn,
wirf mir die Ohren zu: ich kann dich hören,
und ohne Füße kann ich zu dir gehn,
und ohne Mund noch kann ich dich beschwören.
Brich mir die Arme ab, ich fasse dich
mit meinem Herzen wie mit einer Hand,
halt mir das Herz zu, und mein Hirn
wird schlagen,

und wirfst du in mein Hirn den Brand,
so werd' ich dich auf meinem Blute tragen.«

Hier meldet sich Dionysos zu Wort, der Gott nicht der heiteren Harmonie, vielmehr der tödlich bedrohenden, außer sich versetzenden Ekstase.

Oft taucht aus solchem Erleben zwischen den Liebenden zeitweise die Vision auf, daß alles ganz anders sein könnte: viel einfacher, viel direkter und unmittelbarer; daß man sinnen- und erdnäher leben könnte, weniger geplant, mehr intuitiv, weniger getrennt, fließender, weniger leistungsbezogen, mehr genußbetont, kreativer, phantasievoller, mehr im Hier und Jetzt, weniger auf Sicherung bedacht; unaggressiver, friedlicher, liebevoller ... Diese dionysische Vision, die im Dunkel der Außenbeziehung, abgeschirmt von Tagesrealitäten und Alltagsabläufen, aufbricht, kann man freilich auch wieder als Illusion und Projektion unerfüllter Kindheitswünsche abtun. Aber kommen darin nicht auch reale Möglichkeiten zum Ausdruck, die wir in unserem Zusammenleben ausgeschaltet, unterdrückt, vermieden haben? Eine Dimension des Lebens taucht auf, die wir verloren haben, weil wir uns wie Zeus und Hera der Herausforderung der Liebe nicht zu stellen wagten, sondern irgendwann anfingen, festzuhalten und uns abzusichern. Der Zeus-Mann erlebt unter dem Eindruck dieser Vision, wie flach und lebensfeindlich sein Zusammenleben mit der Hera-Frau geworden ist, daß das eigentlich nicht mehr so weitergehen kann und eine grundlegende Veränderung ansteht.

Dionysos, der Gott der Wandlung, ist auf den Plan

getreten. Was wird nun geschehen? An dieser Stelle läßt uns unser Mythos im gewissen Sinn im Stich. Er spiegelt wider, was wir ohnehin tausendfach erleben: An einer Stelle im Dreieck – in unserem Fall bei Semele – setzt eine intensive Entwicklung ein. Aber die beiden anderen gehen nicht mit. Damit kann Dionysos nicht die Oberhand gewinnen.

Die Entwicklung Semeles kommt im Mythos zum Ausdruck in dem Wunsch, Zeus in seiner wahren Gestalt zu sehen. Es ist Heras List, die diesen Wunsch hervorlockt. In dichterischer Freiheit stellt der Librettist Händels diesen Vorgang so dar, daß Hera, die sich in Verkleidung bei Semele eingeschlichen hat, ihr einen Zauberspiegel hinhält. Semele sieht ihr Bild darin und ist von ihrer Schönheit entzückt: »O Übermaß an Seligkeit! Den Glanz von Göttern sehe ich in meinem Antlitz!«[29] Damit soll im Kontext der Oper und durchaus getreu der Aussageabsicht des Mythos Semele von Überheblichkeit geblendet dargestellt werden und die Äußerung ihres unheilbringenden Wunsches motiviert erscheinen. Der Textdichter wußte dabei nicht, daß er Semele eine Selbstaussage in den Mund legt, die nichts mit Überheblichkeit zu tun hat, sondern ihrem wahren Wesen entspricht. Wir erwähnten es schon: Semele war ursprünglich keine sterbliche Königstochter, sondern eine Mondgöttin, die zur Sterblichen uminterpretiert wurde, um sie der patriarchalen Vormacht des Zeus unterzuordnen. Es ist, als ob sie durch die Liebe ihr wahres Wesen wieder entdecken würde: Sie ist eine Göttin, eine Gleichwertige. Darin kommt genau jene Entwicklung zum Ausdruck, die Geliebte in Dreiecksbeziehungen oft erleben: Ihre Liebe läßt sie hinauswachsen über das kleine Mädchen, »das für den Vater tanzt«. Sie finden zu ihrer vollen Gestalt reifen Frau-Seins.

Damit wird es nun wahrlich verständlich, daß Semele Zeus in seiner richtigen Gestalt sehen will. Dieser Wunsch bedeutet ja den Schritt über das Dunkel des Anfangs hinaus. Es ist der Wunsch, mit der Heimlichkeit aufzuhören und als Gleichgestellte an seiner Seite in die Öffentlichkeit zu treten.

Zu wissen, wer der geheimnisvolle Geliebte ist, seinen Namen zu erfahren, ihn in seiner leibhaftigen Gestalt zu sehen, das ist ein bekanntes Motiv in Sagen, Mythen und Märchen. Immer ist die Äußerung dieses Wunsches mit strengen Verboten und harten Sanktionen belegt. Wird der Wunsch dennoch geäußert, gibt es eine dramatische, oft tragische Wende. Die Handlung kommt dadurch in gewissem Sinn an ein Ende. Ein Zauber ist gebannt, eine geheime Macht gebrochen. Das kann Verlust bedeuten oder Erlösung, oder auch beides. Orpheus verliert seine Eurydike endgültig, als er sich nach ihr umdreht, um sie zu sehen. Lohengrin muß Elsa verlassen, weil sie ihn nach seiner Herkunft fragt. Psyche verliert Amor, ihren nächtlichen Liebhaber, weil sie ihn mit ihrer Lampe beleuchtet, während er schläft. Dieser Verlust setzt jedoch eine Entwicklung in Gang, an deren Ende eine neue und tiefere Vereinigung steht.[30]

Dieser letzten Spielart des Motivs scheint auch unsere Geschichte nahezustehen. Semeles Hingabe im heimlichen Dunkel hat sie aus sich selbst heraus über den Status der »geliebten Vater-Tochter« hinausgetragen. Aus der Geliebten wird sie zu einer Liebenden, zur Mondgöttin, die mit Dionysos schwanger geht und diesen ans Licht des hellen Tages bringen will. Darum muß die Heimlichkeit aufhören, darum will sie mehr, sie will den ganzen Zeus, nicht nur einen Teil von ihm.

Ich glaube, daß diese Entwicklungsdynamik jeder echten Liebe innewohnt. Der dunkle Zauber des Anfangs, in dem es noch keine Abgrenzung, kein Entweder-Oder gibt, in dem von der Geliebten und vom Ehemann her noch alles ineinanderfließt und miteinander irgendwie vereinbar erscheint, dieser Zauber des Anfangs muß losgelassen werden. Das Bedürfnis, den anderen »ganz« zu haben und den Schritt in eine größere Öffentlichkeit zu tun, meldet sich mit einer gewissen Notwendigkeit.

Nun kann man dazu freilich sagen: Hier setzt das typische Besitzstreben ein, das alle Liebe zerstört. Es ist richtig: Lieben ist auf Dauer nicht möglich, ohne loszulassen. Lieben und besitzen wollen, das geht nicht zusammen. Aber kann man loslassen, wenn man nicht zuvor auch festhalten wollte? Es ist ein notwendiger Prozeß, der von der innigen, »unschuldigen« und »unbewußten« Verschmelzung des Anfangs zum bewußten Schritt, die Beziehung zu definieren, festzumachen, den anderen ganz haben zu wollen, führt und der dann schließlich immer wieder in die Notwendigkeit mündet, den anderen wieder loszulassen. Man kann die Forderung, loszulassen, an sich selbst oder an den anderen auch zu früh stellen, wenn der Schritt zur bewußten, öffentlichen, ganzen Liebesbeziehung noch gar nicht getan ist, indem man diese Phase, wenn sie sich ankündigt wie bei Semele, als Besitzstreben abwertet. Dann kann das heimliche Dunkel allerdings jahrelang weitergehen. Aber solche Beziehungen stagnieren bald. Sie werden oberflächlich und schal. Aus dem Zeus-Mann wird dann ein Mann mit einem verlogenen Doppelleben und aus der Semele-Geliebten eine frustrierte Frau im Schatten, die ihren Tagesablauf nach seinem Terminkalender ausrichtet, und aus der leidenschaftlichen Hingabe wird der Beischlaf mit der Uhr in der Hand.

Im Bedürfnis Semeles, den ganzen, wahren Zeus zu sehen und sich an seiner Seite, äußert sich die Dynamik der Liebesbeziehung, die aus dem verwischenden und vermischenden Dunkel ins Licht des vollen Tagesbewußtseins drängt, die eine klare Beziehungsdefinition will, nicht aus Moral und Ordnungssinn, sondern aus dem innersten Kern der Person, die sagt: Meine Liebe zu dir ist ein Teil von mir selbst geworden. Sie läßt sich nicht mehr als »Abenteuer« oder »sexuelles Erlebnis« von mir trennen. Sie gehört zu mir, wie ich zu dir gehöre, darum kann ich sie und mich in meiner Beziehung zu dir nicht mehr im dunkeln lassen.

Das aber heißt: Semele fordert Zeus heraus, Dionysos mit ihr zur Welt zu bringen, die Vision des Anfangs in die Realität hinüberzuführen, ein Leben zu wagen, das nicht mehr vom Kampf der Geschlechter bestimmt ist, sondern von der liebenden Hingabe. Damit aber fordert sie von ihm, Dionysos das Regiment zu überlassen.

Ergibt sich von daher nicht ein neuer und tiefer Sinn in der Darstellungsweise unserer Geschichte, nach der es Hera selbst ist, die Semele zu diesem

Schritt veranlaßt? Ihr »Bündnis« mit Semele entspricht auf einer tieferen Ebene auch ihrem eigentlichen Anliegen. Hera hat es nicht geschafft, der Hingabe und Ekstase in ihrer Beziehung Geltung zu verschaffen. Sie hat in ihrem Kampf gegen den patriarchalen Zeus unbemerkt dessen einseitig männliche Spielregeln selbst übernommen und sich damit ihres besten Teils beraubt. Auch sie war ja einmal eine große Mutter- und Liebesgöttin wie Semele. Im Kampf mit Zeus ist sie zur eifersüchtigen Ordnungshüterin geworden. Jetzt, da sie Semele zur Äußerung ihres Wunsches veranlaßt, der ja bedeutet, daß Dionysos in dieser Beziehung offen, verbindlich wird, überträgt sie ihr da nicht ihr eigentliches ursprüngliches Anliegen?

Die Gefahr, der Hera hier, wie oft auch ihre Nachfolgerinnen, dabei erliegt, ist freilich die, daß sie es unbewußt tut. Semele übernimmt »für sie« einen Teil, den sie selber abgespalten hat. Daß dabei eine geheime Verbindung zwischen Hera und Semele besteht, wie es im Mythos in Heras »List« dargestellt wird, zeigt sich darin, daß Hera-Frauen oft ein starkes Bedürfnis haben, die Geliebte des Mannes kennenzulernen, sie anziehend und faszinierend finden, unter anderen Umständen sie sich als Freundin wünschen würden, wobei sie äußerlich, auf der bewußten Ebene, wie ihr Urbild, die Göttin Hera, dabei bleiben, sie und ihren Nachkommen bis zum äußersten zu bekämpfen.[31]

So selbstverständlich und konsequent uns der Wunsch Semeles erscheint, Zeus in seiner wahren Gestalt zu sehen, sie hat allerdings mit einem nicht gerechnet: daß Zeus eine ähnliche Wandlung wie sie in diesem Prozeß nicht wirklich vollzogen hat. Er will und kann weiterhin nur im heimlichen Dunkel dionysisch-hingebungsvoll lieben. Seine öffentliche, wahre Gestalt ist weiterhin die des harten Machers. Die müßte er loslassen, und das kann er nicht. So »muß« er den Wunsch Semeles, sich ihr zu zeigen, mit ihr öffentlich zu werden, dadurch beantworten, daß er sich in seiner alten Gestalt zeigt, mit Blitz und Donner, den Zeichen seiner Macht.

Wir würden uns wünschen, daß Semele, getreu ihrem späteren Namen »Thyone«, was soviel wie »tobende Königin« bedeutet, diesem Zeus mit der Liebes- und Zorneswut der Mänaden, der späteren Begleiterinnen des Dionysos, begegnen könnte.[32] Das geschieht aber nicht – oder es nützt ihr nichts. Berichtet wird, daß sie dem Blitz des Zeus nicht standhalten konnte, daß sie verbrannte.

Das ist ein Vorgang, den viele Semele-Geliebte kennen und der auch den Hera-Frauen bis jetzt nichts gebracht hat. Denn er bedeutet die Unterdrükkung des Dionysischen und die Wiederherstellung der zeusischen Ordnung, unter der sie selber leiden und die sie bekämpfen.

Daß Zeus den Dionysos in seinen Schenkel einnäht – es wäre so schön, wenigstens diesem Zug der Geschichte die Bedeutung geben zu können, daß die Liebe Semeles bleibende Spuren in ihm hinterlassen hat, vielleicht sogar ihn von innen her verwandelt habe. Aber wir wissen, daß Zeus sich nicht verwandelt hat, daß er weiter den »Macho« verkörperte und den Verwandlungskünstler spielte, der sich eine Geliebte nach der anderen nahm und Hera damit weiter kränkte und abwertete. Das Einnähen, Austragen und Gebären des Dionysos durch Zeus besagt nichts anderes. Es scheint nur zu bezeugen, wie Zeus und damit die Kultur, die er repräsentiert, versucht, diesen fremdartigen Gott unter Kontrolle zu bringen. Indem die böotischen Griechen aus der Mondgöttin Semele eine sterbliche Königstochter machten und Zeus zum Vater, Retter und Gebärer des Dionysos, wollten sie sicherstellen, daß der Göttervater und seine Lebensprinzipien die Vormachtstellung behielten.[33] Daß Dionysos später als letzter und jüngster Gott in den Olymp aufgenommen wurde, liegt leider auf derselben Linie. Diese »Ernennung« ist zugleich eine Einordnung. Dionysos wird dem Zeus so weit wie möglich angeglichen und damit seiner verändernden Kraft beraubt. Daß schließlich berichtet wird, Dionysos habe seine Mutter aus der Unterwelt befreit und sei mit ihr in den Himmel aufgestiegen, ist ebenfalls in dieser Perspektive zu sehen: Dionysos, der Gott von des Zeus Gnaden, macht zwar Semele wieder zu einer Göttin, aber ebenfalls zu einer, die keine wirksame Gegenkraft zu Zeus darstellt, sondern ihm untergeordnet wird.

Brief einer Geliebten

Lieber Hans, Du hast mich gebeten, Dir zu berichten, wie es bei mir weitergegangen ist, weil Du meine Erfahrungen für Dein Buch, das Du gerade schreibst, verwerten möchtest. Obwohl ich Angst habe, bei mir gerade heilende Wunden wieder neu aufzureißen, schreibe ich Dir trotzdem, weil die letzten beiden Jahre eine Zeit intensivster Erfahrung für mich waren und ich glaube, daß andere in ähnlicher Lage daraus für sich Nutzen ziehen könnten.

Zunächst der Stand der Dinge: Meine Beziehung zu Gregor ist zu Ende. Ich habe mich von ihm getrennt. Oder er sich von mir. So genau kann ich es gar nicht sagen. Aber die entscheidenden Schritte, daß es dazu gekommen ist, habe wohl ich getan. Du wirst fragen: Wie ist das so schnell gekommen? Als wir zuletzt miteinander sprachen, war es ja noch die große Liebe. Die Zeit mit Gregor war wirklich eine Zeit intensiver Liebe, intensiven Lebens, eine Zeit voll Tiefe und Glück. Wir haben uns lange Zeit getroffen, nur um uns zu lieben. Alles andere war unwichtig. Das Gefühl der Liebe zu genießen, das war das allerwichtigste. Da wurde keine Wäsche gewaschen, kein Geschirr gespült, kein Handwerker bestellt. Da wurde »im Luxus geschwelgt«, nur was schön war, war dran. Wir wollten es genau so haben, nicht nur er, sondern auch ich. Es ging so vieles miteinander: zärtlich sein und schmusen, Spaß haben, ernsthaft und tief miteinander sprechen. Wir inspirierten uns gegenseitig zu Gedichten und zu den tollsten Phantasiereisen. Ich hatte etwas Derartiges noch nie zuvor erlebt. Manchmal hatte ich das beinahe schmerzhafte Gefühl: Wir treffen uns in unserem innersten Kern.

Dieses Glück dauerte ungefähr dreiviertel Jahre. Dann spürte ich, daß bei mir etwas Neues wach wurde: Das erste Mal in meinem Leben wünschte ich mir ein Kind. Ein Kind von Gregor. Niemals zuvor, auch mit keinem anderen Mann, hatte ich diesen Wunsch gespürt. Ich sprach mit ihm darüber. Seine Reaktion war nicht begeistert, eher erschrocken. Für mich aber war das Auftauchen dieses Wunsches wie: in eine neue Phase unserer Beziehung einzutreten, weiter, tiefer zu gehen, verbindlicher zu werden. Ihm machte dieser Wunsch angst. Er fing an, um unsere Beziehung zu bangen. Er war ja verheiratet und hatte drei Kinder. Für ihn war das zweierlei: Mit der einen Frau hatte er die Kinder, wirkliche Liebe erleben konnte er mit mir. Immer wieder sagte er mir, daß ich diese Liebe aus ihm herausgeliebt hätte, daß ich ihn zu dieser Liebe befreit hätte. Das tat mir gut, es gab mir das Gefühl, die Wichtigste für ihn zu sein, und zugleich war der Wunsch da, weiter zu gehen. Es hätte ja nicht unbedingt das Kind sein müssen. Ich war ja so vernünftig, einzusehen, wie schwierig das geworden wäre. Vielleicht hätte es auch etwas anderes gegeben, das wir gemeinsam geschaffen hätten. Ich wollte weiter gehen. Gregor reagierte ausweichend, irritiert. Ich spürte, er wollte, daß alles so blieb, wie es war.

Das heißt natürlich nicht, daß er sich nicht verändert hätte. Er war viel offener, weicher, jünger geworden. Seine Frau spürte das, und sie sprach ihn darauf an. So kam es heraus. Es gab den größten Konflikt zwischen den beiden. Seine Frau begann zu kämpfen – mit allen Mitteln.

Nun hatte aber auch ich gerade aufgehört, so »pflegeleicht« zu sein. Ich spürte mehr und mehr, wie nötig ich es hatte, meine Bedürfnisse und Wünsche klarer zu vertreten. Gregor war nicht zu beneiden. Allerdings hatte ich sehr bald das Gefühl, seine Frau habe die besseren Karten. Sie haben eine gemeinsame jahrelange Geschichte, sie haben zusammen das Haus gebaut, sie haben miteinander die Kinder. Sie haben die Verbindlichkeit, die ich mir wünsche. Was habe ich demgegenüber anzumelden? Jedes Mal, wenn wir uns trafen, wurde es schwieriger.

Schwierig war auch, daß es kaum Freunde gab, mit denen ich über diese Dinge hätte reden können. Das war freilich nicht erst jetzt schwierig. Darunter litt ich schon die ganze Zeit. Gern hätte ich meine Liebe und meine Freude anderen mitgeteilt. Damit ich Gregor nicht gefährdete, habe ich alles für mich behalten. Ich habe alles mit ihm ganz allein geteilt und habe mich damit auch isoliert. Der Wunsch nach einem Kind war wohl auch der Wunsch nach mehr Öffentlichkeit, aber die hätte ihn in große Schwierigkeiten gebracht, darum verzichtete ich darauf. Jetzt, wo es so schwierig wurde, war es besonders schwer, alles für mich zu behalten. Ich schwankte auch immer wieder. War dieser Wunsch nach einem Kind, nach mehr Verbindlichkeit, Öffentlichkeit, waren das nicht

Marotten von mir? Warum sollte es nicht so weitergehen können? So wie es gewesen war, das hatte ja auch seine großen Vorteile. Ich hatte dadurch viel Freiheit, lebte mein eigenes Leben, und unser Zusammensein war immer etwas Besonderes. Ich war die Wichtigste für ihn, und er war wirklich meine große Liebe. Was wollte ich eigentlich mehr? Es hätte doch so weitergehen können!

Doch es ging nicht so weiter. Die Auseinandersetzung zwischen Gregor und seiner Frau spitzte sich zu. Seine Frau wollte eine Entscheidung. Gregor war es klar, daß er sich nicht scheiden lassen könnte. Meiner Frage, ob er sie denn auch wirklich liebe, wich er aus. Er sagte nur: Ich kann es nicht. Und: Vielleicht gibt es eine Möglichkeit, daß wir trotzdem Freunde bleiben. – Er wollte also seine Frau nicht verlieren, und er wollte mich nicht verlieren.

Ich fühlte, wie eine ungeheure Wut in mir aufstieg. Ich war wütend auf seine Frau, der gegenüber meine Liebe so ohnmächtig war. Ich war wütend auf Gregor, weil ich wußte, was ich ihm bedeutete, und er doch nicht bereit war, dazu zu stehen. Und ich war wütend auf mich, weil ich das alles mit mir machen ließ. Die Wut half mir, mich ernst zu nehmen. Ich wollte endlich ganz gewollt sein, nicht nur in einem Teil, nicht nur als Geliebte, sondern ganz als Frau.

So kam es zu dem entscheidenden Gespräch. Wir einigten uns darauf, unsere Beziehung »auf Eis zu legen«, vorerst keinen Kontakt mehr zu haben. Mir war aber damals schon klar: Das war das Ende. Denn ich konnte nicht einfach »gut Freund« mit ihm sein wie mit irgendeinem Kumpel. Aber ich konnte auch nicht mehr heimliche Geliebte sein, jetzt nach dem, was geschehen war – ein solches Versteckspiel wollte und konnte ich weder ihm noch mir zumuten.

Ich spürte aber, daß ich es nicht glauben wollte, daß es zwischen Gregor und mir aus war. Ich hatte das Gefühl, etwas Unmögliches wurde von mir verlangt. Wo doch alles so stimmte zwischen uns. Wo ich doch so unendlich wichtig war für ihn. Jemanden, den ich so liebe, jemanden, mit dem so viel Neues und Schönes wach geworden ist, den sollte ich nun loslassen. Schmerz, Wut und Haß tobten in mir. Ich wollte es nicht wahrhaben. Ich wurde eifersüchtig auf seine Frau, gehaßt habe ich sie zeitweise, und auch auf ihn fühlte ich Haß. Ausgenutzt kam ich mir vor, gut genug, ihn aufzuwecken und dann weggeschickt zu werden. Ich fing sogar an, mich selbst zu hassen. Warum mußte ich mich immer wieder mit einem Verheirateten einlassen? Das habe ich doch schon ein paarmal erlebt! War ich überhaupt liebesfähig? War ich imstande, einen Mann zu halten? Ich zog mich in dieser Zeit ganz zurück. Ich wurde krank. Ich hatte das Gefühl, tief verwundet zu sein. Es kam mir vor, als wäre ich an dieser Liebe verbrannt.

Ich schlief in dieser Zeit unendlich viel, und der Schlaf tat mir gut. Es war wie ein Heilschlaf. Langsam, so hatte ich das Gefühl, tauchte ich aus unendlichen Tiefen wieder auf. Meine Wohnung war damals sehr wichtig für mich, sie gab mir Schutz und Geborgenheit. Und ein paar ganz wenige gute Freunde, mit denen ich nun doch über alles redete. Das tat mir sehr gut und war sehr wichtig für mich, um das Erlebte auch besser zu verstehen.

Vor allem beschäftigte mich die Sache mit den verheirateten Männern. Das konnte doch kein Zufall sein. Der nächste Besuch bei meinen Eltern half mir, das Rätsel zu lösen. Als mich mein Vater an der Eingangstür freudestrahlend empfing und zärtlich umarmte, war mir mit einem Schlag klar: Das war der erste verheiratete Mann, mit dem ich »eine Beziehung« hatte! Ich war Vaters Liebling gewesen. Wenn die anderen in der Familie etwas von ihm wollten, was er nicht gerne gab, schickten sie mich vor, sogar meine Mutter. Mir konnte er nicht widerstehen. Mit mir gab er an, und bei meinem Anblick heiterten sich seine Züge auf, auch wenn er noch soviel Ärger gehabt hatte. Das war toll, es war das Gefühl, die einzige zu sein, und es war auch ein Gefühl von Macht und Überlegenheit.

Was mir deutlich wurde (obwohl ich mich dagegen wehrte), war: Die eigentliche Partnerin meines Vaters war nicht meine Mutter, sondern ich. Jetzt war mir plötzlich klar, warum ich bisher immer an verheiratete Männer geraten war und nie an einen, der zu haben gewesen wäre. Ich mußte die treue Vater-Tochter bleiben, heiraten war ein absolutes Tabu. Ich begründete es natürlich anders: daß ich nicht in einer bürgerlichen Ehe versauern wollte und so weiter, aber in Wirklichkeit war es ein Tabu, das von meinem Vater stammte. Seinetwegen mußte ich immer an Männer geraten, die nicht frei waren, damit ich ihm treu bleiben konnte. Mit einem Schlag sah ich vor mir, wie ich in der Beziehung zu Gregor mein »Familiendreieck« wiederholt hatte: Gregor stand für den geliebten Vater/ Mann, der nicht wirklich zu erreichen war, obwohl –

oder gerade weil – ich ihn so sehr liebte, und seine Beziehung zu mir mußte vor der Mutter/Frau verheimlicht werden, weil sie eigentlich nicht sein durfte. Meine Sonderrolle in der Familie erschien mir mit einem Mal viel weniger ein Vorzug als eine Last. Auf wieviel Kind-Sein hatte ich wegen dieser Besonderheit verzichten müssen, und auf wieviel Frau-Sein mußte ich dann bei Gregor verzichten, weil ich wieder »etwas Besonderes« war! Eine starke Sehnsucht nach »Gewöhnlichkeit« erfaßte mich, der Wunsch, von der Last dieses Sonderstatus endlich frei zu werden.

Ich lud meinen Vater zu einem Spaziergang ein und versuchte, mit ihm über das zu reden, was mir klar geworden war. Er wollte mir nicht zuhören und tat so, als würde er gar nichts verstehen. Mit einer großen Wut im Bauch, die ich nun inzwischen schon ganz gut kannte, fuhr ich nach Hause, setzte mich hin und schrieb ihm einen langen Brief. Ich schrieb ihm, wieviel ich ihm zu verdanken habe und wie wichtig er für mich war und wie sehr ich ihn geliebt hatte; und – ich zeigte ihm auch die andere Seite: In welche Lage er mich gebracht hatte, wie schwierig und belastend es auch für mich war, wie wenig ich ihn wirklich als Vater hatte und welches Unrecht der Mutter dadurch zugefügt worden war. Ich machte deutlich, wie sehr ich mich bis jetzt noch an ihn gebunden fühlte und in meinem Herzen Angst hatte, ihn allein zu lassen. Ich versuchte, ohne Anklage zu schreiben, aber aus meinem Innersten heraus.

Das zeigte Wirkung. Mein Vater rief mich an, wir vereinbarten ein neues Treffen, und danach hatte ich das Gefühl: Jetzt war ein gutes Stück Arbeit geschehen. Es fehlte aber noch ein Teil, der Teil mit meiner Mutter. Schon in der Zeit während und nach der Trennung von Gregor hatten sich meine Gefühle zu ihr gewandelt. Oft empfand ich starke Sehnsucht nach ihr und ein Gefühl tiefer Verbundenheit. In unseren Gesprächen, die ich jetzt begann, erzählte ich ihr viel von mir, fragte sie über vieles, was die Zeit meiner Kindheit und ihre Lebenssituation damals betraf. Das tat uns beiden sehr gut. Während dieser Gespräche wuchs in mir ein starkes Gefühl der Solidarität mit ihr. Mir war, als hätte ich die Fronten gewechselt, als wäre ich von der Männerseite auf die Frauenseite gegangen, auf die Seite, wo ich in meinem Innersten zu Hause war, bei meinem eigenen Geschlecht. Ich fühlte mit beglückender Gewißheit: Ich war eine erwachsene Frau.

Danach war mir, als hätte ich irgendwie Ordnung gemacht. Ich war wieder an den Platz der Tochter gegangen und hatte den Platz der Partnerin freigemacht. Wie weit meine Mutter imstande oder willens war, diesen Platz für sich in Anspruch zu nehmen, das weiß ich nicht, das lasse ich auch ihre Sache sein. Für mich war wichtig, daß ich den Platz geräumt und meine Beziehung zu den beiden klargestellt hatte. Vom Platz der Tochter aus, die nicht mehr die geheime Partnerin war, konnte ich nun auch innerlich meine Familie verlassen als die erwachsene Frau, die ich den Jahren nach schon lange war.

Von da an ging es mir jeden Tag besser. Ich gewann wieder Boden unter den Füßen, und ich habe mich in dieser Zeit einmal sogar wieder ein bißchen verliebt. Allerdings habe ich die Beziehung bald wieder abgebrochen. Nicht, weil wieder ein Dreieck gedroht hätte. Der Mann war frei. Er kam auch sehr stark auf mich zu, aber ich konnte das nicht erwidern. Denn erstens war mein Erlebnis mit Gregor noch zu frisch. Ich hätte mich gar nicht wirklich auf eine neue Beziehung einlassen können. Und zweitens: Eine feste Zweierbeziehung meine ich im Moment noch gar nicht verkraften zu können. Mir ist zwar in diesem Prozeß sehr klar geworden, daß ich kein Dreieck mehr will. Wenn, dann will ich eine feste Zweierbeziehung, in der ich ganz vorkomme, ganz gewollt bin. Trotzdem macht mir die Vorstellung noch angst. Gregor ging ja immer wieder weg. Ich konnte immer wieder zu mir kommen, mich wiederfinden. Aber wenn der andere die ganze Zeit da ist, Tag und Nacht, welch schreckliche Vorstellung! Würde ich dann überhaupt noch lieben können? Würden wir uns nicht so nahe kommen, daß keiner mehr den anderen wahrnimmt? Würde dann nicht die Liebe ersticken? Würde ich mich dann nicht unaufhaltsam zum launischen, streitsüchtigen Eheweib entwickeln?

Ich habe den Wunsch nach einer Zweierbeziehung, und ich sehe die Gefahr, daß darin die Liebe erstickt. Vielleicht ist es möglich, wenn ich den Weg, den ich mit Gregor angefangen habe, weitergehe. Ich muß lernen, auch in einer nahen Beziehung meine eigenen Grenzen aufrechtzuerhalten. Ich will und ich muß das Gefühl für *mein* Leben behalten. Als Kind, in der Beziehung zu meinem Vater, ist es mir verlorengegangen. Durch die Beziehung zu Gregor und die Auseinandersetzung der letzten beiden Jahre habe ich angefangen, mich wieder zu spüren. Das will ich nicht mehr verlieren. Das heißt aber, daß ich mir nur eine Zweierbeziehung vorstellen kann, in der ich kämpfe, in der ich um mich streite. Nur wenn ich das lerne, könnte es gehen. Sonst brauche ich doch wieder das Dreieck, in dem der Dritte dafür sorgt, daß es zwischen mir und dem anderen nicht zu eng und zu symbiotisch wird.

Ob ich eine solche Liebe wie mit Gregor jemals wieder erleben kann, das weiß ich nicht. Aber nach diesem Erlebnis kann ich den Anspruch nicht mehr aufgeben, in einer Beziehung nicht nur die Ehefrau und die Mutter zu spielen, sondern auch die Geliebte zu sein – und zu bleiben. Natürlich mache ich mir nicht vor, daß das Gefühl des Verliebtseins lange andauern könnte. Aber wenn man immer wieder auseinandertritt, einander immer wieder losläßt, wenn man akzeptiert, daß der andere auch fremd bleibt, wenn immer wieder klargestellt wird: Da stehe ich, und da stehst du, und jetzt können wir wieder anfangen, dann müßte es doch möglich sein, sich immer wieder ineinander zu verlieben.

Ich weiß natürlich nicht, ob die Bilder von Mann-Frau-Beziehung, die ich in mir trage, die Formen von Partnerschaft, die ich bei meinen Eltern erlebt habe und in meiner Umgebung jeden Tag erlebe, und auch meine eigenen Verschmelzungswünsche es zulassen, eine solche Partnerschaft zu verwirklichen. Und selbst wenn ich es schaffen würde: Wird es einen Partner geben, der bereit ist, sich auf einen solchen Weg einzulassen? Manchmal habe ich den Eindruck, die Männer sind für ein solches Unternehmen noch viel ungeeigneter als wir Frauen. Noch viel schwerer als wir den Weg zwischen Tochter und Hausmütterchen finden sie den Weg zwischen dem großen Jungen und dem Patriarchen. Andererseits aber ist mir klar, daß wir, Frauen und Männer, aufeinander angewiesen sind, wenn wir die Liebe in unseren Beziehungen am Leben erhalten wollen. Oder ist das überhaupt eine Utopie?

Was ich in den letzten beiden Jahren erlebt habe, hat in mir den starken und tiefen Wunsch geweckt: Ich will diese Utopie. Ich will für sie leben. Auch wenn es die nächste Zeit viel Kampf, vielleicht viel Enttäuschung und viel Alleinsein bedeuten wird.

Ich grüße Dich herzlich!

M.

Was sein könnte, wenn ...

Was wäre geschehen, wenn Semele dem Blitz des Zeus hätte widerstehen können? Oder wenn Zeus sich auf sie und Dionysos eingelassen hätte? Wir können es nicht sagen, denn eine Version des Mythos, die so verläuft, gibt es nicht. Darum sind wir geneigt, keinen anderen Verlauf als richtig oder normal zu betrachten. Wir leben in einer Kultur, die von der Verbindung des antiken griechischen Patriarchats mit dem Patriarchat der israelitisch-christlichen Tradition geprägt ist. Unsere Geschichte, unsere Religion, unsere Beziehungsformen sind davon bestimmt. Dreiecksbeziehungen gibt es hier nur als – den Männern vielleicht zugestandener – Seitensprung. Das Dionysische wird abgewertet, zurückgedrängt, ausgemerzt. Wo das nicht möglich ist, wird es in kontrollierbare Gettos abgetrennt, wie zum Beispiel in der Prostitution, oder es wandert selbst in solche Gettos ab, wie in mystischen, sektiererischen oder therapeutischen Gruppen; oder aber es wird vergeistigt: religiös zum Beispiel im Mutter-Gottes-Kult, dessen Pflege zweifellos alte dionysische Fruchtbarkeitskulte in geregelte, unsinnliche Bahnen lenken sollte; oder auch künstlerisch in manchen Werken der Lyrik, Musik, Malerei, deren Schöpfer auf diesem Weg sehr oft ungelebtes Leben kompensierten.

Wie würde ein Zusammenleben aussehen, in dem das Dionysische zum Tragen käme? Man kann ja zum Glück nicht sagen, daß das heutzutage überhaupt nicht der Fall wäre. Viele Menschen, mit denen ich es in meiner Arbeit oder in meinem Bekanntenkreis zu tun habe, stellen sich dieser Herausforderung und suchen Wege und Formen, Dionysos in ihren Beziehungen Gestalt werden zu lassen. Dies gibt mir auch das Recht und die Möglichkeit, Antworten auf die eingangs gestellte Frage zu skizzieren.

Ich beginne mit zwei negativen Feststellungen: Das Dionysische, das durch Semele aufgebrochen ist, käme sicher nicht dadurch zum Tragen, daß Zeus sie, statt sie zu vernichten, schnurstracks heiraten würde. Die Gefahr, daß sie dann genauso zugrunde ginge, wäre groß. Wenn nämlich Zeus nur diesen Schritt, zuvor aber keinen grundlegenden inneren Wandlungsprozeß vollzöge, wäre der Platz neben ihm nach wie vor ein »Hera-Platz«, Semele würde zu einer zweiten Hera, oder sie müßte auf den Platz verzichten. Dionysos bekäme sicher kein Eigenleben zwischen den beiden. Vielmehr würde sich nur das vollziehen, was mythologiegeschichtlich in der »Ernennung« des Dionysos zum olympischen Gott und in seiner Himmelfahrt mit Semele auch tatsächlich geschehen ist.

Die plötzliche Auflösung der bisherigen Ehe und die unmittelbar folgende Ehe oder feste Beziehung mit der Geliebten sind meist »Übersprungshandlungen«, durch die wenig Neues entsteht, sondern in denen der Zeus-Mann die ihm zugemutete Entwicklung meist nur vermeidet. Außer daß er der Hera-Frau und den Kindern damit schweres Unrecht zufügt und Schuld auf sich lädt, geschieht nichts als die Wiederholung des alten Dreiecks. Das Dionysische wäre genauso verraten wie im überlieferten Mythos.

Meine zweite negative Feststellung ist, daß Dionysos ebenfalls nicht zum Leben käme, wenn Zeus mit Semele *und* Hera ein »göttliches Dreigestirn« bilden, also das Dreieck als offizielle Beziehungsform etablieren würde. Dies ist eine in der Anfangssituation der Verliebtheit oft auftauchende Phantasie: ein friedliches Zusammenleben zu dritt. Zeus-Mann und Semele-Geliebte können sich das anfangs oft sehr gut vorstellen: die Hera-Frau einfach mit hineinzunehmen. Die Geliebte empfindet durchaus nicht immer Eifersucht. Sie will weder der Frau den Mann noch dem Mann die Frau wegnehmen; und der Zeus-Mann hegt auch noch keine Aggressionen; oft entdeckt er gerade zu dieser Zeit neue und zärtliche Gefühle für seine Frau. Er möchte sie nicht verletzen, geschweige denn verlieren. Auch gibt es durchaus Hera-Frauen, die sich darauf einlassen möchten, entweder, weil ihnen ihr Mann tatsächlich auch liebenswerter erscheint, seit er die Geliebte hat, oder aber, weil sie sonst fürchten, ihn ganz zu verlieren. Dieses »Zusammenleben zu dritt« ist eine schöne Phantasie. Warum sollte sie eigentlich nicht zu verwirklichen sein? Ist es nicht wieder unsere patriarchal geprägte, auf Klarheit und Überschaubarkeit festgelegte Einstellung, die solchen Beziehungsformen keine Chance gibt? Ich will nicht bestreiten, daß wir, was Vielfalt der Beziehungsformen zwischen Mann und Frau angeht, einen sehr eingeengten Horizont haben. Allerdings bin ich sicher, daß ein bruchloser Übergang von der Zweier-

in eine Dreierbeziehung und die Vorstellung vom friedlichen In-, Mit- und Nebeneinander zum Scheitern verurteilt sind. So, wie ich dieser Vorstellung begegne, ist sie meist eine sehr regressiv-kindliche Phantasie. Es ist der Versuch, Dionysos zu verniedlichen. Was durch ihn bei allen dreien aufgebrochen ist, ist so tief und erschütternd, daß man es nicht schnell wieder in ein friedliches Zusammenleben einfangen kann. Da, wo es versucht wird, geht es sehr bald mindestens auf Kosten eines der drei, und Eifersüchteleien, offene oder versteckte Feindseligkeiten machen dem Experiment schnell ein Ende.

Wenn das eine nichts bringt und das andere nicht geht, was könnte es dann heißen, sich in der Dreiecksbeziehung auf Dionysos einzulassen? Geleitet von dem, was Dionysos in der Überlieferung der Griechen verkörpert[34], möchte ich darauf drei Antworten geben.

Dionysos ist weder ein Gott der freundlichen Harmonie, der niemandem weh tut, noch ist er ein Gott der schnellen Lösungen, die die alten Ordnungen rasch wiederherstellen. Dionysos – das mag unserem Bewußtsein, das diesen Gott nur mehr als Nachkommen des Zeus sieht, verlorengegangen sein – ist ein Gott des Leidens und des Sterbens, ein Gott, der immer wieder zugrunde geht. Sich auf ihn einlassen heißt, mit dem Tod Bekanntschaft zu machen. Semele lernt diesen Tod kennen – schon bevor sie am Blitz des Zeus verbrennt. Schon vorher nämlich läßt sie die »heimliche Geliebte« sterben: mit ihrem Wunsch, den Zeus in seiner wahren Gestalt zu sehen. Damit gibt sie das heimliche Dunkel auf, läßt den frühlingshaften Anfang los. Sie nimmt Abschied von der strahlenden Kind-Frau, in die manche Geliebte ihrerseits so verliebt sind, daß sie sie nicht loslassen können, weil ihr ein besonderer Charme, ein besonderer Zauber, eben der Zauber des Anfangs, zu eigen ist. Semele macht den Schritt vom Frühling in den Sommer, von der Tochter zur Frau. Sie läßt damit zugleich ihren Vater los und sich als sein Kind.

Was würde es heißen, wenn auch Zeus und Hera sich auf diesen Dionysos des Todes einließen? Vielleicht müßten sie als erstes die Vorstellung sterben lassen, sie führten eine Ehe, in der doch alles in Ordnung sei. Sie müßten die Fassade, die saubere, schöne oder sogar großartige Fassade, einstürzen lassen – ein Tod, den zu sterben viele Zeus-Männer und Hera-Frauen nicht übers Herz bringen. Denn Hera und Zeus müßten ja dann von ihrem Thron herunter. Hera-Frauen sind in der Dreiecksbeziehung oft damit konfrontiert, wie sehr sie in ihrem Leben die sinnliche Seite ihres Frau-Seins abgewertet haben: Sich schön machen, verführerisch sein, sich sexuellen Gefühlen überlassen, sich hin-geben, außer sich geraten, damit wollen sie nichts zu tun haben. Sie sind anständige, angesehene Frauen. Sich mit all dem wieder zu befassen, ihren Mangel und Verlust einzugestehen, das ist für viele wahrlich ein »Heruntersteigen vom Thron«. Ähnlich beim Zeus-Mann: Er müßte vielleicht sein – offiziell unangetastetes – Göttervater-Image vor sich oder auch vor anderen aufgeben. Vielleicht kann ihn das sogar die berufliche Stellung kosten oder jedenfalls den guten Ruf in seinen Kreisen. Er würde dann den »kleinen Jungen« spüren, der sich hinter diesem

Image verschanzte, der Angst hat vor Frauen, der Angst hat vor strafenden Autoritäten, den die Panik packt, wenn die äußeren Sicherheiten ins Wanken geraten.

Außer diesem »persönlichen Tod« stünde für Hera-Frau und Zeus-Mann wohl auch an, ihre Beziehungsansprüche aneinander sterben zu lassen. Damit meine ich nicht Trennung, sondern ich meine: sich gegenseitig loslassen. Miteinander verschmelzen, einander festhalten wollen, sich loslassen müssen: diese Phasen haben wir als notwendige Stadien jeder Liebesbeziehung erwähnt. Beim Zeus-Mann und der Hera-Frau ist das Festhalten-Wollen schon lange zum gegenseitigen Besitzanspruch geworden. Dieser muß nun sterben. Vielleicht müßte die Hera-Frau sagen: »Es zerreißt mir fast das Herz. Aber ich sehe und fühle: Du liebst die andere. Ich kann deine Gefühle nicht ändern. Ich kann deine Liebe nicht erzwingen.« Selbstmorddrohungen, Zusammenbrüche, Depressionen sind aus der konkreten Situation sicherlich oft einfühlbar, aber sie sind – in sich betrachtet – schlimme Versuche, sich diesem Tod zu verweigern. Für den Zeus-Mann wiederum wäre es vielleicht dran zu sagen: »So sind meine Gefühle. Das fehlt in unserer Beziehung. Und das, habe ich erkannt, brauche ich, um leben zu können. Vielleicht bist du jetzt so verletzt, daß du von deiner Seite mit mir Schluß machst. Davor habe ich Angst, aber auf keinen Fall will ich dich mit einer Lüge bei mir halten.« Die Art der Zeus-Männer, diesen Tod zu vermeiden, besteht oft darin, zu beschwichtigen und schönzufärben, anstatt die schmerzhafte Realität zu benennen.

Dionysos ist der Gott des Leidens und Sterbens. Er löst die erstarrten Formen auf, damit wieder Neues entstehen kann. Für Semele, Hera und Zeus würde das heißen: Sie müßten ihre bisherigen Beziehungsformen für gestorben erklären. Nicht nur Semele und Zeus ihre »heimliche Liebe«, sondern auch Zeus und Hera ihre »offizielle Liebe«. Damit ist – nochmals sei es gesagt – nicht Trennung gemeint, sondern: Alles müßte wieder offen sein. Eine neue Entwicklung könnte dann einsetzen.

Das Leiden und Sterben des Dionysos dient dem Leben. Es bedeutet, daß alte, starr gewordene Formen vergehen und Wandlung möglich wird. Dionysos ist ein Gott des Sterbens, weil er – und das ist das zweite, was er verkörpert – ein Gott des Wandels ist. Sich auf ihn einlassen, das würde für alle drei, Semele, Zeus und Hera, bedeuten, aus dem Sterben und Loslassen in einen intensiven persönlichen Wandlungsprozeß hineinzukommen, dessen Ausgang offen ist. Dafür wäre es nötig, die offene Form offen, die undefinierte Beziehungssituation undefiniert zu lassen, wenigstens eine Zeitlang, auch wenn es nicht leicht ist, das auszuhalten. In dieser Zeit müßten die drei sich dem widmen, was in der Auseinandersetzung um die Dreiecksbeziehung bei jedem von ihnen an unerledigten Fragen aufgeworfen wurde. Die heutigen Zeus-Männer, Semele-Geliebten und Hera-Frauen haben dafür ein so reiches Angebot an Therapie- und Selbsterfahrungsmöglichkeiten, daß niemand mehr sagen kann, es gebe für ihn diesbezüglich keine Hilfe.

Für die Semele-Geliebte stünde wohl an, die Hera-Seiten in sich selbst zu entdecken und bei sich zu integrieren, denn diese Seiten auf ihre Weise zu leben, das hat sie ja bisher vermieden. Für den Zeus-Mann könnte es darauf ankommen, sich des »kleinen Jungen« anzunehmen, sich mit seinem Kronos-Vater und der Dominanz seiner Rhea-Mutter auseinanderzusetzen und dem Weiblichen in sich, das durch die Geliebte wach geworden ist, auf die Spur zu kommen. Die Hera-Frau schließlich hätte vielleicht die Aufgabe, ihre Vater-Beziehung aus dem Dunkel zu holen und die verdrängte Semele in sich selbst zu entdecken und sich mit ihr anzufreunden.

Mit diesem persönlichen Wandlungsprozeß könnte dann auch ein Wandlungsprozeß in den Vorstellungen über Beziehung zwischen Mann und Frau einsetzen. Es könnte deutlich werden, daß Beziehungen eine Geschichte haben, daß sie in einer bestimmten Form sterben und sich in andere Formen wandeln müssen. Es könnte sein, daß Zeus-Mann und Hera-Frau entdecken, daß es zum Beispiel der Sinn ihrer Beziehung war, ihre Kinder miteinander großzuziehen, und es jetzt an der Zeit ist, auseinanderzugehen, als Eltern zwar verbunden zu bleiben, aber als Liebespartner einen neuen Weg zu suchen. Wir neigen dazu, in Beziehungsdingen einen Schwarzweiß-Standpunkt »alles oder nichts« einzunehmen: »Entweder ich besitze dich ganz, oder es ist aus zwischen uns.« Dionysos in unser Leben zu lassen, das würde vielleicht auch bedeuten, dieses Bewußtsein zu wandeln: Elternbeziehung und Paarbeziehung müssen nicht immer zusammenfallen, jedenfalls nicht die ganze Zeit. Freundschaftsbeziehungen zwischen Mann und Frau müssen nicht immer Paarbeziehungen und erotische nicht immer sexuelle Beziehungen sein. Dionysos könnte uns lehren, den Totalanspruch, den wir in Beziehungen aneinander haben, aufzugeben und eine breitere und differenziertere Palette von Möglichkeiten der Beziehung zwischen Mann und Frau in den Blick zu bekommen.

Führt uns aber dieser Dionysos, der Gott des Wandels, auf diesem Weg nicht in das totale Beziehungschaos? Dionysos ist nicht nur der Gott des Sterbens, nicht nur der Gott des Wandels, sondern auch – und das ist das dritte – der Gott der Auferstehung zu neuem Leben. Er verbindet die Gegensätze und integriert Altes und Neues zu einem neuen Leben. Er verkörpert nicht nur das Lösende, Fließende, Auflösende, er repräsentiert auch die daraus erstehende und neu gestaltende Schöpferkraft. Was würde das für unsere Dreiecksbeziehung bedeuten? Vielleicht könnte es bedeuten, den Wandlungsprozeß mit unserem gestaltenden Willen und der Verantwortung für das, was wir geschaffen haben, zu verbinden. Das heißt, Zeus, Hera und Semele müßten für das, was in und zwischen ihnen entstanden ist, eine neue, schöpferische Form finden, in der auch das Alte, für das sie weiterhin verantwortlich sind, einen neuen Platz findet.

Das heißt, es gibt in diesem Wandlungsprozeß wohl den Zeitpunkt, an dem nicht mehr alles offen bleiben, sondern die Beziehungen neu definiert, neu geklärt und verbindlich gemacht werden müssen. Das trägt natürlich die Gefahr neuer Erstarrung in sich. Trotzdem kann dieser Schritt nicht vermieden werden, weil sonst die Beziehungen letztlich unverbindlich bleiben, oberflächlich werden und ihnen die letzte Ernsthaftigkeit dionysischer Hingabe verlorengeht.

Wie diese neuen Formen im einzelnen aussehen, das hängt von dem Prozeß ab, den die drei persönlich und miteinander durchgemacht haben. Es kann, muß aber nicht sein, daß der Zeus-Mann seine alte Ehe auflöst und mit der Geliebten eine neue Art fester Beziehung eingeht. Es muß nicht, kann aber auch sein, daß zwischen Zeus-Mann und Hera-Frau eine ganz neue Beziehung möglich wird, in der Dionysos Einzug hält. Es kann aber auch sein, daß alle drei einen neuen Weg ohne den anderen einschlagen »müssen« und daß der Zeus-Mann Semele begegnet ist, damit dies allen dreien möglich wurde.

Die neue schöpferische Form, welche die Beziehungen bekommen, wie immer sie auch aussehen mag, ist nötig, auch um das Alte, für das wir verantwortlich bleiben, neu zu integrieren. Damit sind nicht allein, aber auch vor allem die gemeinsamen Kinder angesprochen. Diese Kinder brauchen einen neuen Lebensraum, der den veränderten Bedingungen entspricht. Das gilt vor allem, wenn die Eltern sich trennen. Es ist gewiß eine Ideologie der Zeus-Ordnung, daß sie dann grundsätzlich immer Schaden leiden müßten. Sie leiden Schaden nur dann, wenn die Eltern oder einer von beiden sich der Aufgabe, diesen neuen Lebensraum zu schaffen, verweigern. Diese Aufgabe bedeutet, zu klären, bei wem die Kinder leben und wie der Kontakt zum getrennten Elternteil zu gestalten ist.[35] Hier vernünftige Regelungen zu treffen, das ist um so eher möglich, je intensiver die Eltern sich dem persönlichen Prozeß gestellt haben, der durch die Geliebte bei allen dreien angestoßen wurde.

Da, wo sich die Beteiligten dem, was durch eine Dreiecksbeziehung angestoßen wird, wirklich stellen, beginnt ein umfassender Verwandlungs- und Erneuerungsprozeß. Es ist schwierig, diesen Prozeß zu vollziehen. Wir haben dafür wenig Hilfen, wenig Vorbilder, keine Traditionen. Vielleicht kann Dionysos, der Gott des Sterbens, der Gott des Wandels und der Gott der steten Erneuerung, ein Führer für uns sein. Und vielleicht entdecken wir, daß Christus ihm viel näher steht, als wir bislang gemeint haben.

Anmerkungen

Der Froschkönig

1 Zur Vertiefung der hier ausgeführten Gedanken: A. Miller, Das Drama des begabten Kindes und die Suche nach dem wahren Selbst. Frankfurt 1979

2 Diese aus der Transaktions-Analyse stammenden Formulierungen beziehen sich auf die »Grundeinstellungen« des Menschen und werden näher erläutert bei: R. Rogoll, Nimm dich, wie du bist. Eine Einführung in die Transaktionsanalyse, Herder-Taschenbuch 593, z.B. S. 43f.

3 Siehe dazu a.a.O., S. 13ff.

4 W. Schmidbauer, Die hilflosen Helfer, Hamburg 1977

5 Damit ist auf das berühmte Buch angespielt: E. Berne, Spiele der Erwachsenen. Psychologie der menschlichen Beziehungen. ro-ro-ro 6735–6736. Zum Verständnis der »Spiele« vgl. R. Rogoll, a.a.O., S. 51ff.

6 Blaise Pascal, Pensées, Fr. 140

7 K. Gibran, Der Prophet. Wegweiser zu einem sinnvollen Leben. Olten 1978, Von der Ehe, S. 15f.

Die Froschprinzessin

1 H. Jellouschek, Der Froschkönig. Ich liebe Dich, weil ich Dich brauche, Zürich 1988[6].

2 Zur allgemeinen Einführung in die Welt der russischen Märchen ist sehr hilfreich V. Kast, Frau und Mann im russischen Märchen, in: P. M. Pflüger (Hrsg.), Freund- und Feindbilder. Begegnung mit dem Osten, Olten 1986, S. 145–173.

3 Zarin Frosch, nacherzählt von Sigrid Früh, in: B. Stamer (Hrsg.), Märchen von Nixen und Wasserfrauen, Fischer Taschenbuch 2873, Frankfurt 1987, S. 126–131.

4 Dieser Satz ist in der angegebenen Quelle nicht enthalten, wohl aber in anderen deutschen Nacherzählungen. Nach mündlicher Mitteilung von S. Früh gehört er hier eingefügt.

5 H. Jellouschek, Semele, Zeus und Hera. Die Rolle der Geliebten in der Dreiecksbeziehung, Zürich 1988^2, Seite 91–103.

6 Vgl. zu dem hier geschilderten »komplementären Beziehungsmuster« R. Welter-Enderlin, Konflikt und Gewalt in Paarbeziehungen, in: P. M. Pflüger (Hrsg.), Das Paar. Mythos und Wirklichkeit. Neue Werte in Liebe und Sexualität, Olten 1988, S. 66–77.

7 Die Gestalt des Iwan, so wie ich sie hier sehe, trägt viele Züge des »Ewigen Jünglings«. Vgl. dazu M.-L. von Franz, Der ewige Jüngling. Der Puer Aeternus und der kreative Genius im Erwachsenen, München 1987.

8 B. Stamer, a.a.O., S. 36.

9 Mündliche Mitteilung von S. Früh.

10 H. Jellouschek, Der Froschkönig, S. 68–72.

11 Ebd. S. 63f.

12 Stellvertretend für alle nenne ich hier ihr erstes und bekanntestes Buch: A. Miller, Das Drama des begabten Kindes und die Suche nach dem wahren Selbst, Frankfurt 1979.

13 Unter »Skript« versteht E. Berne, der Begründer der Transaktionsanalyse, den – unbewußten – Lebensplan, den wir in unserer Kindheit unter Einfluß und nach dem Lebensmodell unserer Herkunftsfamilie in Grundzügen festgelegt haben und der wichtige Entscheidungen, z.B. unsere Partnerwahl, beeinflußt oder sogar in manchen Fällen festlegt. Vgl. dazu E. Berne, Was sagen Sie, nachdem Sie guten Tag gesagt haben? Psychologie des menschlichen Verhaltens, München 1975; L. Schlegel, Die Transaktionale Analyse, UTB Große Reihe, Tübingen 1988^3, S. 171–237.

14 M.-L. von Franz, a.a.O., S. 114–120.

15 H. Schenk, Freie Liebe – wilde Ehe. Über die allmähliche Auflösung der Ehe durch die Liebe, München 1987. Darin zeigt die Autorin, daß der Anspruch auf gefühlsmäßige Liebe der Partner erst seit dem 18. Jahrhundert, seit der Zeit der Romantik, existiert.

16 M.-L. von Franz, a.a.O., S. 243.

17 E. Berne, Transactional Analysis in Psychotherapy. A Systematic Individualand. Social Psychiatry, New York 1961, S. 236; H. Jellouschek, Der Froschkönig, S. 95–100.

18 A. Miller, a.a.O., z.B. S. 29f.

19 Alternativ oder ergänzend zu männlicher therapeutischer Hilfe sei hier auf den Austausch in Männergruppen hingewiesen. Vgl. dazu W. Hollstein, Nicht Herrscher, aber kräftig. Die Zukunft der Männer,

Hamburg 1988, besonders das Kapitel XI, »Orte der Brüderlichkeit«, S. 206–238.

20 Ebd. S. 244–252. W. Hollstein zitiert und kommentiert in diesem Zusammenhang das Grimmsche Märchen vom »Eisenhans«.

21 V. Propp, Die historischen Wurzeln des Zaubermärchens, München 1987, S. 67–74.

22 Dies sage ich ausdrücklich gegen die Grundtendenz des Buches von E. Badinter, Ich bin Du. Die neue Beziehung zwischen Mann und Frau oder die androgyne Revolution, München 1988[2].

23 Vgl. dazu H. Wöller, Ein Traum von Christus. In der Seele geboren, im Geist erkannt, Stuttgart 1987, besonders das Kapitel über die »Sophia«, S. 175–195; W. Schubart, Religion und Eros, hrsg. von F. Seifert, München 1978, besonders Kapitel 10, Die Heimkehr des Eros zu den Göttern, S. 264–288.

24 E. H. Erikson, Identität und Lebenszyklus. Drei Aufsätze, Suhrkamp Taschenbuch Wissenschaft 16, Frankfurt 1966, S. 151.

Semele, Zeus und Hera

1 Vgl. K. Kerényi, Die Mythologie der Griechen. Bd. 1: Die Götter- und Menschheitsgeschichten. dtv Taschenbuch 1345, München 1966, S. 201–204
R. v. Ranke-Graves, Griechische Mythologie. Quellen und Deutung, Reinbek 1984, S. 46f.

2 Programmheft zur Oper Semele von G. F. Händel, Ludwigsburger Schloßfestspiele, Ludwigsburg 1985

3 J. L. Martinoty, Une histoire de Sémélé, in: Beiheft zur Schallplatte Semele, STRATO STU 714453, 1983, S. 5

4 Programmheft der Ludwigsburger Schloßfestspiele, S. 46

5 Beiheft zur Schallplatte, S. 6

6 Genesis 32, 23–33

7 A. Hüper, Die andere Frau, in: Psychologie heute, Mai 1986, S. 20–27
M. Weber-Nau, Zärtlichkeit und der Blick auf die Uhr. Gefühle und Geduld: die Geliebte. In: Frankfurter Rundschau v. 6. 9. 86, S ZB 5
Serie in der Illustrierten »Stern«, Herbst 86–Frühjahr 87. Erscheint demnächst als Buch.

8 V. Kast, Paare, Beziehungsphantasien oder Wie Götter sich in Menschen spiegeln. Stuttgart 1984, S. 85–102

9 M. White, Ehetherapie: Praktischer Zugang zu langwierigen Pro-

blemen. In: Zeitschr. »Familiendynamik«, Bd. 10, 1985, S. 210–222
10 E. Albee, Wer hat Angst vor Virginia Woolf, Fischer-Bücherei, Frankfurt 1963
11 M. White, a.a.O., S. 208–211
12 Programmheft der Ludwigsburger Schloßfestspiele, S. 46
13 Der Ich-Zustand des »freien Kindes« spielt im Persönlichkeitsmodell der Transaktionsanalyse von Eric Berne eine zentrale Rolle. Vgl. dazu R. Rogoll, Nimm dich, wie du bist! Eine Einführung in die Transaktionsanalyse, Herder TB 593, Freiburg 1976, S. 13–29
14 Maria Filid in der Frankfurter Rundschau vom 6. 9. 1986, S ZB 5
15 Zum folgenden vgl. V. Kast, a.a.O., S. 92f.
16 K. Kerényi, a.a.O., S. 24–26
17 ebenda, S. 77f.
18 E. Neumann, Amor und Psyche. Deutung eines Märchens, Olten 1971
19 vgl. E. Berne, Spiele der Erwachsenen, Rowohlt Taschenbuch, Hamburg 1970
20 R. Rogoll, a.a.O., S. 55
21 Programmheft der Ludwigsburger Schloßfestspiele, S. 46
22 Kerényi, a.a.O., S. 197–215
23 L. Fierz-David, Psychologische Betrachtungen zu der Freskenfolge der Villa dei Misteri, Zürich 1957, S. 12–14
24 ebenda, S. 14
25 R. v. Ranke-Graves, a.a.O., S. 96
26 H. Hesse, Stufen, aus: Gesammelte Schriften, Band 5, Frankfurt 1978, S. 786
27 H. v. Hofmannsthal, Der Schwierige, Lustspiel in drei Akten, Fischer Taschenbuch 7111, Frankfurt 1987, S. 64
28 R. M. Rilke, Sämtl. Werke, Bd. I, Wiesbaden 1955, S. 313
29 Programmheft der Ludwigsburger Schloßfestspiele, S. 45
30 E. Neumann, a.a.O., S. 61–164
31 K. Kerényi, a.a.O., S. 47–48
32 ebenda, S. 204
33 R. v. Ranke-Graves, a.a.O., S. 47–48
34 K. Kerényi, a.a.O., S. 197–215
L. Fierz-David, a.a.O., S. 12–14
35 V. Krähenbühl, H. Jellouschek, M. Kohaus-Jellouschek, R. Weber, Stieffamilien. Struktur, Entwickung, Therapie, Freiburg 1986